마음 가면

DARING

마음 가면

GREATLY

수치심, 불안, 강박에 맞서는 용기의 심리학

브레네 브라운 지음 | 안진이 옮김

Brené Brown

웅진 지식하우스

나를 숨기는 '마음 가면'을 벗고
세상에 대담하게 뛰어들어라

1910년 4월 23일 시어도어 루스벨트는 파리 소르본대학에서 〈공화국의 시민〉을 연설했다. 이 연설은 훗날 '경기장의 투사'라는 별칭으로 불리며 유명해졌는데, 바로 다음 대목 덕분이다. 이 책의 제목 'Daring Greatly(대담하게 뛰어들어라)'도 여기에서 따왔다.

비평하는 사람은 중요하지 않습니다. 어떤 선수에게 실수를 했다고 지적하거나, 이렇게 저렇게 했어야 한다고 훈수나 두는 사람은 중요하지 않습니다. 진짜 중요한 사람은 경기장에 서 있는 투사입니다. 얼굴에 흙먼지와 땀과 피를 잔뜩 묻힌 채 용감하게 싸우는 투사 말입니다.

물론 그는 경기 중에 실책을 저지르기도 하고, 거듭 한계에 부딪히기도 합니다. 하지만 경기장의 투사는 자신의 힘으로 끝까지 경기를 치릅니다. 그는 위대한 열정이 무엇인지, 위대한 헌신이 무엇인지 압니다. 그는 가치 있는 목표를 위해 온몸을 던집니다.

경기 결과는 승리일 수도, 패배일 수도 있습니다. 승리한다면 커다란 성취감을 얻게 되겠지요. 그러나 설혹 실패한다 해도, 그는 매우 대담하게 용감한 실패를 해낸 겁니다.

연설문에서 이 대목을 처음으로 맞닥뜨렸을 때 나는 복합적 의미를 가진 '취약성vulnerability'이라는 말을 이렇게 잘 표현한 글이 또 있을까 생각했다. 취약성에 대하여 내가 지난 10여 년간 연구하며 알게 된 모든 것이 이 글에 함축되어 있었다.

취약성이란 상처받거나 공격당하기 쉬운 상태를 의미하지만, 이는 나약함과는 다르다. 취약성은 자신이 실패할 수 있다는 걸 알면서도, 때로는 삶에서 실패가 필요하다는 것을 이해하며 도전하고 참여하는 것이다. 즉, 대담하게 뛰어드는 것이다.

우리는 날마다 불확실성과 위험, 감정 노출을 경험한다. 그러나 이는 우리가 선택할 수 있는 것이 아니다. 우리가 선택할 수 있는 건 단 하나, 참여하느냐 마느냐다. 취약성을 받아들이고 그 취약성과 함께 기꺼이 참여하겠다는 의지가 강할수록 우리의 용기는 커지고 목표는 선명해진다. 반면 취약성으로부터 자신을 보호하려 하면 할수록 두려움은 커지고 관계는 단절된다.

우리 자신이 완벽하거나 무결점 상태가 될 때까지 경기장에 들어가지 않고 마냥 기다린다면 어떻게 될까? 다시는 오지 않을 기회를 놓치고, 소중한 관계를 희생시키고, 귀중한 시간을 그냥 흘려

보내고, 우리의 재능을 외면하게 된다. 오직 자신만이 할 수 있는 독특하고 유익한 일을 하지 못하게 된다.

'완벽'과 '무결점'은 유혹적인 말이지만 우리 인생에 그런 건 존재하지 않는다. 우리는 무조건 경기장에 발을 들여놓아야 한다. 여기서 경기장이란 새로운 인간관계일 수도 있고, 중요한 회의일 수도 있고, 가족과의 껄끄러운 대화일 수도 있고, 창조적인 작업일 수도 있다. 무엇이든 간에 경기장에 들어서기 위해서는 참여하려는 의지와 용기가 필요하다. 우리는 관중석에 앉아서 비평과 충고를 쏟아낼 것이 아니라 대담하게 경기장 한가운데로 걸어 들어가 사람들 앞에 모습을 드러내야 한다. 대담하게 뛰어드는 것, 이것이 바로 취약성을 드러내는 용기다.

지금부터 나와 함께 다음 질문들의 답을 찾아나가자.

- 우리는 왜 취약한 상태를 두려워하는가?
- 우리는 취약성으로부터 자신을 보호하기 위해 어떻게 하는가?
- 관계를 차단하고 참여를 거부할 때 우리는 무엇을 잃게 되는가?
- 취약성을 삶의 일부로 받아들이고 세상에 뛰어들기 위해서는 삶을 사는 방식, 사랑하는 방식, 아이를 양육하는 방식, 조직을 이끄는 방식을 어떻게 변화시켜야 할까?

나를 보여주는 용기는
인생을 어떻게 변화시키는가

나는 다이애나를 똑바로 바라보며 말한다.

"취약한 게 너무너무 싫어요."

다이애나는 심리치료사다. 그러니까 나보다 더 심한 사람도 만나봤을 것이다. 그녀가 내담자의 상태를 빨리 파악할수록 이 치료 과정이 빨리 끝나리라는 생각도 든다.

"불확실한 게 싫어요. 앞으로 어떻게 될지 모르는 것도 싫고요. 상처를 받거나 실망할지도 모르는데 어떻게 마음을 열죠? 먼저 마음을 열었다가 상처를 받는 상황이 저는 너무나도 괴로워요. 취약하다는 느낌은 때로는 고통스럽기까지 하죠. 무슨 말인지 아시겠어요?"

다이애나가 고개를 끄덕인다.

"네, 저도 취약하다는 느낌이 어떤 건지 알아요. 알고말고요. 그건 아주 특별한exquisite 감정이죠."

말을 마친 그녀가 고개를 들고 보일락 말락 미소를 짓는다. 표정으로 봐서는 굉장히 아름다운 뭔가를 떠올리는 것 같기도 하다. 그녀가 무슨 생각을 하고 있는지 짐작할 수가 없다. 순간 나는 이 여자가 좀 이상한 건 아닌지 걱정스럽다. 물론 이 여자와 상담하는 나의 정신 상태도 걱정이다.

"저는 고통스럽다excruciating고 했는데요, 특별하다exquisite가 아니라."

나는 그녀의 말을 바로잡는다.

"그리고 말씀드릴 게 하나 있는데, 저는 취약성과 '온 마음을 다하는 삶wholehearted life'의 관계를 연구하는 사람이에요. 취약성이 '온 마음을 다하는 삶'에 얼마나 중요한 요소인지 제가 연구하지만 않았더라면 여기에 상담받으러 오는 일도 없었을 거예요. 취약하다는 느낌이 그만큼 정말 싫거든요."

"취약하다는 느낌이 들 때의 마음을 좀 더 설명해주시겠어요?"

"마치 살갗이 찢기고 나 자신이 그대로 드러나는 느낌이랄까요. 취약성을 촉발시킨 그 상황을 얼른 해결해버려야 할 것만 같고, 어떻게든 상황을 개선시켜야 할 것만 같은 심정이 돼요."

"만약 그 상황을 해결할 수 없다면요?"

"그럴 때는 너무 화가 나요. 누구라도 때리고 싶을 정도로요."

"실제로 그렇게 행동하시나요?"

"그야 당연히 아니죠."

"그럼 그럴 때 뭘 하세요?"

"집 안 청소를 해요. 땅콩버터를 먹거나 다른 사람을 비난하기도 하고요. 내 주위의 모든 걸 완벽하게 만들어요. 내가 할 수 있는 범위 안에서 모든 걸 통제하는 거예요. 정리되지 않은 모든 것에 손을 대죠."

"가장 취약하다고 느낄 때는 언제인가요?"

"뭔가가 두려울 때요."

나는 고개를 들어 다이애나를 본다. 다이애나는 심리치료사들이 내담자에게서 이야기를 끌어낼 때 늘 하는 방식대로 말없이 고개만 끄덕인다. 그 침묵이 좀 불편하다.

"그러니까 앞으로 일이 어떻게 될지 몰라서 불안할 때, 어떤 사람과 대화를 해야 하는데 부담스러울 때, 뭔가 새로운 일에 도전할 때, 나를 불편하게 하는 어떤 일을 할 때, 내가 비판이나 비난받을 가능성이 있을 때요."

다이애나는 이번에도 거북한 침묵 속에서 공감의 의미로 그저 고개만 끄덕인다. 나는 계속해서 이야기를 이어간다.

"또 제가 우리 아이들과 남편 스티브를 얼마나 사랑하는지 느낄 때도 취약하다는 기분이 들어요. 만약 가족에게 무슨 일이라도 생기면 내 인생은 어떻게 될까 하고 생각할 때요. 사랑하는 사람들이 힘들어하는 모습을 보면서도 제가 아무런 도움을 주지 못할 때도 그렇죠. 단지 함께 있어주는 것밖에 못 할 때요."

"그렇군요."

"일이 너무 잘 풀릴 때도 그런 느낌을 받아요. 너무 술술 풀려서 왠지 불안할 때요. 취약하다는 느낌이 선생님 말처럼 특별한 감정이라면 저도 정말 좋겠는데, 지금 저에게는 그저 고통일 뿐이에요.

이런 감정을 바꿀 수 있나요?"

"네, 바꿀 수 있다고 생각해요."

"그렇다면 숙제 같은 걸 해야 할까요? 읽어볼 책이라도 있을까요?"

"책도 숙제도 필요 없어요. 우리는 지금 공부해서 우등상을 타려는 게 아니에요. 생각은 적게 하고 감정에 집중하세요."

"혹시 이걸 바꾸는 과정에서도 취약성을 느끼게 될까요? 취약성을 느끼지 않고서 그 특별한 감정에 도달할 수는 없을까요?"

"없어요."

"젠장… 그렇군요."

나의 다른 책이나 TED 강연을 보지 못한 분들을 위해 잠시 설명하겠다. 나는 취약성을 뛰어넘어 똑똑하고 유능한 사람이 되기 위해 평생 노력해왔다. 텍사스주에서 5대째 살아온 우리 집안의 가훈은 '안전장치를 잠그고 총알을 장전하라lock and load'(앞으로 닥칠 일에 단단히 대비하라는 뜻으로, 텍사스주의 총기 문화와 개인주의 문화가 반영된 관용구다 - 옮긴이)였다. 그런 분위기에서 자란 나는 자연히 불확실성과 감정 노출을 싫어하게 되었다. 어쩌면 이것은 유전일지도 모른다. 대부분의 아이들이 처음으로 자신의 취약성과 직면하는 중학생 시기에 나는 이미 취약성을 회피하는 기술을 개발하고 연마하기 시작했다.

나는 온갖 방법을 다 썼다. 뭐든지 완벽하게 해내는 모범생도 되어보고, 인도네시아산 담배를 피우는 시인도 되어보고, 분노에

찬 사회운동가가 되기도 하고, 회사에서 승진을 위해 노력하기도 하고, 파티를 즐기며 진탕 노는 생활도 해봤다. 이런 것들은 사람들이 일반적으로 거치는 발달의 단계와는 다를지라도 다 나름대로 이유가 있었다. 그리고 나에겐 그 이상의 의미가 있었다. 내 경험들은 각기 다른 디자인의 갑옷이었다. 내가 어떤 일에 지나치게 깊이 관여하다가 지나치게 취약해질 가능성을 차단해주는 갑옷. 나의 모든 경험에는 다음과 같은 전제가 깔려 있었다.

'모든 사람과 안전거리를 유지하고, 언제나 출구 전략을 마련해둔다.'

내가 조상에게서 물려받은 것은 취약성에 대한 두려움만이 아니었다. 너그러운 마음과 상대에 대한 공감 능력도 함께 물려받았다. 그래서 20대 후반에 AT&T의 관리자 자리를 박차고 나와 웨이트리스와 바텐더로 일하다가 사회복지사가 되기 위해 학교로 돌아갔다. 사표를 내기 위해 AT&T의 상사를 찾아갔을 때 그가 했던 말을 나는 지금도 잊지 못한다.

"말 안 해도 알겠어. 사회복지사가 되거나 MTV의 VJ가 되고 싶어서 회사를 그만둔다는 얘기지?"

나는 사람과 사회제도의 문제를 해결하는 것이 보람 있는 일이라고 생각했다. 하지만 사회복지학 학사학위를 취득하고 석사과정을 마칠 무렵이 되자 사회복지가 문제를 해결하는 일이 아니라는 사실을 깨달았다. 사회복지에서 가장 중요한 것은 '맥락에 맞추기'와 '적응'이었다. 과거에도 그랬고 지금도 그렇다. 사회복지는 모호하고 불확실한 상황에 적응하고, 공감의 영역을 유지하고 지켜보면서 사람들이 스스로 방법을 찾아낼 수 있도록 하는 작업이었다. 나는 속았다는 기분이 들었다.

나는 내가 사회복지라는 분야에 취직해서 제대로 일을 해낼 수 있을지 고민하며 방황했다. 그러던 중 내 논문을 지도해준 교수의 말을 듣고 신선한 충격을 받았다.

"숫자로 측정할 수 없는 것은 존재하지 않는 것이다."

사회복지학과의 다른 수업과 달리 그 교수의 수업에서는 연구에 가장 중요한 것이 예측과 통제라고 했다. 나는 그의 설명에 빠져들었다. 적응하도록 지켜보는 일이 아니라 예측하고 통제하는 일을 직업으로 삼을 수 있다고? 드디어 나의 소명을 찾았구나 싶었다.

사회복지학 학사, 석사, 박사과정을 순서대로 거치면서 내가 얻은 확실한 교훈이 하나 있다. 연결connection은 우리가 세상을 살아가는 이유라는 것이다. 인간에게는 타인과 연결되려는 본능이 있다. 관계는 우리의 삶에 목적과 의미를 부여한다. 타인과 관계가 단절될 때 우리는 고통을 받는다. 나는 연구를 통해 관계의 원리를 밝혀내고 싶었다.

사람 사이의 관계를 연구한다는 단순한 생각에서 시작했지만, 시간이 흐르고 보니 나는 연구 참가자들에게 이끌려 엉뚱한 방향으로 가고 있었다. 참가자들에게 "당신에게 중요한 관계는 무엇인가요?", "타인과 연결된 경험을 말해주세요"라고 질문을 던지면, 그들은 약속이나 한 듯 연인과의 이별, 배신당한 경험, 수치스러웠던 일을 이야기했다. 연결에 대해 물었는데 단절의 경험을 대답한 것이다. 원래 사람들은 어떤 개념에 대해 정의를 내릴 때 '…이 아닌 것'으로 사고하는 경향이 있다. 특히 감정적인 경험과 관련해서 이런 경향이 두드러진다.

그래서 나는 우연찮게 수치심과 공감 능력을 연구하는 학자가 되었다. 나는 수치심이란 무엇이며 수치심을 느끼는 이유는 무엇인지, 또 자신이 부족한 사람이라는 믿음에 대항해 회복탄력성을 기르는 방법은 무엇인지를 설명하는 이론을 만드는 데 6년을 보냈다. 그리고 2006년 무렵에야 새로운 깨달음을 얻었다. 수치심을 제대로 이해하려면 수치심이라는 감정 자체만이 아니라 그 반대편도 알아야 한다는 것을 말이다. 나는 다음과 같은 질문을 던지기 시작했다.

"수치스러운 일을 겪고도 자신의 가치를 믿고 회복력을 발휘한 사람들의 공통점은 무엇인가?"

나는 그런 사람들을 가리켜 '온 마음을 다하는wholehearted' 사람들이라고 부른다. 일찍이 나는 저서 『나는 불완전한 나를 사랑한다』에서 '온 마음을 다하는 삶을 위한 열 가지 지침'을 정리했다.

1. 다른 사람들의 생각에 연연하지 말고, 진짜 나를 소중히 여길 것
2. 완벽주의를 버리고, 자신에게 조금 더 관대해질 것
3. 감정 마비와 무기력에서 벗어나 회복탄력성을 기를 것
4. 부족하다는 생각은 그만두고, 매일 감사하고 기뻐할 것
5. 불확실함을 받아들이고, 직관력과 믿음을 키울 것

6. 남과 비교하는 버릇을 버리고, 창의력을 기를 것
7. 진정한 나를 위한 일을 하고, 놀이와 휴식도 즐길 것
8. 고요한 명상의 시간을 마련해 만성적인 불안에서 해방될 것
9. 자신에 대한 의심과 지나간 일에 대한 미련을 버리고, 의미 있는 일을 만들 것
10. 모든 걸 통제하려는 생각을 버리고, 웃음과 노래와 춤을 더 자주 즐길 것

다시 살펴보니 나는 열 가지 지침 가운데 두어 개 정도만 지키고 있었다. 나의 점수를 알고 나니 몹시 참담했다. 그때 나는 마흔한 살 생일을 몇 주 앞두고 있었는데, 내 중년의 삶이 다 흐트러지는 기분이었다. 수치심이라는 감정을 학문적으로 연구하는 일과 내가 온 마음을 다해 충만하게 살고 사랑하는 일은 별개였던 것이다.

『나는 불완전한 나를 사랑한다』에서 나는 '온 마음을 다해' 산다는 것이 무엇이며 나에게는 어떤 정신적 각성의 과정이 있었는지를 자세히 설명했다. 이 책에서는 '온 마음을 다하는 삶'의 정의를 내리고 내가 통계를 분석해서 얻어낸 다섯 가지 기본 원칙을 공유하려 한다. 이 다섯 가지 원칙은 이 책의 핵심 주제가 될 것이다.

'온 마음을 다하는 삶'이란 자신의 가치에 대한 믿음을 바탕으로 세상에 적극적으로 뛰어드는 것이다. 용기와 공감 능력을 지니고, 사람들과 관계를 맺고, 아침에 눈을 뜰 때마다 '나는 충분히 괜찮은 사람이야'라고 생각하는 것이다. 얼마나 많은 일을 해냈든, 미처 못 해낸 일이 얼마나 많든 나를 긍정해주는 것이다. 그리고

밤에 잠자리에 들면서 이렇게 생각하는 것이다. '그래, 나는 불완전하고 취약한 존재야. 때로는 뭔가를 두려워하기도 하지만, 그래도 내가 용감한 사람이라는 진실은 바뀌지 않아. 나는 사랑과 인정을 받을 만한 사람이야.'

자, 이제 '온 마음을 다하는 삶'의 다섯 가지 기본 원칙을 살펴보자.

1. 사랑과 소속감은 남녀노소 누구에게나 필요한 감정이다. 타인과 연결되고 싶은 마음은 인간의 본능이며, 우리의 삶에 목적과 의미를 부여한다. 사랑, 소속감, 연결이 없을 때 우리는 고통을 느낀다.

2. 내가 인터뷰한 사람들은 두 집단으로 나뉜다. 하나는 사랑과 소속감을 가슴 깊이 느끼는 사람들이고, 다른 하나는 사랑과 소속감을 얻지 못해서 괴로워하는 사람들이다. 어떤 사람이 두 집단 가운데 어디에 속하는지를 판별하는 요소는 단 하나였다. 누군가를 사랑하고 소속감을 느끼는 사람들은 자신이 사랑받을 가치, 어딘가에 소속될 가치가 있는 존재라고 믿었다. 그들의 삶이 더 윤택하거나 더 수월하지는 않았다. 중독이나 우울증이 다른 집단보다 적은 것도 아니었고, 트라우마나 파산, 이혼을 겪은 사람들도 적지 않았다. 그러한 불행을 남들보다 더 잘 견뎌낸 것도 아니었다. 다만 이들은 그 모든 난관 속에서도 자신이 사랑받고 소속되고 기쁨을 느낄 자격이 있다는 믿음을 놓지 않았다.

3. 자신의 가치에 대한 굳건한 믿음은 저절로 생겨나지 않는다. 그것은 우리가 선택한 삶의 지침들을 받아들이고 날마다 실행하기 위해 노력할 때 자라난다.
4. 온 마음을 다해 사는 사람들은 용기와 공감과 연결의 가치를 추구하며 살아간다.
5. 온 마음을 다해 사는 사람들은 취약성을 용기, 공감, 관계의 촉매제로 인식한다. 기꺼이 취약해질 수 있는 용기는 내가 '온 마음을 다해 사는 사람'으로 분류한 모든 남성과 여성의 유일한 공통된 가치였다. 그들은 직업적 성공, 성공적인 결혼생활, 부모로서 느낀 자부심 등 온갖 좋은 일은 자신의 '취약해질 수 있는 용기' 덕분에 가능했다고 말한다.

나는 앞서 출간한 책들을 통해서 누누이 취약성에 관해 이야기했고, 학위논문을 쓸 때도 한 장章을 통째로 취약성에 관한 내용으로 채웠다. 학문을 시작한 직후부터 나는 취약성을 끌어안는 것이 우리 모두에게 중요하다고 주장했다. 또한 나는 취약성과 그간 연구했던 다른 감정들의 관계를 이해하고 있었다. 하지만 앞서 출간한 책들에서는 취약성과 수치심, 취약성과 소속감, 취약성과 자존감 사이에 필연적인 관계는 없다고 간주했다. 그것은 나의 착각이었다! 그 후로 12년이나 끈질기게 탐구하고 나서야 나는 취약성이 우리 삶에서 어떤 역할을 하는지 알아냈다. 그것은 바로 취약성이 의미 있는 경험의 핵심 중의 핵심이라는 것이다.

이와 같은 새로운 사실을 알게 된 후 나는 개인적으로 중대한 딜레마에 봉착했다. 첫째, 나 자신이 취약해지지 않으면서 사람들에게 취약성의 유익함을 제대로 설명할 수 있을까? 둘째, 취약성을 끌어안으면서도 학자로서 나의 명성을 지켜낼 수 있을까? 솔직히 말해서 학자와 연구자들은 정서적 접근성이 높아지면 수치심을 느낀다. 우리는 학문의 길에 들어서는 순간부터 대중과 일정한 거리를 유지해야 학자로서 위신이 서며, 대중과 너무 친해지면 권위가 실추된다고 배웠다. 일반적으로 '학자연한다'는 평가는 모욕으로 받아들여지지만, 상아탑 안에 있을 때는 '학자'라는 이름표를 갑옷처럼 챙겨 입으라고 배웠다. 그렇다면 나는 어떻게 해야 할까? 나 자신이 취약성을 끌어안고 나의 혼란스러웠던 여정을 고백하면서도 바보처럼 보이지 않으려면 어떻게 해야 할까? 나의 학자 갑옷은 어떻게 처리해야 할까?

그러던 어느 날 시어도어 루스벨트가 미국 시민들에게 요구했던 '대담하게 뛰어들기'의 순간이 나에게도 찾아왔다. 2010년 6월 TEDx휴스턴이라는 행사에서 강연을 해달라는 요청을 받은 것이다. 비영리 민간 단체인 TED는 기술·오락·디자인 분야에서 '널리 퍼뜨릴 가치가 있는 생각들'을 짤막한 강연으로 제작한다. TEDx 휴스턴은 TED를 기반으로 개최되는 독립적인 행사였다. TED와 TEDx를 기획한 사람들은 그동안 내가 봤던 다른 기획자들과 달랐다. 수치심과 취약성을 연구하는 나 같은 학자를 초청할 경우 대부분의 기획자들은 조금 불안해한다. 그래서 강연 내용을 미리 알려달라고 요청하는 경우가 종종 있다. 하지만 관중에게 무슨 이야기를 들려주길 원하느냐고 묻는 나에게 TEDx 기획자들은 이렇게 답했다.

"우리는 선생님의 연구가 좋습니다. 그러니 자신 있게 할 수 있는 이야기를 들려주세요. 주특기를 보여주시면 됩니다. 선생님과 행사를 함께하게 되어 영광입니다."

그들은 어떻게 나에게 주특기를 보여달라고 할 생각을 했을까? 나도 잘 모르겠다. 그 강연 전까지만 해도 내게 주특기가 있다는 생각조차 못 해봤다.

나는 그 행사의 자유로움이 좋기도 하고 싫기도 했다. 마음속에서 갈등이 일었다. 불편함에 뛰어들어 적응할 것인가, 아니면 오랫동안 알고 지낸 친구들 속으로 도피해서 예측할 수 있고 통제할 수 있는 생활을 추구할 것인가? 결국 나는 한번 해보기로 마음먹었다. 솔직히 말하면 내가 뭘 하려는 건지 나도 잘 몰랐다.

이 결심은 내 연구에 대한 확신에서 나온 것도 아니고, 나 자신에 대한 믿음에서 나온 것도 아니었다. 스스로 좋은 학자라는 자부심은 있었다. 내가 통계에서 끌어낸 결론이 유효하고 타당하다는 믿음도 있었다. 취약성은 내가 원하는 곳 또는 가야 하는 곳으로 나를 데려다줄 것 같았다. 나는 나 자신을 설득했다. '별일 아냐. 장소가 휴스턴이잖아. 내 고향 사람들이 모이는 거야. 최악의 경우 500명쯤 되는 청중이랑 생중계로 시청하는 사람들 몇몇이 나를 보면서 어리석다고 비웃겠지, 뭐.'

강연을 한 다음 날 아침, 마치 술자리에서 인생 최대의 실수를 저지른 뒤 숙취에서 덜 깬 듯한 취약성을 느끼며 잠에서 깨어났다. 잠자리에서 일어났는데 전날 나 자신을 백일하에 드러낸 기억이 갑자기 되살아나 이불 속에 숨어버리고 싶은 기분이 어떨지 짐작되는가? '내가 무슨 짓을 한 거지? 이제 500명이나 되는 사람들이 나를 미친 사람이라고 생각할 거야!' 나는 강연을 하면서 중요한 사항 두 가지를 빼먹었다. 게다가 '신경쇠약breakdown'이라는 단어를 슬라이드로 보여주면서 절대로 남에게 하지 말았어야 할 이야기를 늘어놓기까지 했다. '헉! 아무래도 이 동네를 떠나야겠다.'

하지만 도망갈 곳은 없었다. 그 강연을 하고 나서 6개월이 지났을 때 TEDx휴스턴의 기획자가 내게 이메일을 보냈다. 내 강연이 TED 홈페이지의 첫 화면에 올라갈 예정이라면서 축하한다고 했다. 그건 좋은 일이었다. 사실 내가 바라던 영광이었다. 그런데도 덜컥 겁이 났다. 첫째, 나는 '기껏해야' 500명이 나를 이상한 사람으로 여길 거라고 예상했다. 둘째, 뭐든지 비판하고 조롱하는 사람이 넘쳐나는 사회에서 나는 전면에 나서본 적이 없었다. 항상 레이더를 피해 조용히 지나다니면서 안전함을 느끼던 사람이었다. 만약 내가 그 후에 벌어질 일을 미리 알았더라면 그 이메일에 어떻게 답했을지 잘 모르겠다. 생각해보면 내 반응은 정말 앞뒤가 맞지 않았다. 취약성을 끌어안고 자신을 당당하게 내보이라는 내용을 강연했는데, 막상 동영상으로 공개되자 나 자신이 취약해진 상태로 사람들에게 노출된 기분이 들어서 마음이 불편하다니!

그날의 강연은 현재 TED의 메인 홈페이지에서 52개 언어로 시청할 수 있으며 조회 수는 6천만 회를 넘어섰다. 나는 그 영상을 다시 본 적이 없다. 내가 그런 일을 해냈다고 생각하면 기쁘긴 하지만 여전히 마음이 편치는 않다. 내게 2010년이 TEDx휴스턴 강연의 해였다면 2011년은 문자 그대로 '걷기'와 '강연'의 해였다. 나는 국토를 종횡으로 누비면서 《포춘》 선정 500대 기업의 직원, 리더십 코치, 군인, 변호사, 부모, 교육계 종사자 등 다양한 사람들에게 강연했다. 2012년에는 캘리포니아주 롱비치에서 열린 TED 콘퍼런스에 초대받아 강연을 한 번 더 했다. 그 강연은 나의 모든 연구의 토대이자 도약대가 된 작업을 세상에 알리는 기회가 됐다. 그날 나는 수치심에 관해 이야기했다. 우리가 세상에 대담하게 뛰어들기를 진심으로 원한다면 수치심의 속성을 이해하고 올바르게 대처해나가야 한다고 설명했다.

이처럼 내가 연구한 내용을 사람들과 공유한 경험 덕분에 이 책을 쓰게 됐다. 당시 나는 출판사 관계자를 만나 "경제경영 책을 쓸까요?", "부모들을 위한 책은 어떨까요?", "교사를 위한 책으로 씁시다" 등 여러 의견을 나눴다. 하지만 책은 한 권으로 충분하다는 결론을 얻었다. 어떤 자리에 가든, 상대가 누구든 내 강연의 핵심은 다르지 않았기 때문이다. 그것은 바로 두려움, 놓아버리기, 용감해지고 싶은 마음이다.

기업인들을 상대로 강연할 때는 리더십, 창의력, 혁신 등에 초점을 맞췄다. 하위 관리자에서부터 최고위 경영자에 이르기까지 너 나 할 것 없이 내게 다음과 같은 고민거리를 털어놓았다. 직원들의 소극성, 피드백의 부재, 빠른 변화 속에서 기업 가치를 유지해야 한다는 압력, 선명한 목표의 필요성. 우리는 혁신과 열정에 다시 불을 지피기 위해 조직문화에 인간성을 불어넣어야 한다. 수치심을 관리의 도구로 삼으면 참여는 저조해진다. 실패를 허용하지 않는 환경에서는 배움과 혁신과 창의성을 기대하기 힘들다.

부모 대상 강연에서는 '좋은' 또는 '나쁜'이라는 형용사가 얼마나 해로운지에 대해서 이야기했다. '좋은 엄마'와 '나쁜 엄마'를 구분하는 순간 자녀 양육의 과정은 수치심의 지뢰밭으로 변하기 때문이다. 우리가 부모들에게 던져야 할 질문은 다음과 같다.

"당신은 적극적으로 참여하고 있나요? 아이에게 주의를 기울이고 있나요?"

부모가 육아에 참여하고 주의를 기울이면 당연히 실수도 많이 하고 잘못된 결정도 하게 된다. 부모로서 불완전했던 순간들은 오히려 선물이 될 수 있다. 무엇이 문제인지 알아내고 다음번에 더 잘하려고 애쓰는 모습을 아이들에게 보여주면 된다. 우리의 지상 과제는 완벽한 부모가 되어 행복한 아이들을 키우는 것이 아니다. 완벽함이란 존재하지 않는다. 그리고 내가 알아낸 바에 따르면, 아이들을 행복하게 해주는 것과 나중에 그 아이들이 용감하고 적극적인 성인으로 자라나는 것은 다른 문제다.

학교 교육에도 같은 원리가 적용된다. 내가 목격했던 문제들은 하나같이 부모와 교사와 학교 행정 담당자와 학생의 소극적인 태도가 결합되어 발생한 것이었다. 목표를 하나로만 정하려고 하는 이해 당사자들의 충돌도 한몫했다.

연구를 하면서 가장 힘들면서도 보람 있었던 일은 지도 제작자와 여행자 역할을 동시에 해내는 것이었다. 여기서 '지도'란 수치심, 회복탄력성, 온 마음을 다하는 삶, 취약성에 관한 나의 이론을 가리킨다. 이 지도는 직접 여행하면서 만든 것이 아니라 내가 10여

년간 수집한 자료를 토대로 만든 것이다. 모두가 원하는 목적지로 가는 길을 먼저 걸어가면서 개척하고 있는 선구자들의 경험에서 끌어낸 것이다.

오랫동안 학자로 살면서 깨달은 사실이 있다. 땅바닥에 발을 붙이고 서 있는 지도 제작자는 발 빠른 여행자가 될 수 없다. 나는 늘 비틀거리다 넘어졌고, 수시로 경로를 바꿔야 했다. 지금도 나 자신이 그린 지도를 따라 여행하고 있지만 좌절과 회의에 사로잡힐 때가 얼마나 많은지 모른다. 그럴 때면 지도를 구깃구깃 뭉쳐서 온갖 잡동사니와 함께 서랍에 쑤셔 넣는다. '고통'을 '특별한 감정'으로 바꾸는 여행은 결코 쉽지 않지만, 내게는 한 걸음 한 걸음이 다 각별한 의미가 있다.

이 책의 핵심은 내가 지난 몇 년간 경영자, 부모, 교육자 들에게 이야기했던 내용이다. 중요한 것은 '우리가 무엇을 아는가'가 아니라 '우리가 어떤 사람인가'다. 아는 데 그치지 않고 실천하는 사람이 되려면 마음의 가면을 벗고 자신의 모습을 드러내야 한다. 그러자면 세상에 대담하게 뛰어들어야 한다. 기꺼이 취약함을 받아들여야 한다. 그 여정의 첫걸음은 우리가 지금 어디에 있는지, 무엇에 도전하려는지, 목적지는 어디인지를 이해하는 것이다.

차례

헤어날 수 없는
결핍감의 근원

지난 십여 년 동안 심리학을 연구하면서 '늘 뭔가 부족한 느낌'이 우리의 가정과 기업과 공동체를 억누르는 광경을 생생하게 목격했다. 그래서 감히 말하건대, 이제 우리는 두려움에서 벗어나야 한다. 우리는 모두 용감해져야 한다. 우리는 대담하게 뛰어들어야 한다. 끊임없이 부러워할 대상을 찾고, 비난할 대상을 잡아내는 일을 제발 멈춰야 한다.

✦

"요즘 아이들은 자기가 특별한 줄 알아요. 왜 사람들이 죄다 나르시시스트가 돼가는 걸까요?"

강연장에서 한 여자가 큰 소리로 이렇게 질문했다. 나의 답변은 그리 영리하지 못했다. 자칫하면 건방지게 들릴 수도 있었다.

"맞습니다. 어디에나 나르시시스트가 많지요."

그 답변은 좌절감의 표현이었다. 지금도 나는 '나르시시즘'이라는 말을 들을 때마다 좌절감에 빠진다. "페이스북은 너무 자아도취적이에요." "왜 사람들은 자기가 하는 일이 그렇게 중요하다고 생각할까요?" "요즘 아이들은 죄다 나르시시스트예요. 항상 나, 나, 나밖에 모른다니까요." "우리 상사는 진짜 나르시시스트예요. 자기가 최고라고 여기면서 늘 다른 사람을 깎아내리려고 해요."

흔히 사람들이 나르시시즘이라는 단어를 오만한 행동이나 무례한 태도라는 의미까지 포함해 포괄적으로 쓰는 데 반해, 심리학 전문가들은 나르시시즘이라는 개념을 다양한 방법으로 탐색하고 있다. 최근에는 일군의 연구자들이 지난 30년 동안 유행한 노래들의 가사를 컴퓨터로 분석했다. 그 결과 대중에게 인기를 끈 노래에는 나르시시즘과 적대감이 유독 많이 담긴 것으로 나타났다. '우리'라는 단어는 줄어들고 '나'라는 단어가 늘어난 것도 그들이 세운 가설과 일치했다.

또 그들은 노래 가사에 사회적 연계와 긍정적인 감정을 표현하는 단어는 줄어들고, 분노와 반사회적 행동을 표현하는 단어('밉다', '죽이다' 등)가 늘어났다는 사실도 발견했다. 그 연구에 참여한 학자이면서 『나는 왜 나를 사랑하는가The Narcissism Epidemic』의 공저자인 진 트웬지Jean Twenge와 키스 캠벨Keith Campbell은 지난 10년 동안 미국에서 자기애성 인격장애narcissistic personality disorder의 발생률이 두 배 이상 증가했다고 주장한다. 우리 할머니가 즐겨 쓰시던 말을 빌리자면 "세상이 작은 바구니 속 지옥으로 변해가는" 것만 같다.

그런데 정말 그럴까? 우리는 나르시시스트들에게 둘러싸여 살아가고 있을까? 권력과 성공과 외모에만 몰두하고 특별한 존재가 되는 데만 관심 있는 자기중심적인 사람들이 세상에 넘쳐나는가? 우리는 스스로 우쭐해진 나머지 실제로는 아무런 가치를 창출하지 못하고 세상에 기여하지도 못하면서 자신은 남보다 낫다고 믿는 걸까? 따뜻한 마음으로 타인과 이어지기 위해 필요한 공감 능력이 우리에게 없는 걸까? 만약 당신이 나와 비슷한 사람이라면 이 대목을 읽다가 눈살을 살짝 찌푸리며 생각에 잠길 것이다.

'맞아, 바로 이게 문제야. 물론 난 아니지만 요즘 사람들이 대체로 그렇다는 거지.'

누군가가 문제의 원인이 내가 아닌 남의 탓이라고 설명해주면 기분이 좋아진다. 그럼으로써 자신이 좀 더 괜찮은 사람인 것처럼 느껴지기 때문이다. 실제로 사람들은 나르시시즘이 문제라고 주장할 때마다 경멸과 분노와 비난을 곁들인다. 솔직히 말하면 나도 이 단락을 서술하는 동안 그런 감정에 빠져들었다.

문제를 진단하고 나면 우리는 즉각적인 충동을 느낀다. '나르시시스트'를 치료하기 위해 그 사람의 기를 죽이고 싶어지는 것이다. 이 주제와 관련해서는 직업을 불문하고 대다수의 사람들이 한결같은 반응을 보인다.

"자기중심적인 사람들은 자기가 별 볼일 없다는 사실을 깨달아야 해요. 넌 하나도 특별하지 않다고, 아무도 너한테 관심 없다고, 그러니 잘난 척 좀 그만하라고 말해줘야 해요."

여기서부터 문제는 복잡해진다. 누군가를 절망에 빠뜨릴 수도, 돌이킬 수 없는 상처를 입힐 수도 있다. 나르시시즘이라는 개념이 대중의 의식 속에 침투했기 때문에 사람들은 나르시시즘이 어떤 모습으로 나타나는지 알고 있다. 나르시시스트들은 끊임없이 잘난 체하고, 찬사받기를 원하며, 남에게 공감하지 못한다.

하지만 사람들이 잘 모르는 사실도 있다. 심각한 자기애성 인격 장애의 근저에는 '수치심'이 있다. 따라서 누군가의 기를 죽이려 하거나 "넌 보잘것없는 존재야"라고 말해주는 방법으로는 증상이 고쳐지지 않는다. 수치심은 문제의 해결책이 아니라 원인이기 때문이다.

취약성의 관점에서 바라보기

누군가를 판단할 때 '그 사람이 어떤 선택을 하는가'가 아니라 '그 사람은 어떤 사람이다'라는 식으로 규정하기는 쉽다. 문제를 개인의 탓으로 돌리면 우리 모두는 책임에서 벗어날 수 있기 때문이다. 물론 개인의 책임이 전혀 없다는 말이 아니다. 다만 어떤 진단을 내림으로써 사람을 규정해버리는 일은 피해야 한다는 것이다. 진단을 통해 사람을 규정하면 더 큰 수치심이 생겨나기 때문에 그 사람은 타인에게 도움을 청하지 못하게 된다.

우리에게 보다 도움이 되는 행동은 '취약성'이라는 렌즈를 통해 문제의 패턴을 관찰하는 것이다. 즉, 취약성의 관점에서 나르시시즘을 바라보면 그 사람의 무의식 속에 내재된 '평범해지는 것에 대한 두려움'이 보인다. 자신은 특별하지 않으므로 사람들의 관심을 받거나, 사랑을 받거나, 어딘가에 소속되거나, 목표 의식을 갖지 못할 거라는 등의 두려움 말이다.

나르시시즘을 이런 식으로 새롭게 정의하면 상황이 명확해지면서 문제의 원인과 해결책을 찾기가 쉬워진다. 우리 주변에는 자신이 부족하다는 생각에 힘들어하는 사람이 많다. 가장 큰 이유는 우리에게 매우 큰 영향을 미치는 사회적 메시지 때문이다. 우리 사회는 평범한 삶은 의미가 없다는 메시지를 끊임없이 주입한다. 유명 연예인 중심의 대중문화 속에서 SNS에 빠져 자라는 아이들은 이런 메시지를 무비판적으로 받아들이고 극단적으로 편향된 세계관을 갖기 쉽다. 페이스북이나 인스타그램의 '좋아요' 개수가 그 사람의 가치를 말해준다고 착각하는 것이다.

누구나 자신이 하는 일이 중요하다고 믿고 싶어 한다. 또한 특별한 존재가 되고 싶어 한다. 그러니 '좋아요'의 개수로 우리의 보잘것없는 일상을 측정하고 싶은 것도 당연하다. 자신이 너무나 평범하고 부족한 존재라서 괴로울 때 명예와 지위와 찬사를 갈구하는 느낌은 강력한 진통제와도 같다. 알다시피 이런 생각과 행동은 궁극적으로 더 많은 고통을 유발하고 타인과의 관계를 단절시키지만, 우리는 상처를 받거나 사랑과 소속감이 흔들릴 때 자신을 가장 확실하게 보호해줄 것 같은 방향으로 움직인다.

정확한 치료법을 찾기 위해 진단이 꼭 필요할 때도 있긴 하다. 하지만 취약성의 관점에서 자신의 아픔을 들여다보는 노력은 반드시 도움이 된다. 어떤 상황이든 간에 다음과 같은 질문들을 던지고 곰곰이 생각해본다면 분명 깨달음을 얻을 수 있을 것이다.

1. 지금 우리 사회의 문화 속에는 어떤 메시지와 기대감이 숨겨져 있는가? 그 메시지는 우리의 행동에 어떤 영향을 미치는가?
2. 우리는 자신을 보호하기 위해 어떤 행동을 하는가?
3. 우리의 행동, 생각, 감정은 취약성과 어떤 관계가 있는가? 자존감을 높이려는 욕구와는 어떤 관계가 있는가?

앞서 던졌던 질문들로 돌아가자. 우리는 나르시시즘이라는 인격장애를 가진 사람들에게 둘러싸여 있는가? 내 대답은 '아니요'다. 사회적 메시지는 우리에게 매우 강한 영향을 미치며, 그 영향

중 하나가 바로 평범해지는 것에 대한 두려움이다. 하지만 나는 보다 심층 탐구가 필요하다고 생각한다. 근본 원인을 알아내기 위해서는 사람을 규정하고 낙인찍는 데서 한 발 더 나아가야 한다.

지금까지 우리는 취약성의 관점에서 나르시시즘이라는 특정한 행동을 살펴봤지만, 관찰 대상을 좀 더 확장해보자. 취약성이라는 렌즈는 우리 시대의 가장 큰 문화적 영향력을 정확히 가려내준다. 바로 '결코 충분하지 않다'는 메시지다. 우리의 일상, 사랑, 관계, 일 등 삶의 전반에서 끊임없이 결핍감을 자극하는 이 메시지가 우리의 생각, 행동, 감정을 어떻게 조종하고 있는지 살펴보자.

늘 뭔가 부족하다고 느끼는 이유

내 연구에서는 데이터를 정확하게 분석하고 연구 참가자들과 깊이 공감하는 언어를 찾아내는 일이 무척 중요하다. 내가 쓰는 용어나 설명을 듣고 사람들이 이해한다는 표정을 짓거나 "와, 재미있겠네요"라며 감탄할 때면 어안이 벙벙해진다. 내가 연구하는 주제들의 특성상 두 손에 얼굴을 파묻거나 "그만요! 그만 들을래요"라고 말하는 것이 더 자연스러운 반응이기 때문이다.

내가 사람들에게 '나는 충분히 _____하지 못하다'라는 문장을 완성해보라고 할 때도 사람들의 반응은 비슷하다. 사람들은 자신이 자주 하는 생각을 떠올리며 신속하게 빈칸을 채운다.

- 나는 충분히 착하지 못하다.
- 나는 충분히 완벽하지 못하다.
- 나는 충분히 날씬하지 못하다.
- 나는 충분히 강하지 못하다.
- 나는 충분히 성공하지 못했다.
- 나는 충분히 똑똑하지 못하다.
- 나는 충분히 여유롭지 못하다.
- 나는 충분히 특별하지 못하다.

스스로가 부족하다고 느끼는 것은 우리가 '결코 충분하지 않다'는 메시지 속에서 살고 있기 때문이다. '부족한 느낌'에 관한 글 중에 내가 가장 좋아하는 것은 국제 활동가이자 모금 전문가인 린 트위스트Lynne Twist의 글이다. 그녀는 저서 『돈 걱정 없이 행복하게 꿈을 이루는 법The Soul of Money』에서 부족한 느낌을 '세상에서 가장 큰 거짓말'이라고 표현했다. 다음은 책의 한 대목이다.

내가, 그리고 수많은 사람들이 아침에 눈을 떠서 맨 처음 하는 생각은 '나는 잠을 충분히 자지 못했어'라는 것이다. 두 번째로 하는 생각은 '나에게는 시간이 충분하지 않아'라는 것이다. '충분하지 않다'는 생각은 우리가 사실 여부를 확인하거나 의문을 품기도 전에 자동으로 머릿속에 떠오른다. 우리는 깨어 있는 시간의 대부분을 뭔가를 충분히 가지고 있지 않다는 말을 듣고, 설명하고, 불평하고, 걱정하면서 흘려보낸다. 침대에서 몸을 일으키기도 전에, 발이 방바닥에 닿기도 전에 우리는 이미 문제가 있고, 남보다 못하고, 뭔가를 갖지 못한 사람이 된다. 잠자리에 들 때도 머릿속은 그날 하루 동안 얻지 못한 것들과 끝내지 못한 일들로 뒤죽박죽이다.

우리는 이런 생각들을 짐처럼 짊어진 채 잠이 들고, 그 부족한 느낌의 잔상과 함께 깨어난다. (…) 이러한 '내적 결핍'은 우리의 질투심, 욕심, 편견, 삶과의 투쟁 한가운데서 생명을 유지한다.

모두가 자신이 가지지 못한 것에 극도로 신경 쓰는 사회에서는 '늘 뭔가 부족한 느낌'이 더욱 기승을 부린다. 우리는 안정, 사랑, 돈, 자원 등 모든 것이 부족하거나 없다고 느낀다. 그래서 우리가 가진 것과 가지지 않은 것, 다른 사람이 가진 것, 우리에게 필요한 것, 우리가 원하는 것을 대비하고 따져보는 일에 어마어마한 시간을 들인다. 이러한 끊임없는 계산과 비교는 자신을 초라하게 만든다.

과거에 대한 향수 역시 비교의 한 형태로 위험성을 가지고 있다. 우리가 현재와 과거를 얼마나 자주 비교하는지 생각해보자. 우리는 과거의 자신, 과거의 삶을 얼마나 습관적으로 떠올리는가. 그런 과거는 추억이라는 이름으로 아름답게 편집된 것일 뿐인데도 말이다.

결핍감에 대항하는 방법

'결코 충분하지 않다'는 메시지는 하룻밤 사이에 만들어진 것이 아니다. 하지만 수치심을 조장하는 문화에서는 늘 뭔가 부족한 느낌이 빠르게 확산된다. 사람들이 비교하는 습관에 젖어 있는 데다 진정 어린 참여가 없어서 사회가 파편화되어 있기 때문이다. (여기서 '수치심을 조장하는 문화'란 사람들이 그 사회의 지배적 가치에 자신을 맞추지 못해서 힘겨워한다는 뜻이다.)

지난 10년간 나는 미국의 시대정신에 중대한 변화가 일어나는 것을 목격했다. 그것을 통계 수치로도 확인했지만, 내가 만나고 대화하고 인터뷰한 사람들의 얼굴에서 더 확실히 느꼈다. 세상살이가 수월했던 때가 인류의 역사에 과연 있었는지 의문스럽지만, 지난 10년은 미국 문화가 크게 달라지고 너무나 많은 사람이 깊은 외상을 입은 시기였다. 9·11 테러, 거듭된 전쟁, 경기침체, 극심한 자연재해, 무차별적 폭력과 총기 난사 사건들 속에서 우리는 살아남았고 지금도 살아남기 위해 노력하고 있다. 이 사건들은 가공할 힘으로 우리의 안정감을 갈가리 찢어놓았기 때문에, 해당 사건에 직접 연루되지 않은 사람들도 마음에 상처를 입었다. 그리고 실업 또는 반실업 상태인 사람들이 급속도로 늘어나면서 우리 또는 우리와 가까운 사람들이 직격탄을 맞았다.

늘 뭔가 부족하다는 걱정은 우리 사회가 집단적으로 앓고 있는 외상 후 스트레스 장애다. 외상 후 스트레스란 사람이 심각한 손상이나 생명의 위협을 경험한 후에 발생할 수 있는 정신·신체 증상이다. 그런데 우리는 치유를 위해 힘을 합치는 대신(이렇게 하려면 취약해져야 한다) 겁먹은 상태에서 서로에게 화를 내고 피터지게 싸운다.

문제는 사회에만 있지 않다. 나는 우리의 가족 문화, 직장 문화, 학교 문화, 그리고 지역사회 문화도 다르지 않다는 것을 발견했다. 수치심, 비교, 참여의 부재라는 공식이 어디에나 적용된다. 늘 뭔가 부족하다는 느낌은 이런 상황을 거품처럼 확대시키고 지속시킨다. 그래서 나중에는 상당수 사람들이 주류 문화에서 이탈해 자신이 진정 소속되기를 원하는 소수문화 집단을 새로 만들기도 한다.

'결코 충분하지 않다'는 메시지가 우리 사회의 세부 집단에 어떤 영향을 미치고 있는지 다음 세 가지 항목의 질문들을 통해 곰곰이 생각해보자. 학교, 가족, 지역사회, 직장 등 당신이 속한 집단의 문화 또는 제도를 염두에 두면서 읽어보라.

1. **수치심**: 비웃음이나 비난에 대한 두려움이 사람들을 관리하는 수단 또는 통제하는 수단으로 쓰이고 있는가? 성과, 생산성, 명령에 대한 순응의 정도가 사람들의 자존감을 결정하는가? 비난과 고자질이 규칙처럼 되어 있는가? 욕설과 창피 주기가 일상인가? 남의 의견 묵살하기와 험담이 비일비재한가? 편애가 있는가? 완벽주의가 사람들을 힘들게 하는가?

2. **비교**: 건전한 경쟁은 모두에게 이로울 수도 있다. 혹시 노골적인 경쟁 또는 암묵적인 비교와 순위 매기기가 끊임없이 이루어지고

있는가? 창의성을 발휘하지 못하는 분위기인가? 사람들이 고유한 능력과 기여를 통해 인정받지 못하고 편협한 기준에 매여 있는가? 이상적인 단 하나의 존재 방식이나 능력이 모든 사람의 가치를 평가하는 잣대로 쓰이는가?

3. 참여의 부재: 사람들이 위험을 감수하거나 새로운 시도를 주저하는가? 자기만의 이야기, 경험, 아이디어를 입 밖에 내지 않으려 하는가? 아무도 남의 말을 주의 깊게 듣지 않는 분위기인가? 모든 사람이 자기 모습을 보여주고 자기 목소리를 내기 위해 사투를 벌이는가?

나는 이 질문들을 우리 사회의 전반적인 분위기, 대중매체, 사회적·경제적·정치적 환경에 대입해봤다. 나의 대답은 '예, 예, 예'였다!

다만 우리 가족의 경우, 남편 스티브와 나는 날마다 이런 문제들을 극복하기 위해 노력하고 있다. 내가 '극복'이라는 단어를 선택한 이유는, 부부관계를 발전시키거나 자녀를 양육하거나 조직을 이끌거나 학교를 운영하거나 종교단체를 만드는 일들 모두가 어떤 의미에서는 '부족한 느낌'이라는 문화적 표준에 근본적으로 어긋나기 때문이다. 이런 일들을 해내려면 자각과 책임감을 느끼며 날마다 노력해야 한다. 그런데 거대한 문화의 힘은 항상 우리를 압박한다. 자신이 추구하는 가치를 위해 맞서 싸울 의지가 없다면 그 불일치 또한 부족한 느낌으로 귀결된다. 이 사회에 만연한 '결코 충분하지 않다'라는 메시지에 어긋나는 결정을 내릴 때마다 우리는 대담하게 세상에 뛰어드는 셈이다.

'결코 충분하지 않다'는 메시지에 대항하는 방법은 풍요롭게 사는 것이 아니다. 풍요와 부족이 동전의 양면처럼 생각되기도 하지만, 정확히 말하면 부족함의 반대말은 '충분함'이다. 나는 여기서 더 나아가 충분함 대신 '온 마음을 다함wholeheartedness'이라는 말을 쓰고 싶다. 이를 달성하는 방법은 수없이 많지만 그중에서도 핵심은 바로 '취약해지기'와 '자아 존중하기'다. 불확실성을 감수하고, 마음에 상처를 입더라도 감정을 드러내는 것, 지금의 내가 괜찮은 사람이라는 사실을 아는 것이다.

'결코 충분하지 않다'는 메시지에 관한 세 가지 질문으로 돌아가자. 당신은 그런 가치들로 규정되는 환경에서 기꺼이 취약해질 용기, 즉 대담하게 뛰어들 용기가 있는가? 대부분의 사람은 단호하게 '아니요'라고 대답할 것이다. 그런 조건들이 당신의 자존감을 높이는 데 도움이 되는가? 이번에도 '아니요'라는 답변이 나올 것이다. '결코 충분하지 않다'는 메시지가 낳는 가장 큰 손실이 바로 여기에 있다. 끊임없이 결핍감을 자극하는 이러한 암묵적 메시지는 우리에게서 자신의 취약성을 끌어안으려는 용기를 앗아간다. 우리가 자존감을 유지하면서 세상에 참여하지 못하게 만든다.

지난 십여 년 동안 심리학을 연구하면서 '늘 뭔가 부족한 느낌'이 우리의 가정과 기업과 공동체를 억누르는 광경을 생생하게 목격했다. 그래서 감히 말하건대, 이제 우리는 두려움에서 벗어나야 한다. 우리는 모두 용감해져야 한다. 우리는 대담하게 뛰어들어야 한다. 끊임없이 부러워할 대상을 찾고, 비난할 대상을 잡아내는 일을 제발 멈춰야 한다.

다음 장에서는 취약성에 관한 그릇된 통념을 살펴보려 한다. 취약성에 관한 그릇된 통념은 늘 뭔가 부족한 느낌을 조장한다. 진정한 용기란 자신을 드러내고 자신의 진짜 모습을 남에게 보여주는 데서 시작된다.

Chapter 2

취약성에 대하여
우리가 잘못 알고 있는 것들

취약성은 진실, 그리고 용기와 더 닮아 있다. 진실과 용기는 항상 편안하지는 않을지언정 나약함은 절대 아니다. 물론 취약해지면 자신을 노출하게 된다. 불확실성이라는 이름의 고문실에 갇히게 되는 것도 맞다. 그리고 취약성을 끌어안을 때 마음의 상처를 입을 수도 있다. 하지만 위험을 감수하고 불확실성을 감내하며 감정을 솔직히 드러내는 일을 나약한 행동이라고 말할 수는 없다.

✦

취약성은 나약함과는 다르다

흔히들 취약성을 '나약함'과 비슷한 것으로 생각하는데, 이는
가장 큰 오해다. 취약해진다고 느끼는 상황이나 지나치게 감정적
인 사람으로 여겨지는 상황을 피하려고 자신을 보호하며 평생을
살아간다면 다른 사람이 우리처럼 감정을 숨기고 꾹 참으면서 앞
으로 나아가지 못할 경우 그들을 경멸한다. 이는 취약성 뒤에 숨은
용기와 대담함을 존중하거나 고맙게 여기는 대신 우리 자신의 불
편함과 두려움을 비판과 비난으로 표현하는 것이다.

취약성은 그 자체로는 좋은 것도 나쁜 것도 아니다. 취약하다는
것은 이른바 '어두운 감정'은 아니지만 마냥 가볍고 긍정적인 경
험도 아니다. 취약성은 모든 감정과 느낌의 핵이다. 무엇을 느낀다
는 것은 곧 취약해지는 것이다. 치러야 할 대가가 너무 크다는 걱
정 때문에 생활 속 감정들을 차단하는 것은 우리에게 삶의 목표와
의미를 주는 유일한 것으로부터 스스로 멀어지는 일이다.

우리가 취약성을 싫어하는 이유는 취약성을 공포, 수치, 슬픔, 걱정, 실망 따위의 어두운 감정과 연결시키기 때문이다. 우리는 어두운 감정에 관해 이야기하기를 좋아하지 않는다. 하지만 어두운 감정 역시 삶과 사랑, 일과 리더십에 지대한 영향을 미친다. 사람들은 아직 잘 모르지만, 십여 년간의 연구를 통해 나는 취약성이 우리가 간절히 원하는 감정과 경험의 요람임을 알아냈다. 취약성은 사랑, 소속감, 기쁨, 용기, 공감, 창의력의 원천이다. 취약성은 희망과 공감, 책임감과 진정성을 잉태한다. 삶의 목표를 더 분명히 하고 싶다면, 정신세계를 더 심오하고 의미 있게 만들고 싶다면 취약성에 그 답이 있다.

내 설명을 쉽게 받아들일 수 없다는 걸 나도 안다. 우리는 지금까지 줄곧 취약성과 나약함은 같은 말이라고 믿어왔다. 하지만 내 말은 진실이다. 나는 취약성을 불확실성, 위험, 감정 노출로 정의한다. 이 정의를 염두에 두면서 사랑에 관해 한번 생각해보자. 나는 매일 아침 눈을 뜨는 순간부터 누군가를 사랑하는데, 그 사람이 나를 똑같이 사랑해줄 수도 있지만 그렇지 않을 수도 있다. 당연히 그 사람의 안전을 내가 보장할 길은 없다. 그 사람이 내가 죽을 때까지 함께 있어줄 수도 있지만 예고 없이 떠나버릴지도 모른다. 이것이 취약성이다. 사랑은 불확실하다. 사랑은 무척 위험하다. 그리고 누군가를 사랑할 때 우리는 감정을 노출한다. 물론 그것은 두려운 일이다. 어디 그뿐인가. 사랑하면 상처받을 수도 있다. 하지만 누군가를 사랑하지 않고 누군가로부터 사랑받지도 않는 삶을 상상이나 할 수 있겠는가.

작품이나 글, 사진, 아이디어를 세상에 내놓는 일도 마찬가지다. 아무런 보장도 없고 세상 사람들의 인정을 받으리라는 확신도 없다. 그럴 때 우리는 취약해진다. 순간의 행복에 취하는 일은 또 어떤가. 우리는 인생의 행복한 순간이 덧없이 흘러가 버린다는 사실을 안다. 불행을 부르고 싶지 않다면 너무 행복해하지 말라고 세상은 충고한다. 순간의 행복에 취한다는 것은 짧지만 강렬한 취약성이다.

정말로 위험한 일은 감정 자체를 나약함이라고 여기는 것이다. 우리는 감정을 견뎌내는 능력을 잃어가고 있다(단 하나의 예외가 분노다. 분노는 이차적인 감정이다. 분노는 우리의 내면에 숨어 있는 복잡한 다른 감정들을 가리고 숨기기 위한 사회적 가면일 뿐이다). 감정을 견디지 못한다는 것은 취약성을 견디지 못한다는 것과 같다.

지금까지 느낌과 실패를 혼동하고, 감정과 책임을 혼동하고 있었다는 사실을 깨달을 때 비로소 취약성을 나약함과 동일시하면 안 된다는 점을 이해하게 된다. 삶에 필요한 감정의 영역을 되찾고 열정과 목표의식에 다시 불을 붙이고 싶다면 자신의 취약성을 끌어안고, 취약한 상태 그대로 세상에 참여하는 법을 배워야 한다. 그리고 그 과정에서 느껴지는 감정을 받아들여야 한다. 어떤 사람에게는 이것이 새로운 배움이고, 어떤 사람에게는 잊고 있었던 것을 복습하는 과정이다. 어느 쪽이든 간에 내 연구 결과에 따르면 가장 좋은 출발점은 취약성을 제대로 정의하고 인식하고 이해하는 것이다.

당신의 마음에 와닿는 취약성의 정의를 찾고 싶다면 다음을 읽

어보라. 다음은 내가 '취약성이란 _____다'라는 문장을
완성하라는 과제를 제시했을 때 사람들이 제출한 답변의 일부다.

- 다수가 반대하는 의견을 제시하는 것
- 나 자신을 변호하는 것
- 도움을 요청하는 것
- '아니요'라고 말하는 것
- 사업을 시작하는 것
- 유방암 4기 진단을 받은 아내의 유언장 작성을 도와주는 것
- 아내에게 먼저 섹스를 제안하는 것
- 남편에게 먼저 섹스를 제안하는 것
- 아들에게서 오케스트라의 첫 줄에 앉고 싶다는 이야기를 듣고,
  그렇게 되지 않을 것임을 알면서도 아들을 격려해주는 것
- 최근에 아이를 잃은 친구에게 전화하는 것
- 어머니를 위해 호스피스 서비스를 신청하는 것
- 이혼 후의 첫 데이트
- 어떤 대답이 돌아올지 알 수 없는 상태에서 사랑을 고백하는 것
- 내가 쓴 글이나 내가 그린 그림을 공개하는 것
- 승진을 했는데 그 일을 잘 해낼 자신이 없는 것
- 해고당하는 것
- 사랑에 빠지는 것
- 새로운 시도를 하는 것
- 새로 사귄 남자친구를 집에 데려오는 것

- 세 번의 유산 후에 다시 임신한 상태
- 조직검사를 하고 결과를 기다리는 것
- 이혼 절차를 밟으며 마음고생을 하는 아들에게 손을 내미는 것
- 운동에 소질이 없고 몸매도 별로인데 남들 앞에서 운동하는 것
- 뭔가가 무섭다고 인정하는 것
- 다음 달에 직원들 월급 줄 돈이 없다고 사장에게 보고하는 것
- 직원에게 해고 사실을 통보하는 것
- 내가 만든 상품을 시장에 내놓았는데 반응이 없는 것
- 누군가가 나 또는 내 친구를 비판할 때 나서서 반박하는 것
- 책임을 지는 것
- 용서를 구하는 것
- 신념을 간직하는 것

위의 답변들이 나약함이라고 생각되는가? 곤경에 처한 누군가
와 함께 있어주기 위해 나서는 일이 과연 나약함일까? 사업을 시
작하고 새로운 시도를 하는 것이 나약한 태도일까? 책임을 인정하
고 용서를 구하는 사람이 나약한 사람일까? 전혀 그렇지 않다. 취
약성은 진실, 그리고 용기와 더 닮아 있다. 진실과 용기는 항상 편
안하지는 않을지언정 나약함은 절대 아니다.

물론 취약해지면 자신을 노출하게 된다. 불확실성이라는 이름
의 고문실에 갇히게 되는 것도 맞다. 그리고 취약성을 끌어안을 때
마음의 상처를 입을 수도 있다. 하지만 위험을 감수하고 불확실성
을 감내하며 감정을 솔직히 드러내는 일을 나약한 행동이라고 말

할 수는 없다.

사람들에게 "취약하다는 것은 어떤 느낌입니까?"라는 질문을 던졌을 때도 멋진 답변이 나왔다.

- 진짜 내 모습이 실망스럽지 않기를 바라면서 가면을 벗는 느낌
- 더는 꾹꾹 참지 않는 것
- 용기와 두려움이 교차하는 느낌
- 팽팽한 곡예용 밧줄의 중간 지점에 서 있는 기분(앞으로 나아가 건 뒤로 물러나건 무섭기는 마찬가지니까)
- 손바닥에 땀이 나고 심장이 방망이질 치는 느낌
- 두려우면서도 신이 나고, 무서우면서도 희망차다
- 갑갑한 죄수복을 벗어 던지는 느낌
- 내가 가장 두려워하는 것을 향해 한 걸음 내딛는 기분
- 나의 전부를 거는 기분
- 어색하고 두렵기도 하지만 내가 사람답게 산다는 느낌
- 목구멍에 뭔가 걸려 있고 가슴에 돌덩이가 앉은 느낌
- 롤러코스터에서 가장 무서운 지점에 도달한 순간
- 자유와 해방
- 극도의 당황, 불안, 두려움, 히스테리. 그러고 나면 자유로워지고, 놀랍기도 하고, 자랑스럽기도 하다. 그게 지나가면 다시 당황스럽다
- 적 앞에서 맨살을 드러내는 기분
- 엄청나게 무섭고 고통스럽지만 꼭 필요한 일이다

- 내가 공격당하기 전에 먼저 쳐야 한다는 느낌
- 총소리를 분명히 들었는데 내가 다쳤는지 안 다쳤는지 아직 확인하지 못한 느낌
- 모든 게 엉망진창인 느낌

취약성을 이해하기 위해 우리가 질문을 던졌을 때 가장 많이 나온 답변은 무엇일까? 그것은 다름 아닌 '벌거벗은 느낌'이었다.

- 무대 위에서 벌거벗고 선 느낌. 부디 비웃음을 당하지 않고 박수받길 바라고 있다
- 모두 옷을 잘 차려입고 있는데 나만 벌거벗고 있는 느낌
- 꿈속에서 벌거벗은 느낌. 여기는 공항인데 내가 실오라기 하나 걸치지 않고 있잖아!

취약성에 관해 본격적으로 논의하기 전에 '취약하다'는 단어의 뜻과 어원부터 살펴보자. 미리엄웹스터 사전에 따르면 'vulnerability'라는 단어는 '상처 입다'라는 의미의 라틴어 vulnerare에서 유래했다. '취약성'의 사전적 정의에는 '상처를 입을 가능성이 있는'과 '공격을 당하거나 피해를 볼 수 있는'이 포함된다. 한편 미리엄웹스터가 정의하는 'weakness(나약함)'는 공격이나 상처를 견뎌낼 수 없다는 뜻이다. 사전적 의미만 놓고 보더라도 두 단어는 서로 다른 개념이다. 더 나아가 '나약함'은 취약성이 부족해서 생겨나는 것이라는 주장도 가능하다. 우리가 자신의 무르고

여린 곳을 알지 못하거나 알면서도 인정하지 않는다면 상처 입을 위험은 더 커지지 않을까.

심리학과 사회심리학에서는 취약성을 인정하는 것이 중요하다는 주장을 매우 설득력 있는 근거와 함께 제시한다. 건강심리학 분야의 여러 연구에서도 취약성을 인지한 사람, 즉 자신이 처한 위험과 노출의 정도를 인정할 줄 아는 사람이 건강을 유지할 확률이 훨씬 높다는 것이 밝혀졌다. 이런 연구 결과들은 참으로 흥미롭다. 그 연구들은 '실제로 얼마나 취약한가'가 아니라 '어떤 질병 또는 위험과 관련된 취약성을 얼마나 인정하는가'가 핵심 변수임을 보여주기 때문이다.

설득과 영향력에 관해, 또는 광고와 마케팅이 사람들에게 미치는 영향에 관해 조사하는 사회심리학 학자들도 취약성에 대해 연구했다. 그 결과 거짓 광고에 잘 속지 않을 것이라고 생각했던 참가자들이 실제로는 가장 취약하다는 사실이 밝혀졌다. 학자들은 이런 현상을 다음과 같이 설명했다.

"자신이 취약하지 않다는 환상은 튼튼한 방패가 되어주지 않는다. 오히려 자신에게 진짜 보호막이 되어줄 반응을 약화시킨다."

프롤로그에서 이야기한 TED 콘퍼런스 강연은 내가 학문의 길에 들어선 이래로 나에게 가장 큰 불안을 안겨준 경험이었다. 기대치가 높은 청중 앞에서 전 과정이 녹화되는 18분짜리 강연을 해야 한다는 사실만으로도 두려운데, 하필이면 내 강연이 맨 마지막에 잡혀 있었다. 나는 꼬박 사흘 동안 자리에 앉아서 이제껏 들어보지 못한 훌륭하고 감동적인 강연들을 들었다. 강연이 하나 끝날 때마다 의자에 앉아 있던 내 몸이 조금씩 무너져 내리는 것만 같았다. 내 강연이 '제대로' 먹히려면 다른 연사들처럼 훌륭한 강연을 하려고 애쓰기보다 청중과 마음으로 소통해야 한다는 생각이 들었다. 처음에는 내가 모방하거나 표준으로 사용할 만한 강연을 찾으려고 했지만, 나에게 정말로 인상적이었던 강연들은 일정한 형식을 따르는 강연이 아니라 솔직함이 있는 강연이었다. 그렇다면 어떻게 해야 할까? 나 자신의 모습을 그대로 드러내야 한다. 내가 취약해진 모습을 사람들에게 보여줘야 한다. 미리 준비한 원고를 내려놓고 청중과 눈을 맞추며 말해야 한다. 사람들 앞에서 벌거벗을 준비를 해야 한다. 맙소사…. 나는 벌거벗은 기분이 정말 싫었다. 나는 벌거숭이가 되는 악몽에 자주 시달리는 사람이었다.

드디어 무대에 올라갔다. 제일 먼저 한 일은 청중 가운데 몇 사람과 눈을 맞춘 것이었다. 내가 청중을 바라볼 수 있도록 조명을 바꿔달라고 무대 담당자들에게 미리 부탁도 해놓았다. 사람들과 '연결된' 느낌을 받고 싶었다. 그 자리에 모인 사람들을 '청중'이 아닌 '사람'으로 바라보기만 해도 많은 것이 달라진다. 내가 두려워하는 일(예를 들면 벌거숭이가 되는 일)을 다른 사람들도 두려워한다는 사실을 재확인할 수 있다. 사람 사이에 꼭 대화가 오가지 않더라도 공감이 가능한 이유가 그것 아닐까? 그저 누군가의 눈을 들여다보기만 하면 된다. 그러면 그 사람의 눈동자 속에 비친 내 모습도 보인다.

강연을 하면서 나는 청중에게 두 가지 질문을 던졌다. 취약성의 정의와 밀접하게 관련된 역설들을 보여주는 질문들이었다. 첫 번째 질문은 다음과 같았다.

"취약성이 나약함이라고 생각하기 때문에 취약해지지 않으려고 노력하시는 분?"

위로 번쩍 든 손들이 강연장을 가득 채웠다. 나는 다음 질문을 던졌다.

"이 무대에 올라온 사람이 취약해진 모습을 보인다면 그게 용감한 일이라고 생각하시는 분?"

이번에도 손들이 강연장을 가득 메웠다.

우리는 다른 사람의 숨겨진 진실과 솔직한 모습을 보고 싶어 한다. 하지만 우리 자신의 솔직한 모습을 남에게 보여주는 것은 두려워한다. 진짜 모습으로는 충분하지 않다고 생각해서일까? 갖가지 장신구를 달고 멋지게 꾸미고 편집하지 않으면 남에게 보여줄 것이 없다고 여겨서일까? 나는 그 무대에 올라가서 청중에게 본모습을 드러내는 일이 두려웠다.

'이 청중들은 너무 중요한 사람들이고, 성공한 사람들이고, 너무 유명한 사람들이잖아. 그런데 나의 본모습은 너무 너저분하고 미숙하고 제멋대로야.'

그때 내 마음속에 일었던 갈등을 요약하면 다음과 같다.

'나는 당신의 취약성을 경험하고 싶지만 나 자신이 취약해지고 싶진 않다.'

'당신의 취약성은 용기지만 나의 취약성은 좋은 게 아니다.'

'나는 당신의 취약성에 매력을 느끼지만 나의 취약성은 끔찍하게도 싫다.'

무대 위로 올라가면서 나는 청중 속에 앉아 있는 내 남편 스티브, 텍사스에 있는 자매들, 멀리 떨어진 곳에서 TED액티브로 생중계를 보고 있을 친구들을 떠올렸다. 내가 TED 강연을 보다가 뜻하지 않게 얻은 교훈에서도 용기를 끌어냈다. 그것은 실패에 관한 교훈이었다. 강연하기 전 3일 동안 나와 스티브가 만났던 사람들은 하나같이 실패에 관해 거리낌 없이 이야기했다. 그들은 대부분 자신의 일에 관해 설명하거나 자신의 꿈에 관해 이야기하는 동안 두세 번의 실패한 모험이나 새로운 시도에 관해 이야기했다. 나는 황홀한 충격을 받았다. 내 차례를 기다리는 동안 심호흡하고 나만의 '취약성 기도문'을 암송했다.

'사람들 앞에서 나 자신을 드러낼 수 있는 용기를 주소서.'

사회자가 나를 소개하기 직전에는 내 책상에 놓여 있는 문진을 생각했다. 그 문진에는 로버트 슐러Robert Schuller 박사의 다음과 같은 글귀가 새겨져 있었다.

절대로 실패하지 않을 것을 미리 안다면 당신은 어떤 위대한 일을 시도해보겠는가?

나는 그 질문을 머릿속에서 꺼내 새로운 질문이 들어올 공간을 만들었다. 무대에 올라서는 순간에는 속삭이듯 조그맣게 중얼거렸다.

"실패하더라도 해볼 만한 가치가 있는 일은 뭘까?"

솔직히 내가 무대 위에서 무슨 말을 했는지는 기억도 나지 않는다. 강연이 끝났을 때 나는 또다시 취약성의 숙취에 푹 젖어 있었다. 위험을 감수할 가치가 있었던가? 당연하다. 나는 나의 학문을 사랑하며 연구 참가자들로부터 배운 것들을 신뢰한다. 취약성과 수치심에 관한 솔직한 대화가 세상을 바꿀 수 있다고 믿는다. 나의 강연은 두 번 다 불완전했고 부족한 점도 있었지만, 어쨌든 나는 경기장으로 걸어 들어가서 최선을 다했다. 세상에 뛰어들어 자신의 모습을 드러낼 때 우리는 변화한다. 그럴 때마다 우리는 조금씩 용감해진다. 강연의 성공이나 실패를 객관적으로 측정하는 방법이 있는지는 잘 모르겠지만, 강연이 끝난 순간 나는 이것이 정말로 해볼 가치가 있는 일이었다고 결론 내렸다. 설령 강연이 실패작이었거나 비판이 쏟아지더라도 말이다.

"사랑은 승리의 행진이 아니에요. 사랑은 차갑고 절망적인 찬송이에요."

캐나다 가수인 레너드 코헨Leonard Cohen이 직접 쓴 〈할렐루야 Hallelujah〉에 나오는 노랫말이다. 사랑은 취약성의 한 형태다. 이 노랫말에서 '사랑'이라는 단어를 '취약성'으로 대체해도 무방하다. 큰 불행을 겪고 있는 친구에게 전화를 거는 일, 새로운 사업을 시작하는 일, 공포에 질리는 일, 해방감을 맛보는 일처럼 취약해진다는 것은 인생에서 대담한 도전이다. 삶은 우리에게 다음과 같이 묻는다.

"당신은 모든 걸 걸고 있나요? 남들의 취약성을 높이 평가하는 만큼 당신의 취약성도 소중히 여기나요?"

여기서 '예'라고 대답하는 것은 나약함이 아니다. 그것은 측정 불가능한 용기다. 대담하게 뛰어드는 행동이다. 사실 대담하게 뛰어들기는 실패의 경험으로 끝날 때가 많다. 하지만 대개는 격렬한 전투 끝에 피로감과 함께 조용한 자유가 찾아온다.

나는 취약한 사람이 아니라는 착각

어릴 적에는 나중에 어른이 되면 취약하지 않을 줄 알았다. 그런데 그게 아니었다. 어른이 된다는 것은 취약성을 인정하는 과정이다. 살아 있는 한 우리는 취약할 수밖에 없다.

— 매들린 렝글Madeleine L'Engle

앞에서 제시한 취약성의 정의와 사례들을 떠올린다면 취약성에 관한 두 번째 오해는 비교적 쉽게 깨질 것이다. 나는 사람들이 다음과 같이 말하는 것을 수도 없이 들었다.

"흥미로운 주제군요. 하지만 저는 취약한 데가 없는 것 같아요."

직업이나 성별을 앞세우며 자신의 주장을 펼치기도 한다.

"제 직업은 엔지니어입니다. 우리 같은 사람들은 취약성을 싫어해요."

"저는 변호사라고요. 취약성 같은 건 아침식사로 먹어치우죠."

"진짜 남자는 취약하지 않습니다."

무슨 말인지 나도 안다. 진짜다. 나는 남자도 아니고 엔지니어도 아니고 변호사도 아니지만 그들과 똑같은 소리를 수백 번이나 했다. 안타깝지만 '공짜로 취약성에서 벗어나는 방법'은 세상에 없다. 우리는 일상적인 경험 속에 촘촘히 박혀 있는 불확실성, 위험, 감정 노출을 선택적으로 피해갈 수 없다. 삶 자체가 취약한 것이다.

앞에서 살펴본 사례들을 다시 읽어보자. 이런 것들은 살아 있다면, 누군가와 관계를 맺는다면, 그리고 누군가를 사랑하고 있다면 반드시 부딪치는 난관이다. 설령 자신을 보호하기 위해 모든 관계를 의도적으로 끊고 아무도 사랑하지 않는다 해도 우리가 살아 있다는 사실에는 변함이 없다. 살아 있다는 것은 취약성이 있다는 뜻이다. 만약 당신이 '나는 취약하지 않다'는 믿음을 바탕으로 행동하는 사람이라면, 자신에게 다음의 질문들을 던져보기를 권한다. 만약 이 질문들의 답을 진짜 모르겠다면 용기를 내어 당신과 가까운 누군가에게 물어보면 된다. 아마도 그 사람들이 답해줄 수 있을 것이다. (물론 당신이 듣고 싶지 않은 대답이 나올 수도 있다.)

1. 감정을 노출할 때 나는 어떻게 행동하는가?
2. 매우 불편하고 불확실한 상황에서 나는 어떻게 행동하는가?
3. 나는 마음의 상처를 입을 수 있는 일에 기꺼이 뛰어드는 사람인가?

취약성 연구를 시작하기 전까지 나의 솔직한 대답은 다음과 같았다.

1. 겁을 먹고, 화를 내고, 남 탓을 하고, 독단적이 되고, 완벽주의

자가 되고, 억지로 확신을 가지려 한다.

2. 겁을 먹고, 화를 내고, 남 탓을 하고, 독단적이 되고, 완벽주의 자가 되고, 억지로 확신을 가지려 한다.

3. 학자로서는 비판, 비난, 원망받을 일이나 수치심이 생길 만한 일에 절대 뛰어들지 않는다. 사랑하는 사람들과 관련해서는 나쁜 일이 생기면 어쩌나 하고 늘 걱정한다. (4장에서 자세히 살펴보겠지만 이것이야말로 기쁨을 완전히 무력화하는 행동이다.)

이런 질문을 던지는 과정이 우리에게 도움이 되는 이유는 원하든 원치 않든 간에 취약성은 우리를 찾아오기 때문이다. 취약성을 최대한 피해 가려고 애쓰다 보면 우리가 되고 싶은 사람의 모습과 일치하지 않는 행동을 하게 된다. 취약성을 경험하는 것은 우리의 선택이 아니다. 우리가 선택할 수 있는 것은 단 하나, 불확실하고 위험하고 감정이 노출되는 상황에 대한 우리의 반응뿐이다. 록밴드 러시Rush의 열렬한 팬인 나는 지금이 그들의 노래 〈프리윌 Freewill〉의 한 구절을 인용하기에 적합한 시점이라고 생각한다.

"당신이 아무것도 결정하지 않기로 했더라도, 그 역시 이미 뭔가를 결정한 겁니다."

'나는 취약한 사람이 아니다'라고 믿는 사람들이 자기 자신을 보호하기 위해 의식적 또는 무의식적으로 하는 행동에 관해서는 나중에 4장에서 자세히 다룰 것이다.

취약성은 신뢰와 함께 자라난다

나는 '모든 걸 털어놓는 문화'에 관한 질문을 자주 받는다. "나의 모든 걸 털어놓으면 취약성이 너무 커지지 않을까요?" "솔직해지는 것도 과하면 안 좋지 않나요?" 이런 질문들 뒤에는 으레 유명인들의 사례가 따라 나온다. "영화배우 ○○이 자기 남편이 자살을 시도했다고 트위터에 올린 걸 어떻게 생각하세요?" "리얼리티쇼에 나오는 출연자들이 자기 사생활이나 자기 아이들의 생활을 속속들이 세상에 공개하는 건요?"

취약성은 상호관계에 기초하므로 신뢰와 경계가 필요하다. 취약성을 끌어안는 것은 지나치게 많은 걸 털어놓는다든가, 고해성사를 한다든가, 무차별적인 노출을 한다든가, 유명인들처럼 SNS에 정보를 함부로 투하하는 것과 다르다. 취약해진다는 것은 우리의 이야기를 들을 자격이 있는 사람들에게 감정과 경험을 털어놓는 것이다. 취약성을 끌어안고 솔직해진다는 것은 신뢰를 구축하는 과정에서 뗄 수 없는 부분으로 대개는 쌍방향으로 이뤄진다.

뭔가를 털어놓기 전에 항상 보증을 받을 수는 없다. 하지만 보통 우리는 어떤 사람을 처음 만난 자리에서 내면을 다 보여주지는 않는다. "안녕하세요, 제 이름은 브레네입니다. 저의 가장 어두운 부분을 보여드릴게요"라는 말로 대화를 시작하지도 않는다. 그런 행동은 취약성이 아니다. 그것은 절망의 몸짓일 수도 있고, 상처일 수도 있고, 이상한 방법으로라도 타인의 관심을 끌려고 하는 병적 증상일 수는 있어도 취약성은 아니다. 왜일까? 우리가 정상적으로 뭔가를 털어놓을 때는 경계를 유지하면서, 그런 이야기를 들려줘도 괜찮을 정도의 관계를 쌓아온 사람들에게 털어놓기 때문이다. 이렇게 서로를 존중하는 취약성은 관계를 더 깊게 만들고, 신뢰를 쌓고, 진정 어린 참여를 끌어낸다.

경계 없는 취약성은 관계를 끊고, 불신을 조장하고, 참여를 저조하게 만든다. 4장에서 살펴보겠지만 '모든 걸 털어놓기', 즉 경계 없는 폭로는 우리가 진짜 취약성으로부터 자신을 보호하는 하나의 방편이다. 따라서 TMI(too much information, 정보를 지나치게 많이 쏟아내는 것)는 취약성이 지나치게 커져서 생기는 일이 아니다. 누군가가 자신의 취약성을 이용해서 욕구를 충족하거나, 주의를 끌거나, 끔찍한 행동을 하는 순간 취약성은 더 이상 취약성이 아니게 된다. 현대사회에서 이런 일은 비일비재하다.

취약해진다는 것이 모든 사람에게 비밀을 아무런 제한 없이 털어놓는 것이라는 통념을 더 확실하게 반박하기 위해, 이제부터 '신뢰'에 관해 이야기해보자. 내가 취약성을 끌어안아야 한다고 이야기할 때마다 사람들은 신뢰에 관한 질문을 쏟아낸다.

"내가 누군가를 믿고 취약해져도 될지를 어떻게 판단하죠?"

"나에게 등을 돌리지 않을 게 확실한 사람에게만 취약성을 내보일 겁니다."

"누가 나를 배신할지 어떻게 미리 알죠?"

"어떻게 하면 사람들과 신뢰를 쌓을 수 있나요?"

좋은 소식은 우리에게 통계에서 얻어낸 답이 있다는 것. 그리고 나쁜 소식은 이것이 이른바 '닭이 먼저냐, 달걀이 먼저냐'의 문제라는 것이다. 취약해지기 위해서는 누군가를 신뢰해야 하고, 누군가를 신뢰하기 위해서는 취약해져야 한다. 신뢰를 평가하는 시험은 없고, 점수를 매길 방법도 없다. 이제부터 당신의 본모습을 보여줘도 안전하다고 말해주는 초록색 신호도 없다. 연구 참가자들은 신뢰란 과정이며 오랜 시간에 걸쳐 한 겹씩 쌓아가는 것이라고 대답했다. 우리 가족은 신뢰를 이야기할 때 '조약돌 항아리'라는 비유적 표현을 쓴다.

내 딸 엘런은 초등학교 3학년 때 처음으로 배신을 경험했다. 캐나다의 초등학교에서 3학년으로 진급한다는 것은 엄청난 변화다. 아이들은 3학년이 되는 순간부터 상급 학년으로 분류된다. 3학년이 된 직후, 엘런은 쉬는 시간에 같은 반 친구에게 그날 아침에 있었던 약간 창피했던 일을 이야기했다. 그런데 그날 점심시간이 되자 같은 학년의 모든 여자아이가 엘런의 비밀을 알고 있었다. 엘런은 아이들의 놀림을 받으며 힘든 시간을 보내야 했다. 그 일로 중요한 교훈을 얻었지만, 고통스럽기도 했다. 그때까지 엘런은 누군가가 자기에게 그런 짓을 할 수 있다고 생각해본 적이 없었다. 방과 후 집으로 돌아온 엘런은 눈물을 뚝뚝 흘리며 말했다.

"앞으로는 누구에게도 비밀을 털어놓지 않을 거야."

엘런은 큰 상처를 입은 듯했다. 딸의 이야기를 들으니 나도 가슴이 아팠다. 더구나 짓궂은 여자아이들은 교실에서도 엘런을 놀려댔다지 않은가. 어찌나 심했는지 선생님이 그 아이들을 교실 밖으로 내보내고 조약돌 항아리에서 조약돌 몇 개를 꺼내 갔다고 했다.

엘런의 담임선생님은 커다랗고 투명한 유리 항아리를 가지고 있었는데 아이들은 그것을 '조약돌 항아리'라고 불렀다. 선생님은 항아리 옆에 갖가지 색의 조약돌이 담긴 봉투를 놓아뒀다가 반 아이들이 모범적으로 행동할 때마다 조약돌 하나를 항아리에 넣었다. 반대로 아이들이 말썽을 피우거나 규칙을 어기거나 교사의 말을 잘 듣지 않을 때는 항아리에서 조약돌 하나를 꺼냈다. 선생님은 조약돌 항아리가 가득 차면 축하의 의미로 파티를 열어주겠다고 약속했다.

나는 엘런을 꼭 끌어안고 이렇게 속삭이고 싶은 마음이 굴뚝같았다. "애들한테 네 이야기를 안 한다니, 그거 좋은 생각이네! 그렇게 하면 누구도 너에게 상처를 줄 수 없을 거야." 하지만 두려움과 분노의 감정은 잠시 제쳐놓기로 했다. 나는 엘런에게 신뢰와 관계에 대해 어떻게 설명해줄까 고민했다. 신뢰에 관한 내 경험과 연구를 통해 알게 된 사실들을 효과적으로 전달할 방법이 없을까? '아하, 조약돌 항아리가 있었지. 그게 딱이야!' 나는 엘런에게 말했다.

"친구들과의 우정을 조약돌 항아리라고 생각해봐. 누군가가 너를 지지하거나, 친절을 베풀거나, 네 편을 들어주거나, 네가 털어놓은 비밀을 지켜줄 때마다 네가 항아리에 조약돌을 넣는 거야. 반대로 아이들이 너에게 못되게 굴거나, 너를 무시하거나, 너의 비밀을 폭로할 때는 조약돌을 꺼내야겠지. 엄마 말이 이해되니?"

그러자 엘런은 흥분한 얼굴로 고개를 끄덕였다.

"나한테도 조약돌 항아리 친구들이 있어!"

"엄마한테 그 이야기를 자세히 해볼래?"

엘런은 어떤 상황에서도 믿을 수 있는 친구가 네 명 있다고 했다. 그 친구들은 엘런의 비밀 몇 가지를 알고 있지만 아무에게도 이야기하지 않을 것이다. 엘런도 그 아이들의 비밀을 몇 가지 알고 있다.

"그 친구들은 인기가 많은 아이한테 초대를 받더라도 거기 가지 않고 나와 같이 놀자고 할 거야."

그날의 일은 우리 둘에게 의미 있는 경험이었다. 나는 엘런에게 물었다.

"그 친구들은 어떻게 해서 조약돌 항아리 친구들이 됐니?"

그러자 엘런은 잠시 생각하더니 대답했다.

"그건 나도 잘 모르겠어. 엄마의 조약돌 항아리 친구들은 어떻게 조약돌을 받았는데?"

우리는 잠시 그 문제를 곰곰이 생각해본 후 각자가 찾아낸 답을 말하기 시작했다. 다음은 엘런이 내놓은 대답이다.

"그 애들은 우리 사이의 비밀을 지켜."

"그 애들은 자기 비밀을 내게 말해줘."

"그 애들은 내 생일을 기억해!"

"그 애들은 우리 엄마와 아빠가 누군지 알아."

"그 애들은 재밌는 일이 생기면 꼭 나를 불러."

나의 대답은? 엘런의 대답과 똑같았다. 엘런이나 찰리의 학교 행사에 나와 함께 참석한 우리 어머니에게 내 친구가 "안녕하세요, 디니! 만나서 반갑습니다" 하고 인사하면 기분이 참 좋다. 그럴 때마다 난 이런 생각을 했다. '와, 저 친구는 우리 엄마의 이름을 기억하는구나. 그만큼 나를 생각해주는 거야. 나에게 관심을 기울이는 거야.' 신뢰는 한 번에 한 개씩, 조약돌을 언뜻이 쌓아가는 것이다.

닭이 먼저냐 달걀이 먼저냐의 딜레마는 언제 생겨날까? 관계를 맺고 있는 사람들이 신뢰 구축의 과정이 시작되기도 전에 노력을 들이거나 과감한 도약을 해야 할 때다. 엘런의 담임선생님은 "나는 여러분 모두가 좋은 행동을 한다는 믿음이 생긴 후에 항아리와 조약돌을 사겠어요"라고 말하지 않았다. 항아리는 신학기 첫날부터 교실에 놓여 있었다. 사실 선생님은 첫 번째 날을 마무리하면서 이미 조약돌 몇 개를 항아리 바닥에 떨어뜨렸다. 아이들은 "우리는 선생님이 진짜로 항아리에 조약돌을 넣을 거라는 확신이 없기 때문에 바람직한 행동을 안 할 거예요"라고 말하지 않았다. 아이들은 선생님의 말만 듣고도 조약돌 항아리를 채우기 위해 노력하면서 적극적으로 참여했다.

사람 사이의 관계를 연구하는 학자 중에서 내가 가장 좋아하는 사람은 존 가트먼John Gottman이다. 가트먼 박사는 널리 인정받는 부부관계 전문가다. 사람 사이의 감정 교류와 관계에 관한 그의 연구는 대중에게도 잘 알려져 있다. 그의 저서인 『신뢰의 과학The Science of Trust』은 우리에게 신뢰 구축의 원리에 관한 지혜와 통찰을 선사한다. 아래 발췌문은 그가 캘리포니아 대학교 버클리의 '공공의 이익Greater Good'이라는 웹사이트에 기고한 글이다. 이 글에서 가트먼은 부부 사이에서 신뢰를 구축하는 과정을 이야기하는데, 그 과정은 나의 연구 결과와 완벽하게 일치할 뿐 아니라 엘런의 '조약돌 항아리' 비유와도 맥이 통한다.

내가 연구를 통해 발견한 바에 따르면, 신뢰는 아주 작은 순간들이 쌓여 이루어진다. 나는 그런 순간들을 '슬라이딩 도어의 순간'이라고 부른다. 영화 〈슬라이딩 도어즈Sliding Doors〉에서 따온 이름이다. 당신의 모든 상호작용은 배우자와 더 튼튼한 연결을 만들어낼 수도 있고 거리만 더 벌릴 수도 있다.

우리 부부 이야기를 예로 들어보자. 어느 날 저녁, 나는 전부터 읽던 추리소설을 그날 다 읽을 작정이었다. 누가 살인범인지 짐작은 갔지만, 어서 결말을 보고 나의 추리가 맞는지 확인하고 싶었다. 독서에 한참 몰두하다가 잠시 침대 머리맡에 책을 내려놓고 욕실로 향했다.

내가 거울 앞을 지나는 순간, 거울에 비친 아내의 얼굴이 언뜻 보였다. 머리를 빗고 있는 아내는 왠지 슬퍼 보였다. 슬라이딩 도어의 순간이었다.

내 앞에는 두 갈래 길이 있었다. '오늘 저녁은 아내의 슬픔에 귀를 기울일 여유가 없어. 책을 마저 읽고 싶단 말이야'라고 생각하며 욕실을 슬쩍 빠져나올 수도 있었다. 하지만 인간관계를 연구하는 사람답게 행동하기로 마음먹고 욕실 안으로 들어갔다. 나는 아내의 손에 들린 빗을 쥐고 대신 머리를 빗겨주며 물었다. "자기야, 무슨 일 있어?" 아내는 자신이 지금 왜 슬픈지 말해줬다.

그것은 신뢰가 쌓이는 순간이었다. 나는 아내가 나를 원할 때 곁에 있어줬다. 내가 원하는 것만 생각하지 않고 아내와 감정을 나눴다. 우리의 연구 결과에 따르면 신뢰란 이런 순간들이 모여서 만들어진다. 이런 순간 하나가 뭔가를 결정하지는 않지만, 당신이 번번이 발길을 돌리는 쪽을 선택한다면 부부 사이의 신뢰는 허물어질 것이다. 서서히, 아주 서서히.

이번에는 조약돌 항아리 이야기에서 '배신'이라는 단어의 의미를 생각해보자. 아마도 신뢰하는 누군가가 너무나 끔찍한 행동을 저질러서 어쩔 수 없이 항아리를 가져와 조약돌을 몽땅 꺼내버리는 상황을 떠올릴 것이다. 당신이 생각할 수 있는 최악의 배신은 무엇인가? '남편이 나의 가장 친한 친구와 바람을 피웠어요.' '아내가 돈을 써버리고 나서 거짓말을 합니다.' '그녀가 나 말고 다른 사람이 좋대요.' '누군가가 나의 취약점을 이용해서 나를 공격해요.' 이런 식으로 감정적 배신을 당했을 때 우리는 가만히 조약돌을 꺼내는 것으로 끝내지 않는다. 항아리를 통째로 바닥에 내팽개친다. 원래 모든 배신행위는 끔찍하지만, 어떤 배신은 아주 음흉하고 은밀하게 신뢰를 파괴한다.

은밀한 배신은 여러 배신행위가 저질러지기 훨씬 전부터 진행된다. 내가 말하는 '은밀한 배신'이란 '놓아버리기disengagement'를 뜻한다. 관심을 기울이지 않는 것, 관계를 방치하는 것, 관계에 시간과 노력을 들이지 않는 것이다. 일반적으로 '배신' 하면 우리는 다음과 같은 것들을 연상한다. 외도, 거짓말, 폭로, 누가 나에 대해 이상한 소문을 내는데도 대응하지 않는 것, 우리의 관계를 남들보다 우선시하지 않는 것…. 이런 행동들은 배신이 분명하지만 배신의 유일한 형태는 아니다. 내 연구에서 자주 등장하는 배신, 즉 관계의 신뢰를 무너뜨린다는 측면에서 가장 위험한 배신은 다름 아닌 '놓아버리기'다.

사랑하는 사람들 혹은 긴밀한 관계의 사람들이 어느 순간부터 관심을 기울이지 않고, 애정을 보여주지 않고, 공을 들이지 않고, 관계를 위해 노력하지 않을 때 신뢰는 사라지고 상처가 생기기 시작한다. 놓아버리기는 수치심을 낳고, 가장 큰 두려움(버림받는 것, 가치 없는 존재가 되는 것, 사랑받지 못하는 것에 대한 두려움)을 유발한다. 은밀한 배신이 거짓말이나 외도보다 위험한 이유는 고통의 근원을 정확히 짚어낼 수 없기 때문이다. 특별한 사건도 없었고, 관계가 깨졌다는 명확한 증거도 없다. 이런 일로 괴로워하는 자신이 미친 사람이 된 것만 같다. 무심한 배우자에게 이렇게 말하는 상황을 떠올려보자.

"당신은 이제 나한테 애정이 식은 것 같아."

하지만 뚜렷한 사건이나 증거가 없기 때문에 다음과 같은 대답만 돌아온다.

"난 날마다 정시에 퇴근해서 집에 오잖아. 주말에는 아들을 데리고 야구장에도 간다고. 더 이상 뭘 바라는데?"

우리는 직장에서 일하다가 혼자서 이렇게 생각해보기도 한다. '왜 내게 피드백을 주지 않지? 내가 잘 해냈다고 말해줘! 아니면 형편없다고라도 말하든가! 뭐라고 말 좀 해봐! 설마 내가 여기서 일한다는 사실마저 잊어버린 거야?'

자녀와의 관계에서는 말보다 행동이 중요하다. 우리가 아이들에게 그들의 삶에 들어가고 싶다는 신호를 보내지 않으면 어떻게 될까? 부모가 아이들에게 오늘 하루는 어땠는지 묻지 않고, 요즘 좋아하는 노래가 뭔지 묻지 않고, 친구들의 안부를 물어보지 않으면 아이들은 고통과 두려움을 느낀다(안도감이 아니다. 청소년 자녀들은 부모에게 제발 관심을 끊어달라는 식으로 행동하지만 그것을 곧이 곧대로 받아들여서는 안 된다). 부모가 자기들과 가까워지기 위해 더는 노력하지 않을 때 아이들은 그것에 대한 감정을 명확하게 표현하지 못하기 때문에 문제 행동이라는 방법을 선택한다. 그렇게 하면 엄마 아빠가 자기에게 관심을 기울일 것이라고 생각한다.

신뢰와 마찬가지로 배신도 서서히 만들어진다. 한 번에 조약돌 하나씩. 내가 앞에서 언급한 '명시적인 배신', 즉 '큰 배신'은 대부분 일정 기간 놓아버리기를 통해 신뢰를 서서히 갉아먹고 나서 생긴다. 내가 신뢰에 관한 연구를 하면서 알아낸 것과 삶에서 개인적으로 배운 것을 요약하면 다음과 같다.

신뢰는 취약성의 산물로서 오랜 시간 축적되며 노력과 관심, 진정 어린 참여를 요구한다. 신뢰는 거창한 몸짓이 아니다. 신뢰는 항아리에 하나씩 하나씩 채워지는 조약돌과 같다.

혼자서는 취약해질 수 없다

사람들은 혼자 어떤 일을 한다는 것에 큰 의미를 부여한다. 역설적인 이야기지만 심지어는 관계를 맺고 발전시키는 일도 혼자 알아서 하려고 한다. 혼자 뭔가를 한다는 것이 왜 매력적인지는 나도 안다. 내 DNA 안에도 극단적인 개인주의 유전자가 들어 있기 때문이다. 혼자서 현실을 헤쳐나간다는 것은 비참하고 우울한 일이 되기 십상인데도 우리는 혼자 꿋꿋이 살아가는 사람의 강인함을 높이 평가한다.

하지만 취약성을 탐구하는 여행은 혼자 할 수 있는 일이 아니다. 취약성과 친해지려면 주위 사람들의 도움을 받아야 한다. 우리를 쉽게 비판하지 않으면서 새로운 존재 방식을 연습하도록 도와줄 사람들이 필요하다. 우리가 경기장에서 내쫓길 때(용감하게 살다 보면 이런 일은 다반사일 것이다) 손을 내밀어 우리를 일으켜줄 사람이 필요하다. 내 연구에 참여한 사람들은 자신이 취약성을 다시 끌어안고 자신의 감정에 충실해지기까지 지원과 격려, 때로는 전문가의 도움이 필요했다고 분명하게 밝혔다. 사람들은 대체로 도움을 받기보다 도움을 주는 역할을 더 편하게 여긴다. 하지만 취약성과 관련해서는 우리 역시 다른 사람에게 도움을 요청해야 한다.

『나는 불완전한 나를 사랑한다』에서 나는 다음과 같이 썼다. '우리가 누군가에게 진정으로 마음을 열기 위해서는 누군가의 열린 마음을 경험해봐야 한다. 타인의 도움을 받는 것을 비판적으로 바라보면 타인에게 도움을 주는 일에도 은연중에 비판적이 된다.'

사람은 누구나 도움이 필요하다. 남편 스티브, 유능한 심리치료사, 1킬로미터도 넘게 쌓인 책들, 그리고 비슷한 여행을 먼저 한 친구와 가족들이 힘을 실어주지 않았다면 나 역시 취약성의 여행을 끝까지 해내지 못했을 것이다. 취약성과 용기는 또 다른 취약성과 용기를 낳는다.

다른 사람에게 도움을 요청하는 일이 무척 중요하며, 취약성과 용기가 전염된다는 명제는 연구를 통해 매우 설득력을 얻고 있다. 2011년《하버드 비즈니스 리뷰Harvard Business Review》에 실린 피터 푸다Peter Fuda와 리처드 배덤Richard Badham의 논문을 보자. 푸다와 배덤은 리더들이 어떻게 사람들의 의욕을 고취하고 변화를 일궈내는지를 설명하기 위해 몇 가지 비유적인 개념을 사용한다. 그중 하나가 눈덩이다. 리더가 자기를 따르는 사람들에게 취약성을 기꺼이 드러낼 때 눈덩이는 굴러가기 시작한다. 푸다와 배덤의 연구 결과에 따르면 조직의 구성원들은 리더가 취약해지는 것을 용감한 행동으로 간주하며 자신들도 그런 행동을 하고 싶다고 느낀다.

눈덩이 이론을 뒷받침하는 일화가 있다. 독일의 한 대기업 경영자가 어느 날 자신의 리더십이 명령 위주이고 고위직 관리자들에게 주도권을 허락하지 않는다는 사실을 깨달았다. 푸다와 배덤은 다음과 같이 설명한다.

"그는 혼자 조용히 행동을 바로잡을 수도 있었지만 그렇게 하지 않았다. 그는 고위직 관리자 60명과 함께하는 연례회의 자리에서 자신의 실패를 인정하는 발언을 하고, 자신의 개인적인 역할과 조직 내에서의 역할을 재조정했다. 그는 자신이 모든 답을 가지고 있지 않다고 솔직히 말하면서 임직원들에게 회사 경영을 도와달라고 부탁했다."

푸다와 배덤의 논문에 따르면 그날 회의 이후 생산성이 크게 증가하고 그의 회사는 높은 성과를 거뒀다. 새로운 제안과 혁신이 늘어났고, 나중에는 그의 회사가 규모가 더 큰 경쟁사들을 능가하는 성과를 거두기에 이르렀다.

나도 이와 비슷한 경험을 했다. 나에게 개인적으로나 학문적으로나 가장 큰 변화가 일어난 시점은 나 자신이 취약해지는 것에 대한 두려움에 발목 잡혀 앞으로 나아가지 못하고 있다는 사실을 깨닫고 불편한 질문을 던지기 시작한 때였다. 그때 나는 용기를 내어 나의 어려움을 주변 사람들에게 이야기하고 도움을 청했다. 취약성을 피해 부단히 도망을 다닌 후에야 나는 불확실성, 위험, 감정 노출의 불편함에 적응하는 것이 무척 고통스러운 과정임을 알게 됐다.

한때 나는 내가 잘만 하면 취약하다는 느낌에서 벗어날 수 있다고 믿었다. 그래서 취약해지는 느낌을 받을 때마다 상황을 통제하려고 했다. 전화벨이 울리고 상상 밖의 소식이 전해질 때, 뭔가가 두려울 때, 누군가를 너무나 사랑한 나머지 감사와 기쁨보다 그 사람을 잃을까 봐 두려운 마음이 앞설 때, 그때마다 나는 상황을 잘 관리하고 주위 사람들을 세심하게 살폈다. 뭔가를 느낄 에너지가 남지 않을 때까지 분주히 움직였다. 수단과 방법을 가리지 않고 불확실한 것을 확실하게 만들었다. 그렇게 바쁘게 생활하다 보니 내 마음속 상처와 두려움을 정직하게 돌아볼 겨를이 없었다. 밖에서 보면 용감한 사람이었지만 나의 내면은 온통 겁에 질린 상태였다.

시간이 흐르면서 나는 알게 됐다. 나의 가면은 너무 무거워서 계속 끌고 다니기 힘들다는 사실을. 그 가면이 내게 해준 것이라고는 나 자신을 알지 못하게 하고 다른 사람에게 내 진짜 모습을 알리지 못하게 한 것밖에 없었다. 가면은 나에게 몸을 웅크리고 자기 뒤에 조용히 숨어 있으라고 명령했다. 그래야 사람들이 나의 불완전함과 취약성을 눈치채지 못할 거라고 말이다. 그렇게 숨는다는 것은 참으로 피곤한 일이었다.

그해의 아주 달콤했던 기억이 있다. 나는 남편 스티브와 함께 거실 바닥에 누워 있었다. 엘런은 팔을 이상하게 휘두르고 무릎을 이리저리 부딪치고 데굴데굴 구르며 춤을 추고 있었다. 내가 스티브를 바라보며 말했다.

"엘런이 바보 같은 행동을 하면서 허점을 드러내는데, 바로 그것 때문에 내가 저 아이를 훨씬 더 사랑한다는 게 웃기지 않아?"

스티브는 나를 쳐다보며 대답했다.

"나도 당신을 그래서 사랑하는데."

웬만하면 취약해지지 않으려 하고 바보 같은 모습은 절대 보이지 않으려고 노력했던 나는 어른들이 서로를 그렇게 사랑할 수 있다고는 생각지도 못했다. 나의 취약성 때문에 내가 더 사랑받는다고? 취약성이 있음에도 불구하고 사랑받는 게 아니라?

내가 받은 모든 사랑과 지원, 특히 남편 스티브와 심리치료사 다이애나의 지원 덕택에 나는 천천히 행동을 변화시키기 시작했다. 더 많은 위험을 감수하고, 직장과 가정에서 새로운 방식으로 나를 드러내기 시작했다. 더 많은 기회를 잡고 새로운 일에 도전했다. 나는 새로운 경계선을 설정하는 방법을 배웠다. 거절하는 방법도 배웠다. 친구의 마음이 상할까 봐, 혹은 학자로서 좋은 기회를 날리고 나중에 후회할까 봐 걱정될 때도 거절하는 법을 배웠다. 아직까지는 뭔가를 거절하고 나서 후회해본 적이 없다.

루스벨트의 연설문을 다시 떠올려보자. 내가 배운 것은 또 있다. 나를 사랑하는 사람들, 내가 진정으로 의지하는 사람들은 내가 발을 헛디뎌 넘어지더라도 손가락질하며 비난하지 않았다. 그 사람들은 관람석에 있지도 않았다. 그들은 나와 함께 경기장 안에 있었다. 나와 함께 싸우고 나를 위해 싸웠다.

관람석에 앉은 사람들의 반응을 저울질하면서 나의 가치를 평가하는 일이 시간 낭비라는 사실을 깨달은 것은 내 인생의 가장 큰 전환점이었다. 나를 사랑하는 사람들, 결과가 어떻든 간에 내 곁에 있어줄 사람들은 팔만 뻗으면 닿을 곳에 있었다. 이것을 알고 나니 모든 게 바뀌었다. 지금 나는 아내, 엄마, 친구가 되려고 노력한다. 나는 우리 집을 우리 가족 모두가 가장 용감한 모습을 보여줄 수 있는 장소, 그리고 겁에 질린 모습도 드러낼 수 있는 장소로 만들고 싶다. 우리 부부와 아이들이 집에서는 불편한 이야기도 피하지 않고, 학교나 직장에서 창피했던 일에 관해서도 이야기할 수 있기를 바란다. 나는 스티브와 아이들을 향해 이렇게 말해주고 싶다.

"난 우리 가족과 함께할 거야. 경기장 안에서. 우리가 실패하더라도 다 같이 실패하는 거야. 용감하게 실패하는 거야."

더 취약해지고 더 용감해지는 방법을 혼자서 배우기란 불가능하다. 때로는 도움을 요청하는 일이 우리의 첫 번째 도전이자 가장 큰 도전이다.

Chapter 3

수치심을
다루는 법

수치심은 우리가 차마 말하지 못할 때 힘을 얻는다. 그래서 수치심은 완벽주의자를 사랑한다. 완벽주의자들은 쉽게 입을 다물어버리기 때문이다. 만약 우리가 수치심을 인식하는 능력을 기른다면, 그래서 수치심이 들 때마다 그것을 알아차리고 말을 건다면 우리는 수치심의 공격을 막아낼 수 있다. 수치심은 자기한테 이런저런 설명이 붙는 것을 싫어한다. 우리가 수치심에 관해 이야기하는 순간 수치심은 수그러들기 시작한다. 마치 그렘린들이 빛에 노출되기만 해도 치명적인 타격을 입는 것처럼, 언어와 이야기는 수치심에 환한 빛을 비춰서 수치심을 제거한다.

수치심에 지배당하면 나를 지킬 수 없다

작년에 내가 '온 마음을 다하는 가정생활'에 관한 강연을 끝마쳤을 때의 일이다. 한 남자가 강단 위의 나에게 다가왔다. 그는 한 손을 내밀며 이렇게 말했다.

"고맙다는 인사를 하고 싶어서요."

나는 그의 손을 마주 잡으며 따뜻하게 웃어 보였다. 그는 바닥만 쳐다보고 있었다. 가만 보니 눈물을 참으려고 애쓰는 눈치였다. 남자는 숨을 깊이 들이쉬고 나서 말했다.

"사실 저는 오늘 저녁에 이 자리에 올 마음이 없었습니다. 도망치고 싶었는데 아내가 억지로 떠밀어서 왔지요."

나는 웃으며 대답했다.

"네. 그런 말을 자주 듣는답니다."

"아내가 오늘 강연을 왜 그렇게 기대하는지 저는 몰랐습니다. 수치심에 관한 강연을 들으면서 목요일 저녁 시간을 보내는 건 최악이라고 아내에게 말했죠. 그랬더니 아내는 내가 불평불만을 줄여야 한다면서 그게 자기한테는 정말 중요한 일이라더군요. 내가 계속 불평을 늘어놓으면 자기가 더는 못 버틸 것 같다고요."

남자는 잠시 말을 끊었다가 뜻밖의 질문을 던졌다.

"'해리 포터'를 좋아하십니까?"

나는 잠시 시간을 끌면서 남자가 했던 이야기와 그 질문의 인과관계를 찾아보려고 애쓰다가 포기했다.

"네. 엄청나게 좋아해요. 해리 포터 책은 전부 서너 번씩 읽었어요. 영화도 여러 번 봤고요. 열렬한 팬이지요. 그건 왜 물으세요?"

남자는 조금 창피하다는 얼굴로 이렇게 대답했다.

"그게, 저는 선생님에 관해서 아무것도 몰랐거든요. 그리고 오늘 저녁에 강연을 들으러 오는 게 싫어서 선생님이 스네이프 교수 같을 거라고 상상하면서 왔어요. 무시무시하게 생긴 분일 거라고요. 시커먼 옷을 입고 낮은 목소리로 천천히, 으스스한 분위기로 이야기를 할 거라고요. 세상이 당장 끝장이라도 날 것처럼 이야기할 줄 알았죠."

나는 허리를 잡고 웃었다. 하마터면 내가 마시고 있던 물을 뿜을 뻔했다.

"저는 스네이프도 좋아해요! 스네이프의 외모를 닮고 싶은 건 아니지만, 그 캐릭터가 마음에 든답니다."

나는 강단 밑에 얌전히 놓여 있는 내 손가방을 힐끔거렸다. 가방 안에 있는 열쇠들은 내가 좋아해 마지않는 레고 스네이프 열쇠고리에 묶여 있었다. 나는 지금도 그 열쇠고리를 쓴다.

우리는 스네이프를 떠올리며 함께 깔깔 웃었다. 그다음에는 좀 더 심각한 대화로 넘어갔다.

"선생님 이야기에 크게 공감했습니다. 특히 우리가 어둠을 지나치게 두려워한다는 부분이 인상적이었어요. 반짝거리는 조명 사진을 보여주면서 말씀하셨던 문구가 뭐였죠?"

"오, 반짝이는 빛 말씀이시군요. 제가 제일 좋아하는 격언 중 하나랍니다. '어둠을 탐색할 용기가 있어야 우리가 가진 빛의 무한한 힘을 발견할 수 있다!'"

남자는 고개를 끄덕였다.

"맞아요! 그거요! 제가 여기 오고 싶지 않았던 이유가 바로 그겁니다. 우리는 불편한 화제를 피하기 위해 엄청나게 많은 에너지를 쓰지요. 실제로는 그런 주제로 이야기를 나눠야만 자유로워질 수 있는데 말이죠. 어릴 때 수치심을 많이 느끼면서 자랐는데, 나의 아이들에게는 수치심을 심어주고 싶지 않아요. 스스로 괜찮은 사람이라고 생각하게 해주고 싶어요. 아이들이 나와 아내에게 껄끄러운 이야기를 꺼내는 걸 두려워하지 않았으면 합니다. 한마디로 아이들의 수치심 회복탄력성을 길러주고 싶습니다."

우리는 둘 다 눈시울을 붉혔다. 나는 자리에서 일어나 어색한 몸짓으로 "껴안아도 될까요?"라고 묻고 나서 그를 힘껏 포옹했다. 속으로 '힘든 일이지만 우린 해낼 수 있어요'라고 말하면서. 포옹을 풀고 나서, 그가 나를 보면서 이렇게 말했다.

"저는 취약성을 잘 끌어안지 못해요. 하지만 수치심과는 친한 것 같아요. 취약성과 친해지려면 수치심을 극복해야 하나요?"

"네. 수치심 회복탄력성은 우리의 취약성을 끌어안는 열쇠예요. 남들이 어떻게 생각할지를 걱정하면 진짜 모습을 보여주기 힘드니까요. 취약성을 숨기는 사람들이 수치심에 익숙한 경우가 많아요."

수치심 때문에 우리가 취약해지지 못하고 타인과 연결되지 못한다는 것을 어떻게 설명해야 할까? 잠시 고민하던 나는 『해리 포터』시리즈에서 내가 아주 좋아하는 대사 하나를 기억해냈다.

"해리가 무엇 때문에 걱정했는지 기억하세요? 항상 화가 나 있고 어두운 감정을 느끼기 때문에 자기가 나쁜 사람일지도 모른다고 생각했잖아요?"

남자는 강한 긍정의 뜻으로 고개를 끄덕였다.

"그럼요, 기억하죠. 시리우스 블랙(해리 포터의 아버지 제임스 포터의 친구이자 해리의 대부-옮긴이)과 그런 대화를 나눴잖아요. 이야기 전체의 교훈도 결국 그거죠."

"맞아요. 시리우스는 해리에게 잘 들어보라고 한 다음에 이렇게 말해요. '넌 나쁜 사람이 아니야. 넌 아주 좋은 사람인데 나쁜 일을 겪었던 거야. 그리고 세상은 좋은 사람과 죽음을 먹는 자들로 나뉘는 게 아니란다. 우리는 밝은 부분과 어두운 부분을 모두 가지고 있어. 진짜로 중요한 건 우리가 어떤 역할을 선택하는가야. 그게 우리의 진짜 모습이란다.'"

남자가 한숨을 내쉬며 말했다.

"알았어요. 누구나 수치심을 지니고 있다는 거죠? 우리 안에 선함과 악함, 어둠과 빛이 있고요. 그렇지만 자기 안의 수치심과 고통을 인정하지 않으면 자신에게 문제가 있다고 믿게 된다는 거죠? 우리가 나쁜 사람이고, 결함이 많고, 선량하지 않다고 말이에요. 그리고 그런 믿음에 근거해서 행동하기 시작하겠죠. 세상에 적극적으로 참여하고 사람들과 관계를 맺으려면 취약해질 수 있어야 해요. 취약해지려면 수치심 회복탄력성을 길러야 하고요."

강단으로 올라오는 계단 옆에서 남자의 아내가 기다리고 있었다. 남자는 나에게 고맙다는 인사를 하고 빠른 동작으로 나를 한번 더 포옹하고 돌아섰다. 계단을 다 내려갔을 때 그가 고개를 돌리더니 이렇게 소리쳤다.

"선생님은 스네이프 교수와는 다른 것 같네요. 하지만 '어둠의 마법 방어술'이라는 과목을 썩 잘 가르치십니다!"

나는 그날 있었던 일과 우리가 나눈 대화를 평생 잊지 못할 것이다. 그날 밤 집으로 돌아오는 길에 『해리 포터』 시리즈를 떠올리며 나는 이렇게 생각했다.

'어둠의 마법 방어술이라. 기막힌 표현이군.'

나는 처음부터 불타는 눈동자를 가진 수치심 전도사가 되거나 '어둠의 마법 방어술' 강사가 되려고 한 것은 아니다. 지난 10년간 수치심이 우리의 삶과 사랑과 육아와 일과 리더십에 미치는 파괴적인 영향을 연구하고 나니 나도 모르는 사이에 가슴속 깊은 곳에서부터 이렇게 소리치게 됐을 뿐이다.

"맞아요. 수치심은 이야기하기 쉬운 주제가 아닙니다. 하지만 수치심에 관한 대화보다 더 위험한 건 우리가 침묵하는 사이에 만들어지는 것들이에요. 우리 모두 수치심을 경험하면서 살잖아요.

그런데 수치심에 관해 이야기하라면 다들 겁을 냅니다. 우리가 수치심에 관해 이야기하기를 회피하면 수치심은 더 커집니다."

지금보다 용감해지고 싶다면 취약해져야 한다. 세상에 뛰어들어 나를 보여주고 싶다면 취약해져야 한다. 『해리 포터』를 좋아하는 남자에게 내가 말했듯이, 우리가 수치심에 젖어 남들이 어떻게 생각할지 걱정만 한다면 우리 자신의 모습을 어떻게 당당히 드러내겠는가?

예를 하나 들어보자. 당신이 어떤 상품을 디자인했거나, 기사를 썼거나, 친구들에게 보여주고 싶은 예술작품을 만들었다고 해보자. 당신이 만든 뭔가를 공유한다는 것은 취약해지는 일이지만 세상에 참여하고 '온 마음을 다하며' 살기 위해서는 반드시 필요한 일이다. 그것은 대담하게 뛰어들기의 핵심이기도 하다. 그러나 의식적 또는 무의식적으로 당신의 가치를 자신이 만든 창작물이나 작품에 대한 세상의 평가와 동일시하고 있을지도 모른다. 그것은 어린 시절의 경험 때문일 수도 있고 당신이 세상에 접근하는 방식 때문일 수도 있다.

'사람들이 내 작품을 사랑해주면 나는 가치 있는 존재야. 사람들이 내 작품을 좋아하지 않으면 나는 가치 없는 존재야.'

그럴 때 벌어지는 일은 둘 중 하나다.

1. 당신의 작품에 따라 당신의 가치가 결정된다고 여긴다면 그것을 공유하려 하지 않을 것이다. 설령 공유한다 해도 창의성과 혁신이 최고조에 달한 부분을 한두 겹 벗겨내 덜 위험한 작품

으로 바꿀 것이다. 당신의 모든 것을 고스란히 담아낸 작품을 내놓을 경우 위험 요소가 너무 많기 때문이다.

2. 작품을 원형 그대로 공개했는데 사람들의 반응이 기대에 미치지 못한다면 당신은 큰 타격을 받을 것이다. 작품이 별로이므로 당신은 가치 있는 사람이 아니라고 여길 것이다. 그런 상황에서 당신이 피드백을 얻어내고 의욕을 되찾아 화판 앞으로 돌아갈 확률은 희박하다. 당신은 혼자만의 세계에 틀어박힌다. 수치심은 당신에게 괜한 시도를 왜 했느냐고 따진다. '넌 괜찮은 사람이 아니야. 주제 파악 좀 해!'라고 수치심은 말한다.

자신의 가치를 자기가 만든 예술작품이나 창작물 또는 그것을 좋아하는 사람들과 연계할 때 무슨 일이 벌어지는지 궁금한가? 나의 개인적인 경험과 직업적인 경험에서 나온 대답을 들려주자면 당신은 더 큰 곤경에 빠지게 된다. 수치심이 당신을 조종하고 삶을 지배하기에 딱 좋은 조건이 갖춰진다. 당신은 자존감을 결정할 권리를 남들에게 넘겨줬다. 그런 일이 잇달아 벌어지면 이글스Eagles의 〈호텔 캘리포니아Hotel California〉 가사와 비슷한 상황에 처한다. 체크인은 가능하지만 마음대로 떠날 수 없는 호텔. 당신은 '남의 비위 맞추기, 열심히 일하기, 완벽 추구하기'의 포로가 된다.

만약 당신이 수치심에 관해 알고 있다면, 그리고 수치심 회복탄력성이 강하다면 이야기는 완전히 다르게 전개된다. 당신은 여전히 사람들이 당신의 창작물을 좋아하고, 존중하고, 감탄해주기를 바란다. 하지만 당신의 가치는 별개의 문제다. 당신은 그림 한 점,

획기적인 아이디어 하나, 근사한 연설 하나, 훌륭한 설교 하나, 아마존닷컴의 높은 순위 따위보다 훨씬 가치 있는 존재다. 물론 친구나 동료들이 당신의 열정을 알아주지 않거나 일이 잘 풀리지 않을 때면 힘들기도 하고 실망스럽기도 하다. 그렇지만 창작 행위는 당신이 하는 한 가지 일일 뿐 당신의 정체성이 아니다. 결과가 어떻든 간에 당신은 대담하게 뛰어들었고, 그것은 당신의 가치관(당신이 되고 싶은 모습)과 일치하는 행동이었다.

우리는 자존감을 위협받지 않을 때 훨씬 용감해지며, 그럴 때라야 재능과 재주를 숨김없이 보여준다. 가정, 학교, 기업에 관한 내 연구에 따르면 수치심 회복탄력성의 문화 속에 사는 사람들은 뭔가를 부탁하고, 받아들이고, 피드백을 수용하는 일을 어려워하지 않는다. 이런 문화 속에서 사람들은 적극적인 태도로 끈기 있게 뭔가를 시도하고 또 시도해서 원하는 결과를 얻어낸다. 똑같이 열심히 일하더라도 이런 문화 속에 사는 사람들은 훨씬 혁신적이고 창의적이다.

자기의 가치를 자각한 사람은 쉽게 솔직해지고 취약성을 끌어안는다. 그런 사람은 시련 앞에서 굴하지 않는다. 반면 수치심에 젖어 있는 사람은 쉽게 움츠러들거나 누군가를 미워하거나 겁을 먹는다. 수치심을 유발하는 문화, 다시 말해 부모와 교사와 학교 행정 담당자들이 의식적이든 무의식적이든 간에 사람들에게 당신의 가치는 당신의 창작물에 달려 있다고 말하는 문화의 특징은 '놓아버리기, 남 탓하기, 뒷담화, 낙인찍기, 편애, 창의성과 혁신의 결핍'이다.

작가이자 연설가이자 '체인지랩스ChangeLabs'의 CEO인 피터 시핸Peter Sheahan은 애플이나 IBM 같은 기업들의 의뢰를 받아 컨설팅을 하거나 대규모 행동수정 프로젝트를 진행한다. 나와 피터는 지난여름 함께 일할 기회가 있었는데, 수치심에 관한 그의 견해가 매우 정확하다고 생각했다. 그의 말을 옮겨보겠다.

혁신을 죽이는 비밀 병기는 수치심이다. 누군가가 새로운 아이디어를 말하지 못하거나, 자신의 상사에게 꼭 필요한 피드백을 주지 못하거나, 고객 앞에서 하고 싶은 말을 당당하게 못 할 경우 수치심이 작용하고 있는 것이다. 우리의 마음속 깊은 곳에는 틀리면 어쩌나, 망신을 당하면 어쩌나, 위축되면 어쩌나 하는 불안이 있다. 바로 그 불안 때문에 우리는 조직이 전진하는 데 꼭 필요한 위험을 감수하지 못한다.

창의성과 혁신이 꽃피는 문화를 일구고 싶다면, 시장에 진출할 때나 직원 개개인의 차원에서나 적절한 위험을 감수하고 싶다면, 맨 먼저 관리자들이 자기 팀 안에서 취약성에 개방적인 태도를 취하는 훈련을 해야 한다. '리더는 모든 것을 지휘하고 모든 답을 알아야 한다'는 관념은 낡았을 뿐만 아니라 조직에 해를 입힌다. 그런 관념을 가진 리더는 팀원들에게 '당신들은 나만큼 잘 알지 못하며 나보다 덜 중요한 존재'라는 메시지를 보낸다. 이것은 위험 회피의 지름길이라고 해도 과언이 아니다. 수치심은 두려움으로 변한다. 두려움은 위험 회피로 이어지고, 위험 회피는 혁신을 죽인다.

한마디로 '대담하게 뛰어들기' 위해서는 자신의 가치에 대한 자각이 있어야 한다. 수치심은 그렘린gremlin들을 우리 머릿속에 보내 우리 자신의 가치를 부정하는 메시지로 가득 채운다.

'잠자코 있어! 넌 부족한 사람이야! 주제도 모르고 큰일에 뛰어들면 안 되지!'

'그렘린'이라는 단어는 스티븐 스필버그 감독이 1984년에 제작한 〈그렘린〉이라는 공상과학 영화에서 따온 것이다. 그렘린들은 초록색의 작은 외계 생명체로서 가는 곳마다 소동을 일으킨다. 교활한 그렘린들은 늘 뭔가를 파괴하면서 기쁨을 얻는다. 나의 전문 분야인 심리학을 비롯한 여러 분야에서 그렘린은 '수치심 테이프 shame tape'와 동의어로 쓰인다. 수치심 테이프란 우리가 늘 머릿속에 넣어 다니는 자기회의와 자기비난의 메시지를 뜻한다.

예를 들면 얼마 전에 논문 하나를 끝내지 못해서 고생할 때 내가 친한 친구에게 전화를 걸어 글이 잘 안 써진다고 불평하자, 친구는 곧바로 이렇게 물었다.

"그렘린들이 뭐라고 하는데?"

이 짤막한 말은 '수치심 테이프'에 관해 물어보는 매우 효과적인 방법이다. 그날 나는 이렇게 대답했다.

"그렘린이 세 마리쯤 있어. 한 녀석은 내 글솜씨가 형편없고 논문 주제에 아무도 관심 없을 거래. 또 한 녀석은 내가 비판을 자초하는 거래. 그리고 제일 큰 녀석은 이런 말을 되풀이하지. '진짜 작가들은 너처럼 힘들어하지 않아. 진짜 작가들은 수식어를 그렇게 주렁주렁 달지 않는다고….'"

수치심을 극복하려면 우리의 수치심 테이프(또는 그렘린)를 이해해야 한다. 수치심이 항상 어떤 구체적인 순간이나 누군가에게 무시당하는 발언을 들었을 때만 유발되는 것은 아니기 때문이다. 어렸을 때부터 받은 교육이나 사회에서 주입당한 내용이 마치 오래된 녹음기처럼 계속 반복되면서 수치심이 생겨나기도 한다. 나의 친한 친구이자 동료인 로버트 힐리커Robert Hilliker는 이렇게 설명한다.

"수치심은 일대일의 관계에서 시작된다. 하지만 나이가 어느 정도 들고 나면 내가 나 자신에게 수치심을 안길 수도 있다."

때로는 우리가 용기를 내어 경기장 안으로 들어갈 때, 즉 삶에 뛰어들 때 가장 혹독한 비판을 퍼붓는 사람이 다름 아닌 우리 자신인 경우가 있다.

수치심은 우리가 차마 말하지 못할 때 힘을 얻는다. 그래서 수치심은 완벽주의자를 사랑한다. 완벽주의자들은 쉽게 입을 다물어버리기 때문이다. 만약 우리가 수치심을 인식하는 능력을 기른다면, 그래서 수치심이 들 때마다 그것을 알아차리고 말을 건다면 우리는 수치심의 공격을 막아낼 수 있다. 수치심은 자기한테 이런저런 설명이 붙는 것을 싫어한다. 우리가 수치심에 관해 이야기하는 순간 수치심은 수그러들기 시작한다. 마치 그렘린들이 빛에 노출되기만 해도 치명적인 타격을 입는 것처럼, 언어와 이야기는 수치심에 환한 빛을 비춰서 수치심을 제거한다.

루스벨트의 조언처럼 대담하게 경기장에 뛰어들 때 우리는 실수를 하고 부족함도 느낀다. 실패와 실수와 비판이 우리를 따라다닌다. 크게 실망하고 마음에 상처를 입으면서도 온 마음으로 살고 자 한다면 실패가 '가치 없음'과는 다른 말이라는 점을 깨달아야 한다. 실패했다고 해서 사랑받고 인정받고 기쁨을 느낄 가치가 없는 것은 아니다. 그렇게 생각하는 사람은 세상에 자기 모습을 보여주지 못하고 뭔가에 다시 도전하지도 못한다. 수치심은 경기장 밖 주차장을 서성이며 기다린다. 패배를 맛보고 다시는 위험을 무릅쓰지 않겠다고 결심한 사람들이 경기장 밖으로 나오면 수치심은 이런 말로 그들을 비웃는다.

"내가 뭐랬어. 실패할 거라고 했잖아. 너는 별로 _____ 하지 못하다니까."

수치심 회복탄력성은 그럴 때 이렇게 대꾸할 수 있는 능력이다.

"지금 난 속상해. 실망도 했고. 큰 타격을 입은 것 같기도 해. 하지만 나는 성공과 명성과 인정에 따라 움직이지 않아. 나는 용기를 중요하게 여기는 사람이기 때문에 용감하게 행동했을 뿐이야. 수치심아, 넌 그만 가보렴."

이제 이해하겠는가? 나는 당신을 수치스러워 죽고 싶게 만들려는 게 아니다. 그저 이렇게 말하는 것이다.

"당신의 가치가 고작 수치심에 무너지는 하찮은 것인가요? 그렇다면 당신은 취약성을 끌어안을 수 없어요."

이제 안전벨트를 매자. 우리의 머리와 가슴이 수치심이라는 이름의 이러한 경험에 걸려들지 않게 하자. 그래야 진실한 삶을 시작할 수 있다.

수치심을 고백하기 어려운 이유

혹시 '나는 별로 수치심이 없는데?'라고 생각하더라도 계속 읽어보길 권한다. 곧 그 환상이 깨질 테니까. 나는 모든 강연, 논문 그리고 수치심에 관한 글을 '수치심 3원칙'으로 시작한다. 수치심 3원칙이란 수치심에 관해 가장 먼저 알아야 할 세 가지 사실이다.

1. 수치심은 누구에게나 있다. 수치심은 보편적인 감정이며 사람이 경험하는 가장 원초적인 감정이다. 만약 수치심을 느끼지 않는 사람이 있다면, 그는 공감 능력과 인간관계를 맺는 능력이 부족한 사람이다.
2. 누구나 수치심에 대해 말하기를 꺼린다.
3. 수치심에 관한 이야기를 회피하면 할수록 수치심이 우리의 삶을 지배한다.

심리학적으로, 감정적으로, 인지학적으로 사람은 연결과 사랑과 소속감을 강하게 열망한다(사랑과 소속감은 연결의 다른 표현이다). 사랑과 소속감과 연결은 우리가 존재하는 이유이며, 우리에게 삶의 목표와 의미를 부여한다. 수치심은 바로 이 연결, 즉 관계가 끊어지는 것에 대한 두려움에서 비롯된다. 우리가 저지른 어떤 일에 대한 두려움, 어떤 일에 실패한 데 대한 두려움, 실현하지 못한 이상이나 달성하지 못한 어떤 목표 때문에 관계를 맺을 가치가 없는 사람이 될까 봐 두려워하는 마음이다. 나의 연구에서 찾아낸 수치심에 대한 정의는 다음과 같다.

'수치심이란 우리의 어떤 결함 때문에 우리가 사랑과 소속감을 느낄 가치가 없는 사람이라고 여기는 매우 고통스러운 감정 혹은 경험이다.'

사람들은 수치심이라고 하면 굉장한 트라우마를 경험한 사람들이나 느끼는 감정이라고 믿고 싶어 한다. 하지만 그것은 사실이 아니다. 수치심은 모두가 경험한다. 그리고 수치심이 우리 마음속의 가장 어두운 구석에 숨어 있다는 것도 착각이다. 수치심은 우리에게 익숙한 모든 곳에 숨어 있다. 수치심의 범주는 다음 12가지로 정리할 수 있다.

- 외모와 신체 이미지
- 돈과 직업
- 모성애/부성애
- 가족
- 육아
- 정신과 육체의 건강
- 중독
- 섹스
- 노화
- 종교
- 트라우마
- 편견 또는 낙인

우리가 연구 참가자들에게 수치스러운 상황의 예를 들어보라고
했을 때 나온 대답은 다음과 같다.

- 임신한 아내에게 내가 해고당한 사실을 말해야 할 때
- 임신하지도 않았는데 예정일이 언제냐는 질문을 받을 때
- 아직 이별의 상처를 극복하지 못했다는 사실을 감출 때
- 아이들에게 버럭 화를 낼 때
- 파산 신청할 때
- 상사가 고객 앞에서 나를 무시하거나 욕할 때
- 짝을 찾지 못할 때
- 남편이 다른 여자와 바람이 나서 나를 떠날 때
- 아내가 이혼을 요구하면서 자기는 아이를 원하지만 나의 아이
  는 원하지 않는다고 말할 때
- 음주운전 전력을 들켰을 때
- 불임이라는 사실을 고백할 때
- 아버지가 교도소에 있다는 것을 숨기고 거짓말할 때
- 포르노 영상을 볼 때
- 학교에서 형편없는 성적표가 공개되었을 때
- 부모님이 싸우는 소리를 벽 너머로 들을 때

수치심은 실로 고통스러운 감정이다. 우리의 뇌는 화학적으로
사회적 인정과 연결을 간절히 원하기 때문에 거부와 관계 단절은
큰 고통을 준다. 2011년 국립정신건강연구소National Institute of Mental

Health의 지원으로 국립약물남용연구소National Institute of Drug Abuse에서 수행한 연구에 따르면, 사람의 뇌는 육체적 고통과 타인에게서 거부당하는 경험에 똑같은 방식으로 반응한다. 그러므로 내가 수치심을 가리켜 '고통스러운' 경험이라고 말하는 것은 농담이 아니다. 감정은 우리에게 상처를 입히고 고통을 안겨줄 수 있다. 그리고 우리가 육체적 고통을 명확하게 규정하기 어려울 때가 많듯이 감정적 고통을 말로 설명한다는 것도 어려운 일이다. 수치심을 말로 설명하기란 더욱 어렵다.

수치심에 관한 대화를 나누기가 어려운 이유 중 하나는 용어 탓도 있다. 많은 사람들이 '창피함', '죄책감', '모욕감', '수치심'이라는 단어를 자주 혼동해서 쓴다. 어떤 경험이나 감정을 표현할 때는 적확한 용어를 써야 한다고 강조하면 독자들은 내가 너무 까다롭다고 생각할지도 모른다. 하지만 이것은 단순한 의미론상의 문제가 아니다.

수치심과 죄책감

다양한 감정을 어떻게 경험했는가를 주제로 자신과 대화를 나눈다고 하자. 무슨 일이 일어나고 있는지 자신에게 어떻게 설명할 것인가? 자신과 나누는 대화의 내용을 점검하고 네 가지 감정(창피함, 죄책감, 모욕감, 수치심)의 차이를 이해하려면 먼저 수치심과 죄책감을 구분할 줄 알아야 한다. 수치심을 연구하는 학자들과 임상치료 전문가들의 공통된 견해를 빌리자면, 수치심과 죄책감의 차이는 '나는 나쁜 사람이다'와 '나는 나쁜 짓을 했다'의 차이로 이해하는 것이 가장 정확하다.

예컨대 당신이 12시에 친구를 만나 점심을 먹기로 해놓고는 까맣게 잊어버렸다고 치자. 12시 15분이 되자 레스토랑에서 기다리던 친구가 당신에게 전화를 걸어온다. 이럴 때 당신은 자신에게 뭐라고 하는가? '난 정말 바보야! 난 좋은 친구가 아니야. 다 망쳐버렸어'라고 한다면 그것은 수치심이다. 반면 '내가 약속을 잊다니! 형편없는 실수를 했잖아'라고 한다면 그것은 죄책감이다.

흥미로운 이야기는 이제부터다. 이럴 때마다 자동으로 '난 정말 나쁜 친구야! 수치심을 좀 느껴봐야 다음번에 똑바로 행동하겠구나'라고 자신에게 훈계하는 사람들은 잘 들어보시라. 수치심을 느낄 때 우리는 자신을 보호하기 위해 다른 사람이나 상황을 탓하거나, 실수를 합리화하거나, 솔직하지 못한 변명을 늘어놓거나, 숨어버릴 가능성이 크다. "진짜 바쁘다고 내가 말했잖아. 오늘은 약속 잡기 좋은 날이 아니었어."

아니면 건성으로 사과하고 속으로는 다른 생각을 한다. '나더러 어쩌라고? 내가 오늘 얼마나 바빴는지 알면 오히려 저 친구가 내게 사과해야 할걸?' 아니면 전화기에 표시된 번호를 보고 아예 전화를 안 받을 수도 있다. 마침내 그 친구를 계속 피할 수 없는 시점이 되면 거짓말을 한다. "내가 보낸 이메일 못 받았니? 아침에 내가 약속을 취소하자고 했는데. 스팸메일함을 안 열어봤구나."

우리가 어떤 행동에 대해 사과를 하고, 보상을 하고, 우리의 가치관에 맞지 않는 행동을 수정하는 경우 그 동력은 대개 수치심이 아닌 죄책감이다. 어떤 일을 했는데(혹은 하지 못했는데) 그것이 가치관에 어긋난다는 사실을 알면 우리는 죄책감을 느낀다. 죄책감은 불편한 감정이지만 도움이 되기도 한다. 심리학적으로 불편은 인지 부조화cognitive dissonance(자신의 사고, 태도, 신념, 의견과 같은 인지가 서로 일치하지 않을 때 형성되는 불편한 감정 상태 - 옮긴이)와 비슷하며, 의미 있는 변화를 이끌어낸다. 죄책감은 수치심과 똑같이 강렬한 감정이지만 우리를 긍정적인 방향으로 이끈다. 반면 수치심은 우리에게 파괴적인 영향을 미친다. 수치심은 자신이 변화할 수 있고 더 잘할 수 있다는 믿음을 잠식한다.

주위를 둘러보면 아직도 수치심이 질서를 유지하는 효과적인 도구라는 믿음에서 벗어나지 못한 사람들이 많다. 그런 믿음은 틀렸을 뿐 아니라 위험하다. 수치심은 중독, 폭력, 억압, 공격성, 우울증, 섭식장애, 집단 따돌림과 상관관계가 높다. 반면 수치심이 바람직한 행동의 나침반이 된다는 가설을 뒷받침하는 통계나 연구 결과는 전무하다. 수치심은 문제의 해결책이 될 수 없다. 오히려 사람에게 상처를 입히는 행동과 파괴적인 행동의 원인이 될 가능성이 크다.

앞서도 말했지만, 사랑과 소속감을 느끼고 싶어 하는 것은 인간의 본성이다. 수치심을 경험할 때 우리는 관계가 끊어지고 자신의 가치가 떨어지는 느낌을 받는다. 수치심이 너무 커서 괴롭거나, 심지어는 앞으로 수치심을 느낄까 봐 두려울 때, 우리는 자기 파괴적인 행동을 하거나 다른 사람을 공격하거나 다른 사람에게 수치심을 주는 행동을 하기 쉽다.

수치심과 모욕감

수치심과 혼동하기 쉬운 또 하나의 단어가 '모욕감'이다. 저명한 정신의학자 도널드 클라인Donald Klein은 수치심과 모욕감의 차이를 다음과 같이 절묘하게 표현했다.

"사람들은 자신이 가끔 수치심을 느껴도 된다고 생각한다. 하지만 자신이 모욕을 느끼는 것은 용납하지 않는다."

존이라는 사람이 직원들과 회의를 하고 있는데 그가 판매 실적이 저조하다는 이유로 상사가 존을 '쓸모없는 놈'이라고 불렀다고 해보자. 존은 그 상황을 수치스럽다고 느낄 수도 있고, 모욕으로 받아들일 수도 있다. 만약 존이 '그래, 난 정말 쓸모없는 놈이야. 판매 실적이 꼴찌이니 그런 말을 들어도 싸'라고 생각한다면 그는 수치심을 느낀 것이다. 반면에 '뭐라고? 아무리 실적이 부족하기로서니 쓸모없는 놈이라고 나를 함부로 매도해? 이건 부당한 일이야'라고 생각한다면 그는 모욕을 느낀 것이다.

모욕은 매우 기분 나쁜 감정이며 일이나 가정생활에도 지장을 초래할 수 있다. 모욕을 느끼는 상황이 되풀이되면 우리는 그 메시지를 내면화하기 시작하고 모욕감은 서서히 수치심으로 변해간다. 그래도 모욕은 수치심보다는 낫다. 존은 '쓸모없는 놈'이라는 상사의 발언을 내면화하지 않고 자신에게 '이것은 부당한 일이며, 저 사람의 문제야'라는 말을 들려줬다. 이런 식으로 대응한다면 우리가 숨어버리거나 이상행동을 하거나 말싸움을 벌일 확률은 낮아진다. 우리는 자신의 가치관에 어긋나는 행동을 하지 않으면서 문제를 해결하려고 노력할 것이다.

수치심과 창피함

창피함은 네 가지 감정 중에 가장 약한 감정이다. 창피함은 순간적인 감정이어서 나중에는 우습게 여겨지기도 한다. 창피함의 징표는 내가 어떤 창피한 행동을 했지만 그게 나에게만 있는 일이라고 생각하지 않는 것이다. 남들도 똑같은 일을 한 번쯤 겪었을 거라고 여기면서 얼굴을 잠깐 붉히고 만다. 창피한 감정은 우리의 정체성에 결정적인 영향을 미치지 않고 그냥 지나간다.

이제 용어에 어느 정도 익숙해졌는가? 그렇다면 당신은 수치심을 이해하기 위한 좋은 출발점에 섰다. 용어 이해는 '수치심 회복탄력성을 기르는 법'의 첫 번째 관문이기 때문이다.

수치심 회복탄력성을 기르는 방법

수치심이 나쁘다는 건 충분히 이해했을 것이다. 그럼 어떻게 해야 할까? 바로 '수치심 회복탄력성'을 기르는 것이다. 당연한 이야기지만 우리는 수치심을 예방하거나 없앨 수 없다. 우리는 살아가면서 언제고 또 다시 수치심을 느끼게 될 것이다. 관계 단절에 대한 두려움은 우리 삶 곳곳에 도사리고 있으며, 수치심으로 인한 고통은 늘 현실이다. 하지만 좋은 소식도 있다. 내가 오랜 시간 연구해온 결과에 따르면 수치심 회복탄력성은 기를 수 있다는 것이다. 수치심 회복탄력성이 높은 사람들에게는 네 가지 공통점이 있는데, 이를 통해 그 방법을 찾을 수 있다. 나는 이것을 '수치심 회복탄력성의 4단계'라 부른다. 이를 실행하는 법을 배우는 과정이 바로 '그렘린 물리치기 훈련'이다.

먼저 수치심 회복탄력성이 무엇인지부터 알아보자. 수치심 회복탄력성이란 수치심을 경험하면서도 진실하게 행동할 수 있는 능력이다. 수치심 회복탄력성이 높은 사람은 자존감을 손상시키지 않으면서 수치심을 겪어낼 수 있고, 수치심이라는 동굴을 빠져나왔을 때는 더 용감하고 따뜻하고 인간관계가 돈독한 사람이 되어 있다. 수치심 회복탄력성은 수치심에서 공감으로 옮겨가는 힘이다.

공감은 수치심을 치료하는 약이다. 만약 누군가에게 자신의 이야기를 털어놓았는데 상대가 공감과 이해를 해주면 수치심은 사그라든다. 자기 자신을 향한 공감self-compassion도 우리에게 꼭 필요한 감정이지만, 수치심은 기본적으로 사람들 사이의 감정이기 때문에 치유도 사람들 사이에서 가장 잘된다. 사회적인 상처에는 사회적인 약이 필요한 법이고, 그 사회적인 약이 바로 공감이다. 자기 자신을 향한 공감은 열쇠와 같은 역할을 한다. 우리가 수치심의 한가운데서 자신에게 친절을 베풀 수 있다면 다른 사람에게 다가가서 도움을 청하고 공감을 경험할 확률도 그만큼 높아지기 때문이다.

수치심에서 공감으로 옮겨가기 위해서는 문제가 무엇인지를 알아야 한다. 이제 수치심 회복탄력성의 4단계에 대해 살펴보자. 회복의 과정이 반드시 이 순서대로 진행되는 것은 아니지만, 이런 단계들을 하나씩 밟아나가면 우리는 어김없이 공감과 치유에 도달하게 된다.

1. 수치심을 인식하고, 수치심을 유발하는 요인을 알아내라. 수치심은 생물학적 반응인 동시에 자전적自傳的 반응이다. 당신은 수치심의 덫에 걸렸을 때 물리적으로 그것을 느낄 수 있는가? 수치심을 극복하는 과정을 인식할 수 있는가? 어떤 메시지와 어떤 기대가 당신의 수치심을 유발하는지 아는가?

2. 비판적 인식을 연습하라. 당신에게 수치심을 유발하는 메시지와 기대의 현실성을 점검해보라. 그것이 과연 현실적인 기대인가? 달성할 수 있는 목표인가? 그 목표는 당신이 정말 원하는 것인가, 아니면 남들이 당신에게 원하는 것인가?

3. 다른 사람에게 도움을 청하라. 당신의 이야기에서 당신은 주인 역할을 하고 있는가? 남에게도 그 이야기를 들려주고 있는가? 우리가 스스로 마음을 열지 않으면 다른 사람의 공감을 얻을 수 없다.

4. 수치심에 관해 이야기하라. 당신은 자신의 감정에 관해 이야기하는가? 수치심을 느낄 때 누군가에게 도움을 청하는가?

수치심 회복탄력성은 연결(자신과의 연결, 그리고 사랑하는 사람들과의 연결)을 보호하기 위한 전략이다. 하지만 수치심 회복탄력성을 키우기 위해서는 인식 또는 사고의 과정이 요구되는데, 이 단계에서는 수치심이 훨씬 유리한 위치에 선다. 수치심의 습격을 받을 때 우리는 십중팔구 대뇌 변연계의 지배를 받는다. 다른 말

로 표현하면 우리 뇌에서 사고, 분석, 전략 수립을 담당하는 전전
두엽의 활동이 약해지고 보다 원초적인 투쟁-도피 반응fight or flight
response(긴박한 위협 앞에서 자동적으로 나타나는 생리적 각성 상태 - 옮
긴이)을 담당하는 부위가 활성화된다.

　데이비드 이글먼David Eagleman의 책 『인코그니토Incognito』에서는
사람의 뇌를 '경쟁자들로 이뤄진 팀'에 비유한다. "뇌의 여러 영역
은 끊임없이 대화를 주고받는다. 각자 당신의 행동을 지배하는 유
일한 통로가 되기 위해 치열한 경쟁을 벌인다." 이글먼은 이성과
감성이라는 대표적인 이원론적 체계를 이렇게 설명한다. "이성의
체계는 외부 세계의 사물을 분석하는 데 관심을 쏟고, 감성의 체
계는 내적인 상태를 주시하면서 상태가 좋은지 나쁜지에 신경을
쓴다."

　이글먼이 이성과 감성을 예로 든 이유는 이성과 감성이 '행동'
이라는 하나의 결과를 이끌어내기 위해 전투를 벌이고 있기 때문
이다. 우리의 감정은 의사결정의 균형을 변화시킬 수 있는데, 특히
그 감정이 수치심일 때 균형은 반드시 깨진다. '투쟁-도피'라는 우
리의 전략은 생존에는 유리하지만 이성적 추론이나 관계 형성에
는 유리하지 않다. 수치심이 우리에게 주는 고통은 뇌의 생존 영
역을 자극해서 달아나거나, 숨거나, 나서서 싸우는 반응을 이끌어
낸다.

　다음은 내가 연구 참가자들에게 수치심 회복탄력성 훈련을 하
기 전에 수치심에 어떻게 반응해왔는지를 물었을 때 많이 나왔던
대답이다.

- "수치심을 느낄 때면 미친 사람처럼 행동해요. 평소에 하지 않던 행동을 하거나 평소에 잘 쓰지 않는 말을 입에 담죠."
- "때로는 남들도 지금의 나만큼 기분이 나빠지면 좋겠다는 생각이 들어요. 신경이 곤두서고, 아무한테나 막 소리를 질러대고 싶기도 해요."
- "수치심을 느끼면 아무 데도 의지할 곳이 없고 속마음을 털어놓을 사람도 없다고 생각돼요."
- "수치스러울 때는 정신과 감정의 활동이 중단됩니다. 가족들에게도 반응하지 않아요."
- "수치심을 느낄 때는 세상에서 고립된 기분이에요. 대부분의 경우 숨어버립니다."
- "한번은 차에 기름을 넣으려고 했는데 신용카드 한도가 초과됐다고 하더군요. 주유소 직원이 나를 얼마나 괴롭혔는지 몰라요. 우여곡절 끝에 드디어 주유소를 나서는데 세 살짜리 아들이 울음을 터뜨리는 거예요. 나는 소리를 빽 질렀죠. '조용히 해! 그만! 그만!' 그때 나는 한도 초과 때문에 수치심을 느끼고 있었어요. 제정신이 아니었죠. 그러고 나니 아이한테 소리를 질렀다는 게 또 수치스러웠어요."

수치심을 느낄 때 자기를 방어하는 방식은 사람마다 다르다. 이에 관해 웰슬리 대학에서 실시된 연구를 살펴보자. 연구를 수행한 린다 하틀링Linda Hartling 박사는 사람들이 수치심을 느낄 때 구사하는 방어 전략을 크게 세 가지로 나누어 설명한다. 바로 '멀어지기,

다가가기, 대항하기'다(이 개념은 독일의 정신분석학자 카렌 호나이 Karen Horney가 제시했던 신경증적 경향성 분류법이다).

하틀링의 이론에 따르면 첫 번째 집단에 속하는 사람들은 수치심에 대응하기 위해 '회피' 전략을 선택한다. 그들은 뒤로 물러나거나 숨은 채 수치스러운 일을 혼자만의 비밀로 간직한다(멀어지기). 두 번째 집단은 다른 사람에게 다가가서 기분을 맞추려 한다(다가가기). 그리고 세 번째 집단은 사람들에게 대항한다(대항하기). 이들은 남보다 우위에 서서 힘을 행사하기 위해 공격적으로 행동한다(예를 들면 험악하고 비열한 이메일을 보낸다). 수치심과 맞서 싸우기 위해 수치심을 이용하는 셈이다. 대부분의 사람들은 세 가지 전략을 모두 활용한다. 상황에 따라, 이유에 따라, 주변에 누가 있느냐에 따라 다른 전략을 구사하는 것이다. 그러나 이 세 가지 전략은 전부 우리를 연결로부터 멀어지게 하는 것들이다. 이것들은 수치심의 고통을 끊어내기 위한 전략이기 때문이다.

이 개념들을 좀 더 현실적으로 이해할 수 있도록 내가 수치심을 경험했던 이야기 하나를 공개하겠다. 내게 좋은 기억은 아니지만, 안 그래도 고통스러운 상황에 수치심까지 더하고 싶지 않다면 수치심 회복탄력성을 길러야 한다는 교훈을 주는 이야기다.

나는 강연 요청을 받으면 잘 거절하지 못한다. 오랫동안 남들의 비위를 맞추고 완벽을 지향했던 나에게 누군가를 실망시킨다는 것은 굉장히 불편한 일이었다. 내 안의 '착한 여자아이'는 사람들을 실망시키는 일을 싫어한다. 그렘린들이 내게 속삭인다. "그 사람들은 네가 고마운 줄도 모른다고 생각할 거야." "이기적으로 굴지 마." 또 다른 한편으로는 단 한 번이라도 '안 된다'고 말하면 앞으로 다시는 강연 요청이 들어오지 않을까 봐 두렵기도 했다. 이때 그렘린들은 이렇게 말한다. "휴식이 필요하다고? 너 그러다가 영영 쉬는 수가 있어!"

경계를 설정한다는 것은 내가 '온 마음을 다하는 삶'에 관해 연구해온 십여 년 동안 '남들이 어떻게 생각할까?'라는 질문에서 '나는 괜찮은 사람이야'로 이동하는 과정에 새롭게 세운 나름의 원칙이었다. 내가 인터뷰한 사람들 가운데 인간관계가 깊고 공감할 줄 아는 사람들은 하나같이 경계선을 정해놓고 그 선을 잘 지켰다. 나는 '온 마음을 다하는 삶'에 관해 연구하는 데서 그치고 싶지 않았다. 나 역시 진심으로 온 마음을 다해 살고 싶었다. 그러자면 나에게 들어오는 강연 요청의 80퍼센트 정도는 거절해야 했다. 고민 끝에 나는 강연 요청 수락의 경계를 설정했다. 우리 가족의 스케줄이 비어 있고, 연구 일정에 차질이 없고, 내 삶에 무리가 가지 않을 때만 '예'라고 답하기로 말이다.

그러던 어느 날, 나는 한 남자로부터 이메일을 받았다. 자신이 주최하는 행사에서 내가 강연을 하지 않겠다고 해서 화가 단단히 난 모양이었다. 내가 그날의 강연 요청을 거절한 이유는 가족 중 한 명의 생일이었기 때문이었다. 남자의 이메일은 나에 대한 인신공격으로 가득했다.

메일을 읽고 난 뒤 나의 그렘린들은 신이 나서 뛰어다녔다! 나는 이메일에 곧바로 답장을 보내지 않았다. 대신 그 메일을 참조 형식으로 남편에게 보낼 요량이었다. 나는 남편에게 그 남자의 무례한 이메일에 대한 이야기를 쓰면서 내가 지금 얼마나 속상하고 화가 났는지 하소연을 쏟아냈다. 나의 수치심과 화난 마음을 어딘가에 배출해야만 했다. 솔직히 말해서 그것은 '착한 여자아이'가 보낼 법한 이메일은 아니었다. '재수없는'이라는 단어를 두 번이나 쓰지 않았느냐는 질문을 받는다면 나는 노코멘트하겠다.

문제는 이제부터다. 나는 '참조하기'가 아닌 '답장하기'를 눌러버렸다. 내 컴퓨터에서 '윙~' 하는 비행기 소리가 났다. 앗! 저건 '답장하기' 버튼을 누를 때 나는 소리가 아닌가! 나는 비명을 질렀다.

"취소! 제발 취소해!"

나는 멍하니 모니터를 응시했다. 수치심 위에 수치심이 또 쌓여서 몸이 마비된 것만 같았다. 그 남자가 광속으로 보내온 답장에는 다음과 같은 내용이 들어 있었다. '아하! 그럴 줄 알았어! 당신은 속이 시커먼 사람이군요. 당신은 온 마음으로 살지 않네요. 사기꾼 같으니.'

수치심이 맹렬한 기세로 나를 공격했다. 입안이 바싹바싹 마르고 시간은 유난히 느리게 갔다. 나의 시야는 극도로 좁아졌다. 침을 꿀꺽 삼켜보려고 애쓰는데 그렘린들이 속삭였다. "넌 최악이야!" "어떻게 그런 바보짓을 하니?" 그렘린들은 내게 타격을 입히는 대사를 정확히 안다. 나는 호흡을 가다듬고 나서 이렇게 중얼거리기 시작했다.

"고통, 고통, 고통, 고통, 고통스러워…."

이 중얼거림은 캐롤라인의 발명품이다. 나는 몇 년 전 연구에 필요한 인터뷰를 하려고 캐롤라인을 만났는데, 그녀는 그때 이미 수치심 회복탄력성을 기르기 위해 연습하고 있다고 말했다. 그녀는 수치심을 느낄 때마다 '고통'이라는 단어를 소리 내어 말한다고 내게 알려줬다.

"고통, 고통, 고통, 고통, 고통. 이상하게 들리죠? 제가 바보처럼 보이겠죠. 그런데 이상한 일이에요. 저한테는 이 방법이 정말 잘 들어요."

정말로 그 방법은 효과가 있다! 그것은 생존을 위해 '파충류의 뇌lizardbrain'(뇌의 가장 안쪽에 위치하며 공포, 분노, 위협을 느낄 때 즉각적인 반응을 하게 한다 - 옮긴이)가 활발해진 상태에서 벗어나 전전두엽을 다시 활성화하는 현명한 방법이다. 그래서 나는 1~2분 동안 "고통!"이라는 주문을 외운 후 심호흡을 하면서 정신을 가다듬었다. '괜찮아. 수치심 공격이야. 난 괜찮아. 그래서 어떻게 해야 할까? 난 이겨낼 수 있어.'

나는 긍정적인 신체 반응을 느낄 수 있었다. 생각하는 뇌가 다시 가동되면서 나에게 가장 효과적인 수치심 회복 수단인 그렘린 물리치기 3단계 기술이 떠올랐다. 다행히 나는 그 기술을 오랫동안 연습했다. 그래서 그것이 나의 직관에 반하더라도 내가 그것을 신뢰해야 한다는 사실을 알고 있었다.

첫 번째 단계는 용기를 내서 누군가에게 도움을 청하는 것이다. 사실 나는 숨어버리고 싶다. 하지만 수치심과 싸우고 정체성을 지켜내는 방법은 자신의 경험을 누군가와 공유하는 것이다. 그 누군가는 이야기를 들을 자격이 있는 사람이어야 한다. 나를 사랑하는 사람, 내가 취약점을 가졌음에도 불구하고 나를 사랑하는 게 아니라 바로 그 취약성 때문에 나를 사랑하는 사람 말이다. 그런 다음 나 자신에게 친절하게 말을 건다. 내가 진심으로 사랑하는 사람이 주저앉아 있을 때 그 사람을 위로하는 것과 똑같은 방식으로 나 자신에게 말을 걸어보자.

"괜찮아. 사람은 누구나 실수할 때가 있어. 내가 네 편에 서줄게."

우리가 수치심의 공격을 받을 때 자기 자신에게 어떤 말투를 쓰는지를 한번 점검해보자. 우리가 사랑하고 존경하는 사람들에게는 절대로 그런 말투를 쓰지 않을 것이다. 마지막 단계는 나 자신이 이야기의 주인이 되는 것이다. 수치스러웠던 이야기를 혼자만 간직하지 말자. 그 이야기가 곪아 터지거나 나의 정체성을 규정할 때까지 놓아두지 말자. 나는 종종 소리 내어 "네가 이야기의 주인이라면 결말은 네가 직접 써야 해"라고 말한다. 이야기를 그냥 묻어버리면 우리는 영원히 이야기의 주변 인물로 남는다. 우리가 이야기의 주인이 되려면 결말을 직접 서술해야 한다. 그래서 칼 융Carl Jung은 이런 말을 남겼다.

"나의 과거가 아니라 내가 선택한 미래의 모습이 나를 규정한다."

수치심을 경험한 후에 그냥 숨어버리거나 이야기를 묻어버리는 것이 가장 위험한 행동이라는 점은 나도 알고 있었지만, 막상 누군가에게 전화를 걸려고 하니 조금 망설여졌다. 그래도 용기를 내어 남편 스티브와 친구 캐런에게 전화를 걸었다. 두 사람은 나에게 꼭 필요했던 것을 줬다. 바로 '공감'이었다. 공감은 우리가 혼자가 아니라는 사실을 알려주는 최고의 약이다. 비판(비판은 수치심을 증폭시킨다)이 아닌 공감은 '당신은 혼자가 아니다'라는 단순한 메시지를 전해준다. 공감은 사람과 사람 사이의 연결이다. 공감은 수치심의 웅덩이에서 빠져나가도록 해주는 사다리다. 스티브와 캐런은 내 이야기를 들어줌으로써 내가 웅덩이에서 빠져나오는 일을 도와줬을 뿐 아니라 그들 역시 똑같은 웅덩이에 빠진 적이 있다는 이야기를 들려주면서 자신의 취약성을 드러냈다. 물론 똑같은 경험을 해봐야 누군가에게 공감할 수 있는 것은 아니다. 캐런이나 스티브는 내가 보낸 것과 똑같은 이메일을 실수로 보내본 적은 없었다. 하지만 그들은 둘 다 협잡꾼 그렘린들에 대해 잘 알고 있었다. 그렘린들에게 사로잡힌 기분이 어떤지도 알고 있었다.

"엿 같은 기분이지!"

공감은 누군가가 지금 경험하고 있는 감정과 연결되는 것이지, 그 사건이나 상황과 연결되는 것이 아니다. 내가 혼자가 아니라는 진실(나의 경험은 인간적인 것이라는 진실)을 깨닫자마자 나의 수치심은 씻은 듯 사라졌다.

흥미롭게도 스티브와 캐런의 반응은 서로 조금도 비슷하지 않았다. 스티브는 진지하게 반응했다.

"세상에. 당신이 어떤 심정인지 내가 알지!"

캐런의 반응은 나를 30초간 웃게 만들었다. 두 사람의 반응에서 공통적인 요소를 찾는다면 '나도'였다. 공감은 신비롭고 강력한 힘을 지니고 있다. 공감에는 대본이 없다. 공감을 잘하는 방법은 정해져 있지 않다. 그저 이야기를 들어주고 상대를 존중하면 된다. 섣부른 비판을 삼가고, 상대의 감정에 다가서고, '당신은 혼자가 아니다'라는 놀라운 치유력을 가진 메시지를 전달하면 된다.

스티브와 캐런과 대화를 나눈 덕분에 나는 수치심을 견뎌내고 감정의 소용돌이를 빠져나왔다. 나는 그 남자의 "그럴 줄 알았어!"라는 이메일에 솔직하면서도 자존감을 잃지 않은 답장을 써서 보냈다. 아까 화가 나서 아무렇게나 답장을 써 보낸 일은 나의 실수였다고 시인하고 나의 부적절한 단어 선택에 대해 사과했다. 그리고 앞으로 내가 어떤 식으로 소통하길 원하는지 분명한 경계선을 알려줬다. 그날 이후로 그에게서는 아무런 소식이 없었다.

수치심은 우리가 그것을 비밀로 간직할 때 더욱 왕성하게 활동한다. 비밀 이야기가 나왔으니 말인데, "사람은 비밀의 개수만큼 아프다"라고 주장하는 12단계 치유 프로그램에는 나름의 과학적 근거가 있다. 눈에 띄는 연구 하나를 살펴보자. 텍사스 대학의 심리학 교수인 제임스 페니베이커James Pennebaker와 동료들은 트라우마(강간과 근친상간)를 겪은 뒤 그것을 비밀로 간직했던 사람들에게 어떤 일이 일어났는가를 추적했다. 연구팀이 발견한 바에 따르면, 트라우마의 원인이 된 사건에 관해 아무에게도 말하거나 의논하지 않는 행위는 그 사건 자체보다 더 치명적으로 작용하기도 했다. 반대로 트라우마의 피해자들이 자신의 이야기와 경험을 털어놓은 경우에는 육체적 건강이 개선되고 병원 치료 횟수가 줄었으며 스트레스 호르몬 수치가 유의미하게 낮아졌다. 일찍부터 비밀 유지의 심리적·신체적 영향에 관해 연구해온 페니베이커 박사는 글쓰기의 치유력을 중시한다. 그는 『치유하는 글쓰기Writing to Heal』라는 책에서 이렇게 설명한다.

'1980년대 중반부터 연구자들은 치유의 수단으로서 글쓰기가 지닌 가치에 주목하기 시작했다. 자신에게 트라우마가 된 경험을 3~4일 연속으로 하루 15분에서 20분 동안 글로 쓰면 육체적·정신적 건강 상태에 측정 가능한 변화가 일어난다는 증거가 쌓이고 있다. 감정을 담아내는 글쓰기는 수면, 업무 효율, 대인관계에도 좋은 영향을 미친다.'

수치심 회복탄력성은 훈련을 통해 길러진다. 나 역시 페니베이커와 마찬가지로 우리의 수치심 경험을 글로 쓰는 행위가 수치심 회복탄력성을 높여준다고 생각한다. 수치심 회복탄력성과 용기를 키워서 타인에게 도움을 청하고 힘든 일에 관해 이야기할 수 있게 되려면 적지 않은 시간이 필요하다. 이 대목을 읽으면서 어떤 생각이 드는가? '배우자, 친구, 자녀와 이런 대화를 나눌 수 있으면 좋겠다'고 생각하는가? 그렇다면 당장 대화를 시작하라! '우리 회사에서는 수치심을 이용해 사람들을 관리하고 있으니 다들 소극적인 게 당연해. 한번 토론을 해봐야겠어'라는 생각이 든다면? 당장 토론을 하라! 문제의 원인을 속속들이 파악하고 모든 정보를 알아낸 뒤에야 대화를 시작할 수 있는 건 아니다. 그냥 이렇게 말을 꺼내면 된다.

"요즘 읽고 있는 책에 수치심에 관한 이야기가 나오는데, 너하고 그 이야기를 나눠보고 싶어. 내가 책을 빌려줄 테니 한번 볼래?"

다음으로 남자와 여자의 수치심과 자존감에 대해 살펴보자. 아마도 이것에 관해서도 주변 사람과 이야기를 나눠보고 싶어질 것이다. 나는 남자들의 수치심에 관해 알고 나서 인생이 바뀌었다.

남녀의 수치심 경험은 어떻게 다른가

처음 수치심에 관한 연구를 시작하고 나서 몇 년 동안 나는 여자들의 수치심에 집중했다. 그때는 대다수 학자가 남자와 여자의 수치심 경험이 다르다고 믿었고, 어떤 학자들은 지금도 그렇게 믿는다. 애초에 나는 남녀 모두에게서 자료를 수집하고 분류할 경우 수치심 경험의 중요하고도 미묘한 결을 놓칠 수 있다는 점을 우려했다. 내가 일단 여자들만 인터뷰 대상으로 선정한 데는 나의 선입견도 작용했을 것이다. 자존감을 유지하려고 힘겹게 노력하는 쪽은 여자들이라고 나는 늘 생각했다. 남자들과 인터뷰를 하다가는 낯설고 이상한 세계로 굴러떨어질 수도 있다는 직관적인 판단도 망설인 이유 중 하나였다.

실제로 남성들을 만나 인터뷰를 해보니 낯설고 이상한 세계, 즉 말로 표현되지 못한 상처의 세계가 내 앞에 펼쳐졌다. 2000년 대 중반의 어느 날, 강연을 끝낸 후에 그 세계를 얼핏 들여다본 적이 있었다. 60대 초반으로 짐작되는 키 크고 마른 남자가 아내를 따라 강단 쪽으로 걸어왔다. 노란색 골프 스웨터를 입고 있던 그의 모습이 지금도 기억난다. 나는 그의 아내와 잠시 이야기를 나누면서 그녀가 자신과 딸들을 위해 구입한 한 무더기의 책에 사인을 했다. 그녀가 몸을 돌리자마자 남편이 그녀를 향해 말했다.

"먼저 가서 기다려. 금방 따라갈게."

아내는 남편이 혼자 남아 나와 이야기를 나누는 것이 싫은 기색이었다. 그녀가 "그냥 와"라고 말하며 두어 번 남편을 불렀지만 그는 움직이지 않았다. 나도 속으로 이렇게 외쳤다. '그냥 가세요, 아저씨. 괜히 무섭잖아요.' 몇 번을 불러도 남편이 따라오지 않자 아내는 강연장의 사람들 속으로 걸어갔다. 남자는 고개를 돌려 여전히 책에 사인을 하고 있는 나를 물끄러미 보고 있었다. 대화의 시작은 무난했다.

"수치심에 관해 말씀하신 내용이 마음에 들었습니다. 흥미로운 강연이었어요."

나는 고맙다고 답하며 다음 말을 기다렸다. 그의 용건이 아직 끝나지 않은 게 분명했다. 남자는 내 쪽으로 몸을 숙이며 물었다.

"저, 궁금해서 그러는데… 남자들의 수치심은 어떻습니까? 우리 같은 남자들에 관해서는 어떤 걸 알아내셨나요?"

나는 순간적으로 안도감을 느꼈다. 내가 아는 것이 별로 없으니 대화가 곧 끝나겠거니 했다.

"남자들과는 인터뷰를 많이 해보지 않았습니다. 저는 여자들의 수치심만 연구하거든요."

남자가 고개를 끄덕이며 말했다.

"그래요? 그것 참 편리하군요."

나는 자기방어 태세로 전환했다. 온몸의 털이 곤두서는 느낌이었지만 억지로 미소를 띠며 물었다.

"뭐가 편리하다는 건가요?"

내가 기분이 언짢을 때 나오는, 유난히 높은 톤의 목소리였다. 남자는 내게 진짜로 대답을 듣고 싶으냐고 물었다. 나는 듣고 싶다고 대꾸했는데, 그것은 절반만 진심이었다. 애초에 나 자신을 변호하기 위해 물었던 것이었으니까. 갑자기 남자의 눈에 눈물이 가득 고였다.

"남자들에게도 수치심이 있습니다. 아주 깊은 곳에요. 하지만 다른 사람에게 그 이야기를 털어놓으면 우리는 정신적으로 아주 피곤해져요."

나는 남자의 시선을 피하지 않으려고 애썼다. 그의 고통이 내게도 생생하게 느껴졌지만, 그래도 나 자신을 보호하려는 충동이 앞섰다. '남자들은 서로를 굉장히 냉정하게 대하지 않느냐'는 의견을 말하려는 순간 그가 다시 입을 열었다.

"그런 건 못된 코치, 상사, 오빠, 아버지들에게나 해당하는 이야기라고 말하고 싶으시겠죠. 하지만 저길 보십시오…."

그는 자기 아내가 서 있던 강연장 뒤편을 손가락으로 가리키며 말했다.

"내 아내와 딸들을 위해 책에 사인을 해주셨죠? 아내와 딸들은 내가 말에서 떨어지는 꼴을 보느니 내가 말 위에서 당당하게 죽는 모습을 보려고 할 겁니다. 선생께서는 쉽게 말하겠죠. 남자들도 기꺼이 취약해져서 진짜 자기 모습을 보여줘야 한다고요. 허허. 그렇지만 여자들은 그걸 감당 못 해요. 우리가 그런 식으로 행동하면 여자들은 몸서리칠걸요?"

그의 이야기를 듣는데 숨이 막힐 것 같았다. 그의 말은 오직 진실만이 할 수 있는 방법으로 나를 강타했다. 그가 긴 한숨을 내쉰 뒤 말했다.

"내가 하고 싶었던 이야기는 그게 다예요. 들어줘서 고마워요."

수년간 여자들의 마음을 연구하면서 그들이 무엇 때문에 힘든지에 관한 이야기를 들어왔던 나는 그 순간 새로운 깨달음을 얻었다. 남자들에게도 자기만의 이야기가 있으며, 우리 여자들이 수치심에서 탈출하는 방법을 찾으려면 남자들도 함께해야 한다는 깨달음이었다. 그래서 이번에는 내가 남녀의 차이에 관해 무엇을 알아냈는지, 남자와 여자가 서로에게 어떤 상처를 입히는지, 그리고 남자와 여자가 치유를 위해 서로를 얼마나 필요로 하는지에 관해 이야기하려 한다.

이후 나는 남성과 여성을 함께 연구하면서 수치심 때문에 괴로워하는 건 남녀가 똑같다는 사실을 발견했다. 수치심을 유발하는 외부의 기대와 메시지는 성별에 따라 확연한 차이가 있지만, 수치심 경험은 보편적이고 극히 인간적인 것이었다.

여자들의 수치심과 거미줄

여자들에게 수치심에 관한 경험을 이야기하거나 수치심에 대해 생각한 바를 말해보라고 하면 다음과 같은 답변들이 나온다.

- 외모도 완벽해야 하고, 무슨 일이든 완벽하게 해내야 하는데 그러지 못해서 수치스럽다.
- 다른 엄마들이 나를 두고 이러쿵저러쿵할 때.
- 모두에게 숨기고싶은 나의 결함이 드러날 때.
- 내가 아무리 성공을 거두고 많은 일을 해냈어도 나의 출신과 어두운 과거 때문에 항상 내가 부족하다고 느낀다.
- 그 모든 일을 다 해낼 방도가 없다는 사실을 뻔히 알면서도 다들 내게 그걸 기대한다. 내가 모든 일을 잘 해내는 모습을 보여 주지 못할 때 수치심을 느낀다.
- 가정에서도, 직장에서도 맡은 일을 다 잘 해내지 못한다. 침대 에서도 별로다. 부모님께도 충분히 효도하지 못한다. 항상 뭔 가 부족한 느낌이 바로 수치심이다.
- 멋진 아이들이 앉아 있는 테이블에 내가 앉을 자리가 없을 때. 예쁜 여자애들이 나를 비웃을 때.

수치심의 12가지 범주(외모와 신체 이미지, 돈과 직업, 모성애/부성 애, 가족, 육아, 정신적·육체적 건강, 중독, 섹스, 노화, 종교, 트라우마, 편 견 또는 낙인)를 다시금 생각해보자. 여자들에게 수치심을 유발하 는 가장 보편적이고 가장 강력한 원인은 '외모'다. 예나 지금이나 다를 바가 없다. 의식 수준이 높아지고 비판적 사고가 확산된 지금 도 여자들은 날씬하지 않고, 젊지 않고, 아름답지 않다는 데서 가 장 큰 수치심을 느낀다.

흥미롭게도 여자들에게 수치심을 유발하는 원인 가운데 첫 번째에 못지않게 강력한 두 번째 원인이 모성애다. 모성애에 관한 치심은 엄마가 아닌 여자들에게도 영향을 미친다. 여성과 모에 관한 사회의 시각은 복잡하게 얽혀 있고, 여자로서 우리의 가치는 엄마로서 혹은 예비 엄마로서 역할을 얼마나 잘 해내냐에 따라 결정된다. 여자들은 항상 왜 결혼을 안 했느냐는 질문을 받는다. 결혼한 여자들은 왜 아직 아이가 없느냐는 질문을 받는다. 결혼해서 아이 하나를 키우는 여자들은 왜 둘째 아이를 낳지 않느냐는 질문을 받는다. 아이가 둘인데 나이 차가 많이 나면 "서로 어울려 놀기는 힘들겠네요. 애들이 안됐어요"라고 하고, 또 아이가 연년생이거나 나이 차가 너무 적으면 "연년생은 키우기 힘든데, 어쩌자고 그랬어요?"라고 한다. 직장에 다니는 엄마들이 맨 처음 받는 질문은 "애들은 어떻게 했어요?"다. 일하지 않는 엄마들이 맨 처음 받는 질문은 "딸에게 모범을 보여주고 싶지 않아요?"다. 모성애에 관한 수치심은 어디에나 있다. 마치 그것이 여자들의 천부적 권리라도 되는 것처럼.

하지만 여자들의 진짜 고충은 따로 있다. 12가지 범주와 무관하게 여자들의 수치심이 증폭되는 원인은 완벽해져야 한다는 기대에 있다(외부의 기대도 있고, 완벽해지기를 원하는 자기 자신의 기대도 있다). 하지만 여자들이 완벽해지려고 기를 쓰고 노력하는 모습을 남에게 보이는 것은 허용되지 않는다. 세상은 완벽한 결과물만을 원한다. 우리는 뭐든지 손쉽게 척척 해내야 한다. 자연미인이어야 하고, 엄마 노릇이 체질에 맞아야 하고, 타고난 리더여야 하고, 자연스럽게 좋은 부모가 돼야 한다. 태어날 때부터 좋은 집안에 속해 있어야 한다. 우리가 '자연스러운 외모'를 약속하는 상품을 구입하는 데 얼마나 많은 돈을 쓰는지 생각해보라. 직장에서도 우리는 "저 사람은 일을 참 쉽게 하더라"라든가 "저 사람은 타고났어"라는 소리를 듣기 좋아한다.

여자들이 말하는 수치심의 정의와 사례를 꼼꼼히 읽어가면서 나는 복잡하고 끈적끈적한 거미줄을 떠올렸다. 여러 겹으로 둘러쳐진 거미줄은 서로 얽히고 충돌하면서 우리가 어떤 사람이 되어야 하는지, 무엇이 되어야 하는지, 어떻게 살아야 하는지와 같은 기대를 한꺼번에 제시하고 있었다.

내 경험을 말하자면, 나는 모든 사람에게 부족함 없는 존재가 되려고 노력했다. 여자들은 늘 그래야 한다고 배웠으니까. 내가 한 발짝 움직일 때마다 나는 덫에 더 단단히 붙잡혔다. 거미줄에서 빠져나가려고 노력할 때마다 발목을 더 꽉 잡혔다. 모든 선택에는 단점이 있고 누군가는 항상 실망하게 마련이기 때문이다.

거미줄은 고전적 비유인데, 이중으로 구속받는 상황을 뜻한다. 작가 매릴린 프라이Marilyn Frye는 이러한 '이중 구속'을 다음과 같이 설명한다.

"선택의 여지가 아주 적어서 무엇을 선택하더라도 손해를 보거나 뭔가를 빼앗기거나 불신을 초래하는 상황이다."

서로 얽히고 충돌하는 기대들을 100퍼센트 달성한다는 것은 애초에 불가능한 일이다. 그런데도 세상은 여자들에게 다음과 같은 요구를 한꺼번에 들이민다.

- 완벽해져라. 단, 완벽해지기 위해 법석을 떨지는 말아야 한다. 다른 일에 쏟는 시간을 줄여서도 안 된다. 가족과 배우자와 직장에 충실하면서 완벽한 사람이 돼야 한다. 당신이 진짜로 훌륭한 사람이라면 쉽게 완벽해질 수 있다.
- 자기 생각을 이야기하되, 다른 사람을 화나게 하거나 기분 상하게 하지 마라.
- 성적 매력을 높여라(아이들을 재우고, 개를 산책시키고, 집 안 청소까지 끝낸 후에). 하지만 학부모로서 학교에 방문할 때는 성적 매력을 감춰야 한다. 다른 학부모들이 섹시한 차림새의 여자들을 보고 뭐라고 수군거리는지는 잘 알고 있을 것이다.
- 본연의 모습대로 행동하라. 하지만 수줍어하거나 우유부단한 모습은 좋지 않다. 여자는 자신감이 넘쳐야 섹시하다. 당신이 젊고 육체미가 넘친다면 더욱 그렇다.
- 사람들을 불편하게 만들지 마라. 그러면서도 솔직하게 굴어라.
- 지나치게 감정적으로 행동하지 마라. 그렇다고 지나치게 냉정하게 굴어서도 곤란하다. 너무 감정적이면 히스테리를 부리는 여자로 보이고, 너무 냉정하면 '인정머리 없는 년'이 된다.

최근에 미국 학자들이 수행한 '성 역할 규범'에 관한 연구에 따르면 '여자다움'의 속성은 다음과 같다. 상냥함, 날씬한 몸을 만들려는 노력, 자신의 능력이나 재능을 애써 드러내지 않는 겸손한 태도, 가정에 충실한 것, 아이들을 잘 돌보는 것, 낭만적인 사랑을 추구하는 것, 한 사람에게 충실하면서 성적 친밀감을 유지하는 것,

돈과 시간을 *해서* 외모를 가꾸는 것. 이 규범에 따르면 우리는 되도록 착하게, *조하게*, 평범하게 살아야 한다. 그리고 예뻐지는 일에 시간과 노력을 *야* 한다. 꿈이나 욕구나 재능은 중요하지 않다. 암 치료법을 발견한 *젊은* 여자가 이 목록을 보고 자신의 능력을 숨겨야겠다고 마음먹지 *않기*만을 바랄 뿐이다. 그녀가 규범에 순응하기로 마음먹는다면 *아무도* 그녀의 천재성을 알지 못할 것이다. 실제로 내가 인터뷰한 여자들 *가운데* 성공한 사람들은 하나같이 이 '규범'을 무시했다고 말했다. *그들은* 자신의 능력을 입증하기 위해, 자신의 견해를 주장하기 위해, *자신*의 권한과 능력을 불편하게 여기지 않기 위해 날마다 이 규범을 *넘어서야* 했다.

물론 나에게도 '평범', '상냥함', '조용', '겸손' *따위의* 말들은 구시대적 이야기처럼 들린다. 하지만 요즘에도 여자들이 *자기* 목소리를 낼 때마다 이런 규범과 마주치는 것이 현실이다. TEDx 휴스턴 강연 영상이 입소문을 타고 퍼져나갔을 때 나는 숨어버리고 싶었다. 남편 스티브에게 "TED 웹사이트를 해킹해서 내 동영상을 모조리 내려줘!"라고 몇 번이나 외쳤는지 모른다. TED 영상이 보관된 사무실에 몰래 들어가서 데이터를 삭제하고 나오는 상상도 해봤다. 정말이지 절박한 심정이었다. 그때 깨달은 것이 있다.

심리학을 공부하는 내내 나의 연구가 거창한 것이 되지 않게 묶어두려고 내가 무의식적으로 노력했다는 사실이다. 나는 학계 사람들을 대상으로 한 글쓰기를 좋아했다. 성가대석을 향해 설교하는 것이 더 쉽고 상대적으로 안전하기 때문이었다. 나의 글이 국경을 넘어 빠른 속도로 퍼져나가는 것은 늘 피하고 싶었다. 나는 노출을 원하지 않았고, 인터넷 세상에 득시글대는 심술궂은 비평가들이 두려웠다.

심술궂은 비평가들의 활약은 곧 현실이 됐다. 그런 비판의 상당수는 구시대적인 그 규범을 강화하고 있었다. 어느 언론사의 웹사이트에 내 강연 영상이 올라가자 그 사이트의 댓글 창에서 열띤 논쟁이 벌어졌다. 다른 것도 아닌 내 몸무게에 관해서였다. "10킬로그램은 빼야 할 것 같은 여자가 무슨 자존감 타령이야?" 다른 웹사이트에서는 아이 엄마가 우울증에 걸리는 일을 용납할 수 있는가를 두고 논쟁이 벌어졌다. "그 여자의 아이들이 안됐다. 애초에 제대로 된 엄마들은 우울증에 걸리지 않아." 다음과 같은 의견도 있었다. "연구는 적당히 하고 보톡스나 맞으시길."

'불완전함'에 관한 내 글이 CNN닷컴에 올라갔을 때도 비슷한 일이 벌어졌다. CNN닷컴의 편집자는 내 글을 실으면서 내가 찍은 사진 한 장을 곁들였다. 나의 친한 친구가 가슴에 "나는 이만하면 괜찮아I am Enough"라는 문구가 적힌 티셔츠를 입고 있는 사진이었다. 나는 그 사진이 아름답다고 생각해서 서재에 걸어놓고 틈날 때마다 본다. 그런데 그 사진을 본 사람들이 줄줄이 댓글을 달기 시작했다. "저 여자는 자기가 괜찮은 편이라고 생각하나 본데, 가슴을 보아하니 돈을 더 써야겠네." "브레네 브라운 같은 외모를 가졌다면 나라도 불완전함을 받아들이겠다."

이런 독설은 우리가 살아가는 현대사회의 잔인한 일면이며 누구든 가리지 않고 먹잇감으로 삼는다는 것쯤은 나도 안다. 하지만 그 사람들이 나를 공격하는 방법과 그들이 찾아낸 공격 지점을 보니 기가 막혔다. 하필이면 나의 외모와 자녀 양육을 표적으로 삼는단 말인가? 그들은 여자다움의 규범에서 맨 앞에 등장하는 두 가지로 나를 때려눕히려 했다. 그들은 나의 지적 능력이나 나의 주장을 공격하지 않았다. 그런 것으로는 큰 타격을 입히지도 못했을 것이다.

여기서도 알 수 있듯이, 여자다움에 관한 사회적 규범은 사라지지 않았다. 그 규범은 환원주의적이고 우리에게서 삶을 앗아간다. 그 규범을 강제하는 통로가 바로 수치심이다. 수치심 회복탄력성이 취약성을 끌어안기 위한 전제조건이 되는 이유가 여기에 있다. 나는 휴스턴 강연을 통해 대담하게 세상에 뛰어들었다. 내가 힘들었던 일을 털어놓는 것은 용기가 필요한 일이었다. 학문을 갑옷처럼 이용하면서 나 자신을 보호하려는 욕구를 떨쳐내야 했기 때문이다. 내가 지금도 연단에 서는 이유는 단 하나, 그동안 나의 수치심 회복탄력성이 어느 정도 높아졌고 그런 용기야말로 내게 중요한 가치라고 확신해서다.

나는 모욕적인 댓글들이 내 안의 수치심을 자극하는 과정을 생생하게 경험했다. 처음 댓글을 봤을 때는 속이 상하고 화가 나서 울기도 했고, 세상에서 사라져버리고 싶기도 했다. 그러나 나는 나 자신에게 몇 시간 동안, 아니 며칠 동안 그런 감정을 마음껏 느껴도 좋다고 말해줬다. 그런 다음에는 주변에 도움을 청했다. 내가 신뢰하고 사랑하는 사람들에게 내 감정을 충분히 이야기하고 나서 그 일을 털어버리기로 했다. 그리고 나니 더 용감해지고, 인간관계가 더 돈독해지고, 공감 능력이 더 커진 느낌이었다. 이제는 익명의 댓글은 아예 읽지 않는다. 우리와 함께 경기장에 들어오지 않는 사람들이여, 피 터지게 싸우면서 때때로 엉덩이를 걷어차이지 않는 사람들이여, 나는 당신들의 피드백에 신경 쓰지 않을 것이다.

남자들의 수치심과 상자

남자들에게 수치심에 대해 생각하는 바를 말하거나 수치심 경험을 이야기해보라고 했더니 다음과 같은 답변이 나왔다.

- 수치심은 실패다. 직장에서 실패하는 것, 축구 경기에서 실책을 범하는 것, 결혼 생활을 유지하지 못하는 것, 잠자리에서 실패하는 것, 돈을 못 버는 것, 아이들과 잘 지내지 못하는 것, 뭐든 간에 실패하는 건 수치스럽다.
- 수치심은 내가 틀렸다는 느낌이다. 일을 잘못 처리했다는 것이 아니라 '나'라는 사람 자체가 글러먹었다는 것이다.
- 수치심은 나에게 어떤 결함이 있다는 느낌이다.
- 사람들이 나를 바보 취급할 때 수치심이 생긴다. 그럴 때면 내가 작아지는 느낌이다.
- 약한 모습을 남에게 보이는 것이 수치스럽다. 강한 사람으로 보이지 않으면 무조건 수치스럽다.
- 두려운 마음을 겉으로 드러내는 것이 수치스럽다. 남자는 아무것도 무서워하지 않는다고 다들 생각하니까.

- 수치심은 내가 누군가에게 '쉽게 때려눕힐 수 있는 남자'로 비치는 것이다.
- 남자들의 가장 큰 두려움은 비판이나 조롱을 받는 것이다. 둘 다 굉장히 수치스러운 일이다.

남자들 역시 끊임없이 반복되는 메시지를 들으며 살아간다. 그것은 바로 '약한 사람으로 보이지 말라'는 것.

나는 대학원생 제자들이 남자들과 인터뷰를 하러 갈 때마다 세 가지를 준비하라고 말해준다. 고등학교 시절의 경험담, 스포츠와 관련된 비유, 그리고 '계집애같이'라는 말이다. 내가 이런 단어를 언급해서 깜짝 놀랐을지 모른다. 나 역시 '계집애같이'라는 말을 좋아하지 않지만 심리학자들은 사람들의 마음속에서 일어나는 일에 관해 솔직한 이야기를 듣는 것이 중요하다. 우리의 인터뷰에는 실제로 그 단어가 자주 등장했다. 인터뷰에 응한 남자가 18세든 80세든 다르지 않았다. "당신에게 수치심을 유발하는 메시지는 무엇입니까?"라고 내가 물으면 언제나 "계집애같이 굴지 말라는 것이요"라는 답이 나왔다.

남자들에 대한 연구 결과를 글로 정리하기 시작할 때부터 나는 남자들을 옭아매는 수치심의 덫을 설명하는 데 '상자'라는 이미지를 활용했다. 선박용 컨테이너박스처럼 생긴 상자. 여자들이 자연 미인이어야 하고, 날씬해야 하고, 매사에 완벽해야 하고, 훌륭한 엄마여야 한다는 요구에 시달린다면, 남자들은 상자 안에 갇혀 살아간다고 할 수 있다. 그 상자는 남자란 어떤 모습이어야 하는지,

남자가 해야 할 일과 하지 말아야 할 일은 무엇인지를 정해준다. 하지만 남자들의 모든 규칙은 단 하나의 명령으로 요약된다.

"약해지지 마라!"

지금도 잊지 못하는 기억이 하나 있다. 언젠가 내가 대학생들과 집단 인터뷰를 하고 있었는데 스무 살 청년 하나가 불쑥 말했다.

"제가 그 상자를 보여드릴게요."

그 청년은 앉아 있을 때도 무척 커 보였는데, 자리에서 일어서자 키가 190센티미터도 넘어 보였다.

"이렇게 산다고 상상해보세요."

그는 상체를 구부려 작은 상자 안에 억지로 들어간 모습을 흉내 냈다. 상체를 구부린 자세를 유지하면서 청년이 말했다.

"우리가 선택할 수 있는 방법은 세 가지입니다. 첫 번째는 상자에서 벗어나기 위해 평생 싸우면서 사는 겁니다. 상자 옆구리에 주먹을 날리면서 상자가 부서지기를 바라는 거죠. 늘 화난 상태로 주먹을 휘두르겠죠. 두 번째는 그냥 포기하는 겁니다. 아무런 의욕도 없이 살아가는 거죠."

그 말을 하면서 그는 바닥을 향해 몸을 더 숙였다. 방 안은 숨죽인 듯 조용했다. 이윽고 청년이 몸을 쭉 펴더니 고개를 가로저으며 말했다.

"세 번째 방법은 머리를 높이 쳐들고 사는 겁니다. 상자 속의 삶이 얼마나 괴로운지 의식하지도 못하겠죠. 이게 가장 쉬운 방법입니다."

학생들은 구명조끼를 입은 것처럼 고개를 높이 들어 올리려고 애쓰다가 짜증 섞인 웃음을 터뜨렸다. 수치심이나 취약성에 관한 강연을 하다 보면 이런 일이 자주 벌어진다. 긴장을 풀어주는 작은 소동이랄까. 하지만 청년은 웃지 않았다. 나도 웃지 않았다. 그가 몸으로 보여준 연기는 지금껏 본 어떤 연기보다도 정직하고 용감했다. 그 자리에 있는 사람들 모두가 깊은 감명을 받았다.

집단 인터뷰가 끝난 후에 용감한 청년은 자신이 어린 시절에 겪은 일을 내게 털어놓았다. 원래 그는 화가의 꿈을 키우던 소년이었다. 비록 어린 나이였지만 평생 그림을 그리며 살아간다면 정말 행복하겠다는 확신이 있었다. 어느 날 그는 아버지와 삼촌과 함께 식탁 앞에 앉아 있었는데, 삼촌이 냉장고에 붙어 있는 그의 그림들을 가리키면서 아버지를 향해 농담처럼 말했다.

"저건 다 뭐야? 아들을 남자 구실도 못 하는 그림쟁이로 키울 셈이야?"

원래 아들의 그림에 찬성도 반대도 하지 않았던 아버지는 그 일이 있은 후로 미술 수업을 듣지 못하게 했다. 평소에 아들의 재능을 자랑스럽게 여기던 어머니조차 '미술은 여자들이나 하는 것'이라는 주장에 동의했다. 그 사건이 있기 전날 그는 집 그림을 그렸는데, 그것이 그의 마지막 작품이 됐다고 한다. 그날 저녁 나는 그를 위해, 그리고 그의 작품을 볼 수 없게 된 우리 모두를 위해 눈물을 흘렸다. 요즘도 이따금씩 그를 생각한다. 부디 그가 미술을 다시 시작했기를 바란다. 그의 입장에서도 상심이 컸겠지만 이 세상이 그의 작품을 보지 못하게 된 것은 무척이나 안타까운 일이다.

남자들에 대해, 그리고 남자들의 수치심 경험에 관해 많은 것을 알게 되자 내 머릿속에서는 컨테이너박스의 이미지가 더 선명해졌다. 컨테이너박스에는 다음과 같은 문구가 커다랗게 박혀 있다. '주의! 약한 모습을 보이지 말 것!' 비유적으로 말하자면 남자아이들은 태어나자마자 상자를 하나씩 지급받는다. 아장아장 걸음마를 하는 아기일 때는 상자가 좁다는 느낌이 덜하다. 아직 몸집이 작아서 상자 안에서 이리저리 움직일 수 있으니까. 아이들은 울음을 터뜨릴 수도 있고 엄마에게 의지할 수도 있다. 하지만 사내아이들이 클수록 몸을 움직일 공간은 줄어든다. 남자아이가 커서 성인이 되면 상자 때문에 질식할 지경이 된다.

여자들과 마찬가지로 남자들에게도 나름의 '이중 구속'이 있다. 경기가 침체됐던 지난 2년 동안 나는 『오즈의 마법사』에 나오는 상자를 거듭 떠올렸다. 커튼으로 감춰진 작은 상자. 그 상자 안에서 마법사가 기계장치로 만들어진 '위대하고 강한' 오즈의 이미지를 조작한다. '결코 충분하지 않다'는 메시지가 지배하는 현대사회에서 남자들은 단지 약한 모습을 보이지 말라는 압박뿐 아니라 모름지기 남자라면 위대해야 하고, 뭐든지 잘 해내야 한다는 압박도 느낀다. 이 이미지를 처음 떠올린 것은 정리해고를 당한 후 깊은 수치심을 맛본 한 남자와 인터뷰했을 때였다.

"얼마나 웃긴지 아세요? 우리 아버지는 알고 계십니다. 친구 둘에게도 알렸죠. 하지만 아내는 몰라요. 벌써 6개월이나 지났는데도 저는 아침마다 옷을 차려입고 마치 출근하는 것처럼 집을 나섭니다. 차를 몰고 시내를 빙빙 돌거나, 커피숍에 죽치고 앉아 일자리를 찾아보거나 해요."

나는 인터뷰 경험이 많은 편이었지만, 그 순간 내 얼굴에 '어떻게 아내를 그렇게 속일 수 있어요?'라는 표정이 스쳐갔던 모양이다. 남자는 나의 다음 질문을 기다리지 않고 이렇게 대답했다.

"아내도 그걸 원할 거예요. 사실이 어떻든 간에 제가 계속 출근하는 시늉을 하길 원할 거라고요. 정말이에요. 만약 제가 다른 일자리를 구한 다음에 자초지종을 이야기하면 아내는 고마워할 겁니다. 제가 해고당한 사실을 지금 안다면 아내는 나를 다르게 볼거예요. 해고자와 결혼 생활을 하겠다고 약속한 적은 없잖아요."

미처 마음의 준비가 안 된 상태에서 나는 남자들로부터 그런 이야기를 듣고 또 들었다. 남자들은 자신과 가까운 여자들(어머니, 누이, 여자친구, 아내)에게 '솔직하지 못하다, 약점을 보여주지 않는다, 친밀하게 굴지 않는다'는 불평을 듣는다고 했다. 하지만 남자들이 비좁은 상자 안에 몸을 웅크린 동안 여자들은 그 상자 바로 앞에서서 커튼을 열었다 닫았다만 한다는 것이다. 여자들은 아무도 상자 안을 들여다보지 못하게 하고, 아무도 상자에서 빠져나가지 못하게 한다. 언젠가 나는 남자들 몇 명과 집단 인터뷰를 마치고 집으로 돌아오는 길에 차 안에서 이렇게 중얼거렸다.

"이럴 수가. 나야말로 가부장적인 존재였구나."

남자들을 연구하면서 발견한 고통의 패턴은 다음과 같다. 여자들은 남자들에게 약점을 보여도 된다고 말하고, 속마음을 보여달라고 사정하고, 뭐가 두려운지 말하라고 간청한다. 그러나 대부분의 여자들은 그 진실을 받아들이지 못한다. 남자들이 정말로 취약해지는 순간이 오면 여자들은 대부분 두려워서 움츠러든다. 그 두려운 마음은 실망에서 혐오까지 다양하게 나타닌다. 그리고 남자들은 매우 영리하다. 남자들은 그게 위험한 일인 줄 안다. 우리가 그들을 보며 '이봐, 정신 차려! 남자답게 행동하란 말이야'라고 생각하는 순간 남자들은 우리의 눈빛만 보고도 알아차린다. 나의 스승이자 우리 성당의 주임사제인 조 레이놀즈 신부님은 언젠가 남자들의 수치심과 취약성에 관해 대화를 나누던 중 이렇게 말했다.

"남자들은 여자들이 진짜로 원하는 게 뭔지 알아요. 여자들은 남자들이 진짜로 약해지기를 바라지 않아요. 약한 척만 하길 바라죠. 그건 남자들이 잘하는 일입니다."

감춰진 수치심은 공공연히 드러난 수치심만큼이나 상처가 된다. 예컨대 한 남자는 아내와 함께 있을 때마다 돈 문제로 수치심을 느낀다고 말했다. 그의 아내는 최근에 외출했다 집에 돌아와서 이렇게 말했다고 한다.

"친구 케이티가 새로 이사한 집을 보고 왔어! 집이 으리으리하더라. 드디어 자기가 꿈꾸던 집에 살게 됐다나. 게다가 내년에 직장도 그만둘 거래."

남자는 그 말을 듣자마자 화가 치밀었고 장모가 방문하는 일을 두고 아내와 말다툼을 벌인 후 다른 방으로 쏙 들어가 버렸다. 그 일에 관해 남자는 이렇게 말했다.

"난 그게 수치스러웠어요. 그런 소리를 왜 하겠어요? 다 알아요. 케이티의 남편이 돈을 잘 번다 그거죠. 그 남자가 아내를 더 잘 먹여 살린다, 나랑은 비교도 안 된다는 얘기를 하고 싶은 거예요."

아내의 의도가 그에게 상처를 입히거나 수치심을 주는 것이었다고 생각하느냐고 내가 묻자 그는 답했다.

"모르겠어요. 그걸 어떻게 알겠어요? 사실 나는 연봉은 훨씬 높지만 한 달에 3주는 출장을 다녀야 하는 일자리를 거절한 적이 있습니다. 그때 아내는 잘 선택했다면서 그렇게 자주 집을 비우면 자기와 아이들이 섭섭할 거라고 했어요. 그런데 요즘은 자꾸만 돈 얘기를 꺼냅니다. 나더러 어쩌라는 건지 모르겠어요."

수치심에 대한 반응처럼 복잡한 주제를 지나치게 단순화하고 싶지는 않지만, 남자들이 수치심을 경험할 때 보이는 즉각적인 반응은 크게 두 가지인 듯하다. 버럭 화를 내거나, 숨어버리거나. 물론 남자들도 여자들과 마찬가지로 수치심 회복탄력성을 기르면 행동이 달라진다. 수치심을 의식하고 자기 자신에게 공감하는 대응 방법은 남자들도 얼마든지 배울 수 있다. 하지만 그런 자각이 없는 상태에서 자존심을 다치거나 무시를 당했다고 느끼면 남자들은 대부분 화를 내거나, 아예 등을 돌려버리거나, 화를 낸 후에 등을 돌린다.

남자들과 인터뷰를 충분히 하고 나니 뚜렷한 패턴과 공통의 주제어들이 눈에 들어오기 시작했다. 그래서 나는 남자들의 문제를 주로 다루는 남성 심리치료사 몇 사람과 인터뷰 약속을 잡았다. 남자들에게서 들은 이야기를 나 자신의 경험으로 함부로 재단하지 않기 위해서였다. 내가 심리치료사 한 명에게 '버럭 하거나, 숨거나'라는 개념을 어떻게 생각하느냐고 물었을 때, 그는 다음과 같은 이야기를 들려줬다.

그는 고등학교 1학년 때 입단 시험을 통과해 미식축구부에 들어갔다. 연습 첫날, 코치는 남학생들에게 스크리미지 라인scrimmage line(미식축구에서 공격과 수비의 영역을 나누는 가상의 선 - 옮긴이)에 한 줄로 서보라고 말했다. 그는 동네 아이들과 경기를 많이 해봤지만 보호대를 차고 정식 경기장에 서기는 처음이었다. 더구나 자신을 때려눕히는 게 목적인 남자아이들과 마주해야 했다.

"덜컥 겁이 났어요. 다치면 얼마나 아플까 하는 생각도 했지요. 그 두려움이 내 얼굴에도 드러났을 겁니다."

코치는 큰 소리로 그의 이름을 부르며 이렇게 소리쳤다.

"계집애처럼 굴지 마! 라인에 가서 서라."

그 말을 듣는 순간 그는 수치심이 온몸을 타고 흐르는 느낌을 받았다.

"그 짧은 순간 저는 세상이 어떻게 돌아가는지, 남자로 살아간다는 게 뭔지 확실히 깨달았어요. 일단 겁을 먹으면 안 되는 거죠. 겁이 나더라도 그걸 다른 사람에게 들켜선 안 돼요. 결코 취약해지면 안 됩니다. 겁을 먹고, 겁먹은 마음을 드러내고, 취약해지는 건 수치스러운 일이니까요."

나는 그 심리치료사에게 물었다.

"그래서 어떻게 했어요?"

그는 나의 눈을 똑바로 보면서 대답했다.

"두려움을 분노로 바꿔서 제 앞에 서 있던 친구를 제압했습니다. 그건 꽤 괜찮은 방법이었어요. 그로부터 20년 동안 나의 두려움과 취약성을 분노로 바꿔, 내 앞을 가로막는 사람은 모조리 제압하며 살았죠. 나의 아내, 우리 아이들, 내 밑에 있는 직원들이라 해도 말입니다. 두려움과 수치심에서 빠져나오려면 그 방법밖에 없었어요."

이야기를 들려주던 그의 목소리는 또렷했지만 깊은 슬픔이 배어 있었다. 맞는 말이다. 두려움과 수치심은 참으로 강렬한 감정이라 저절로 사라지지 않는다. 어떤 식으로든 대처가 필요하다. 실제로 내가 만난 남자들은 수치심에 대한 반응(버럭 하거나 숨거나)을 설명하면서 생리학 용어를 많이 썼다. 마치 수치심, 비난, 조롱이 우리 몸에 참기 힘든 고통을 안겨주는 것처럼 말이다. 심리치료사의 이야기는 다음과 같이 끝났다.

"저는 분노를 통제하지 못해서 알코올 중독자가 됐습니다. 중독 증세가 심해지고 나서야 치료를 받기 시작했습니다. 결혼 생활이 온전하지 못하고 아이들과의 관계도 삐걱거렸거든요. 그 일을 계기로 지금 심리치료사로 일하게 된 겁니다."

수치심 회복이란 중용의 길을 찾아가는 과정이다. 중용의 길을 택하면 우리는 상황을 외면하지 않으면서 자신의 가치관에 부합하는 방식으로 행동하는 데 필요한 용기를 얻을 수 있다.

다른 사람에게 가혹한 사람들의 공통점

화가가 되고자 했던 아들을 가로막은 아버지나, 학생들을 가혹한 상황에 밀어 넣은 코치만의 문제가 아니다. 여자들 역시 다른 여자들에게 매우 가혹해질 때가 있다. 우리는 자기 자신에게 엄격한 잣대를 들이대기 때문에 다른 사람에게도 엄격하게 군다. 그런 때 우리는 섣부른 비판을 하게 된다. 누군가를 깎아내리고, 비난하고, 비판함으로써 수치심 거미줄에서 빠져나가거나 수치심 상자를 잠시 잊어버린다. '저 사람이 나보다 못하잖아. 그럼 내가 살아남을 확률이 더 높겠군' 하고 안도한다.

스티브와 나는 수영장의 안전요원과 코치로서 처음 만났다. 안전요원의 첫 번째 수칙은 직접 물에 뛰어들어 누군가를 끌어내기 전에 가능한 모든 방법을 다 써봐야 한다는 것이다. 내가 수영을 아무리 잘한다 해도, 설사 물에 빠진 사람이 내 몸무게의 절반밖에 안 된다고 해도 원칙은 같다. 절박한 사람은 살아남기 위해 별짓을 다 하기 때문이다. 자신이 살아남기 위해 허우적대다 안전요원을 물에 빠뜨릴 수도 있다. 여자들의 수치심 거미줄 안에서도 비슷한 일이 벌어진다. 수치심 거미줄에서 빠져나가고 싶은 마음이 강렬한 나머지 주위에서 자신보다 못해 보이는 사람을 미끼로 만들어버리곤 한다.

역설적인(혹은 자연스러운) 사실이 하나 있다. 연구 결과에 따르면, 우리는 자신이 수치심을 많이 느끼는 영역에서 유독 다른 사람들을 엄격한 비판의 눈으로 바라보곤 한다. 예를 들어 스스로 자녀를 잘 키우고 있다고 만족하는 사람은 다른 부모들의 양육 방식을 비판하는 일에 관심이 없다. 자신의 몸에 만족하는 사람은 남들의 몸무게나 외모를 놀림감으로 삼지 않을 것이다. 여자들이 서로에게 가혹해지는 이유는 자신의 수치스러운 결함에서 벗어나기 위한 발판으로 서로를 이용하기 때문이다. 그러면서 상처를 주고받는데, 효과는 별로 없다. 여중생이나 여고생들이 우르르 몰려다니면서 한두 명을 괴롭히는 문화처럼 그런 행동은 전염되기도 한다. 우리는 이와 같은 가짜 생존 기술을 아이들에게 물려주고 있다.

나는 교사들이나 학교 행정 담당자들과 인터뷰를 하면서 이 문제와 직접적 연관이 있는 패턴 두 가지를 발견했다. 첫 번째 패턴은 친구들을 따돌리거나 다른 아이들을 제압해서 사회적 지위를 얻으려 하는 아이들에게는 똑같은 행동을 하는 부모가 있다는 것이다. 학교를 운영하는 사람들과의 인터뷰에서는 다음과 같은 말이 자주 나왔다.

"그런 여학생의 부모는 딸의 행동을 알고도 창피해하지 않아요. 딸이 학교에서 유명한 사람이 됐다고 오히려 자랑스러워합니다."

어느 학교의 교장은 문제를 일으킨 남학생 아버지 중에는 다음과 같은 질문을 먼저 하는 사람이 있다고 말했다.

"그런데 우리 애가 싸움에서 이기긴 했답니까?"

두 번째 패턴은 지난 몇 년 사이에 폭력적인 행동이 시작되는 연령이 낮아졌다는 것이다. 내가 수치심 연구를 처음 시작했을 때만 해도 학교폭력과 따돌림이 사회문제가 되지는 않았다. 하지만 학교폭력이 늘어나고 있다는 것 정도는 알고 있었다. 사실은 10년쯤 전에 《휴스턴 크로니클Houston Chronicle》에 학교폭력과 리얼리티쇼에 관한 기명 칼럼을 쓴 적도 있다. 그 시절 나의 관심은 10대 청소년에게 맞춰져 있었다. 통계에 따르면 아이들의 폭력적 행동이 사춘기에 처음 시작하기 때문이었다. 그런데 몇 년 전부터는 초등학교 1학년 남학생들과 여학생들에게서도 폭력적인 행동이 나타난다는 소식이 들린다.

은밀하게 확산되는 이런 패턴들을 깨기 위해 우리는 무엇을 해야 할까? 수치심의 포로가 됐을 때 우리와 똑같이 포로 신세인 사람들을 폄하하는 것이 아니라 그들과 손을 잡고 함께 빠져나와야 한다. 선언만 하지 말고 우리 아이들에게 행동으로 보여주자. 예컨대 마트에서 카트를 밀고 가다가 어떤 아이와 엄마를 봤다고 하자. 아이는 귀청이 떨어지도록 소리를 질러대며 매장 바닥에 과자를 던지고 있다. 그럴 때 우리는 둘 중 하나를 선택할 수 있다. 그 순간을 이용해서 '나는 저 여자보다 나아. 나는 저 여자처럼 거미줄에 붙들려 있지는 않아'라고 선포하고 싶다면, 불쾌한 표정을 지으며 그냥 지나치면 된다. 하지만 우리에겐 다른 방법도 있다. 그 엄마에게 '당신은 혼자가 아니에요. 저도 다 겪어봐서 알아요'라는 의미의 따스한 미소를 날려주는 것이다. 왜냐하면 우리는 그녀의 감정을 이해할 수 있기 때문이다. 물론 남에게 공감하면 우리는 취약해진다. 그 엄마가 '남의 일에 신경 끄시죠'라는 눈빛으로 우리를 쳐다볼지도 모른다. 하지만 그 정도 위험은 감수할 가치가 있다. 그 엄마를 위해 거미줄을 조금 느슨하게 만들어준 셈이니까. 그것은 우리를 위한 일이기도 하다. 다음번에 우리 아이가 과자를 던질 때(그런 상황은 반드시 찾아온다) 거미줄이 조금 느슨해져 있을 테니까.

우리는 손을 내밀어 서로를 지지해줄 수 있다. 내가 희망을 품는 이유는 그동안 만났던 사람들 가운데 취약해지기를 거부하지 않고 수치심 회복에 관한 자신의 이야기를 기꺼이 털어놓는 사람이 늘고 있기 때문이다. 그런 사람들은 공개 또는 비공개로 진행되는 멘토링 프로그램에서 만나볼 수 있다. 블로그를 운영하면서 자신의 경험을 독자들에게 공개하는 사람도 점점 많아지고 있다. 학교에서는 더 이상 학교폭력을 용인하지 않으며, 아이들의 행동은 교사와 행정가와 부모들의 책임이라는 인식이 생겨나고 있다. 아이들이 '온 마음을 다하며 살기'를 바란다면 어른들이 먼저 모범을 보이라고 요구한다.

이렇게 조용히 바뀌고 있다. '서로에게서 멀어지기'에서 '서로에게 다가서기'로 조금씩 이동하고 있다. 이런 전환에는 당연히 수치심 회복탄력성이 필요하다. 우리가 대담하게 세상에 뛰어들고 서로에게 취약해진다면 자존감이 힘을 발휘해 우리 모두 한층 자유로워질 것이다.

섹스를 둘러싼 남녀의 수치심 차이

2000년대 중반에 남녀 대학생 22명과 함께 수치심에 관해 집단 인터뷰를 수행한 적이 있었다. 20대 초반으로 보이는 한 남학생이 자신의 이야기를 털어놓았다. 얼마 전에 군복무를 마치고 돌아왔는데 아내가 바람을 피우는 사실을 발견하고 이혼했다고 했다. 그 학생은 자신이 '그녀를 만족시키고 있다'고 느낀 적이 한 번도 없었기 때문에 별로 놀라지 않았다고 말했다. 그는 아내에게 무엇을 원하는지, 무엇이 필요한지 수시로 물어봤지만 그녀의 욕구를 가까스로 충족시킬 무렵이 되면 그녀는 "골대를 5미터쯤 더 옮겼다"고 했다. 그러자 인터뷰에 참가한 여학생 하나가 일어나서 말했다.

"남자들도 똑같아요. 아무리 잘 해줘도 만족을 못 하죠. 항상 더 예쁘고, 더 섹시하고, 더 날씬한 여자를 찾잖아요."

잠시 신체 이미지와 섹스에 관한 논쟁이 벌어졌다. 자신이 진짜로 좋아하는 사람과 섹스를 한다는 것은 두려운 일이라는 이야기가 많이 나왔다. 자신의 몸이 상대의 눈에 어떻게 보일지 걱정되기 때문이라는 것이다. 처음 화제를 꺼냈던 여학생이 다시 말했다.

"섹스를 하면서 배를 쏙 집어넣는 건 쉬운 일이 아니에요. 뱃살을 걱정하면서 어떻게 섹스에 몰입하겠어요?"

이혼 이야기를 털어놓았던 남학생이 주먹으로 책상을 쾅 치며 소리쳤다.

"뱃살이 문제가 아니에요! 당신들은 뱃살 걱정이나 하고 있나요? 우리 남자들의 문제에 비하면 뱃살 따위는 아무것도 아니라고요! 젠장."

교실이 쥐 죽은 듯 조용해졌다. 남학생은 한두 번 심호흡을 하고 나서 말을 이어갔다.

"우리가 어떤 생각을 하는지 아는 척 좀 하지 말아요! 남자들이 진짜로 생각하는 건 따로 있어요. '넌 나를 사랑하니? 내가 정말 좋니? 나를 원하는 거 맞지? 내가 너에게 중요한 사람이니? 나한테 만족하니?' 이게 우리가 생각하는 겁니다. 섹스할 때마다 목숨을 거는 기분이에요. 그런데 고작 뱃살을 걱정한다고요?"

강의실 안에 있던 남학생들의 절반은 감정이 격해졌는지 두 손에 얼굴을 묻고 있었다. 여학생 몇몇은 눈물을 흘렸고, 나도 숨을 죽였다. 그때 신체 이미지 이야기를 처음 꺼낸 여학생이 나섰다.

"이해가 안 가네요. 나의 전 남자친구는 늘 내 몸매를 두고 이러 쿵저러쿵 비판했다고요."

방금 우리 모두를 꼼짝 못 하게 만들었던 남학생이 말했다.

"그건 그 남자친구가 나쁜 놈이라서 그래요. 남자라서 그런 게 아니라고요. 세상에는 안 그런 남자들도 있어요. 우리를 다 나쁜 놈 취급하지 말아요."

중년으로 보이는 남자가 입을 열었다. 그의 시선은 자기 앞 책 상에 고정돼 있었다.

"그건 사실입니다. 여자들이 우리와 함께 있기를 원할 때⋯ 육 체적인 의미에서요⋯. 우리는 더 가치 있는 사람이 된 것 같습니 다. 키가 한 뼘 더 커진 느낌이랄까요. 우리 자신을 더 믿게 됩니 다. 왜 그런지 모르겠지만 진짜 그래요. 저는 열여덟 살에 결혼을 했는데 지금도 아내에게 그런 감정을 느낍니다."

그 말을 듣기 전까지 나는 남자들이 섹스에 관해 취약함을 느낀 다고 생각해본 적이 없었다. 남자들의 자존감이 여자들의 반응에 달려 있다는 생각도 해본 적이 없었다. 나는 그게 선뜻 이해되지 않았다. 그래서 더 많은 남자들을 대상으로 '섹스, 수치심, 자존감' 을 주제로 인터뷰를 했다. 인터뷰한 남자들 중에는 정신의학 전문 가들도 있었다. 그 주제에 관한 인터뷰가 마무리될 무렵 25년 이 상 남성들을 상담해온 심리치료사와 마주 앉아 이야기를 나눌 기 회가 있었다. 그의 설명에 따르면 남자들은 이르면 8~10세 때부터 섹스는 남자가 주도하는 것이라는 이야기를 듣는다고 한다. 따라서 남자가 섹스를 거부당하면 큰 수치심을 느낀다는 것이다. 그는 이렇게 덧붙였다.

"저도 예외가 아닙니다. 지금도 아내가 섹스에 흥미를 보이지 않을 때면 격렬한 수치심에 사로잡혀요. 아내가 섹스를 할 기분이 아닌 이유를 이성적으로 이해하는 것과 무관합니다. 그게 나의 취약점인데 극복하기가 매우 어려워요."

나는 그에게 포르노 중독에 관한 질문도 했는데, 그의 답변을 듣고 그 문제를 완전히 새로운 시각에서 보게 되었다.

"5달러를 내고 5분만 투자하면 나에게 필요한 걸 얻을 수 있잖아요. 거절당할 위험도 없고요."

그 답변은 내게 무척 새로웠다. 그것은 여자들이 느끼는 감정과 크게 달랐기 때문이다. 나는 십여 년 동안 여자들과 인터뷰를 했으므로 여자들이 남자의 포르노 중독을 어떻게 받아들이는지 잘 알고 있었다. 여자들은 그것을 자신의 외모가 아름답지 않아서, 혹은 자신의 성적 매력이 부족해서라고 생각했다. 이 현명하고 유능한 심리치료사와의 인터뷰가 끝나갈 무렵 그는 이렇게 말했다.

"여자들은 잘 모르고 있지만, 대부분의 남자들에게는 섹스를 두려워하는 마음이 있습니다. 남자들이 포르노라든가 폭력물을 찾는 이유가 거기에 있습니다. 그렇게 해서라도 힘과 통제권을 행사하려는 거죠. 거절은 극심한 고통이거든요."

수치심을 유발하는 요인들이 우리를 정면으로 공격하면서 수치심 폭풍을 일으킬 때는 육체적으로나 감정적으로나 친밀감을 높이기가 거의 불가능하다. 섹스와 친밀감이 직접적으로 수치심 폭풍을 유발할 때도 있지만, 대개의 경우 우리의 관계를 파괴하는 다른 외부 요인들이 있다. 일반적으로 신체 이미지, 노화, 외모, 돈, 자녀 양육, 모성애, 피로, 원망, 두려움 등이 문제가 된다. 내가 연인과 부부들에게 섹스처럼 민감하고 사적인 영역에서 어떻게 '온 마음을 다하는 삶'이 가능한지 물어봤을 때 가장 많이 나온 답변이 하나 있었다. 바로 높은 취약성을 요구하는 사안에 관해 솔직하고 애정 어린 대화를 나눈다는 것이다! 친밀한 사이일수록 우리의 감정, 우리가 원하는 것, 우리가 꿈꾸는 것에 관해 이야기할 수 있어야 한다. 마음을 열고 서로의 이야기를 들어야 한다. 취약해지지 않으면 친밀감도 생기지 않는다. 이것 역시 취약성이 곧 용기임을 보여준다.

절대로 하면 안 되는 이야기

커플들과 이야기를 나눠보면서 나는 수치심이 관계에 치명적인 악순환을 만들어낼 수도 있다는 사실을 발견했다. 여자들은 배우자가 자신의 이야기를 들어주지 않거나 긍정해주지 않을 때 수치심을 느낀다. 그럴 때 여자들은 상대를 밀어내거나 비난하는 것으로 대응한다("당신은 왜 그것밖에 못 해?" "당신이 하는 일이 그렇지 뭐."). 그런데 남자들은 자신이 무능하다는 비난을 받을 때 수치심을 느낀다. 그래서 남자들은 입을 다물어버리거나(그러면 여자들은 더 심하게 도발한다) 화를 내며 맞받아친다.

우리 부부도 결혼 초기에는 이런 패턴에 빠져들었다. 한번은 부부싸움을 하다가 우리 둘 다 화가 머리끝까지 났다. 내가 무려 10분 동안 비난을 쏟아내자 스티브가 나를 향해 말했다.

"20분 동안 날 가만 내버려둬. 이젠 지긋지긋하다. 그만 싸우고 싶어."

스티브는 방으로 들어가 문을 잠가버렸다. 나는 화가 나서 방문을 쾅쾅 두드리며 소리쳤다.

"당장 나와 이야기를 끝내!"

그 순간, 내 입에서 나오는 말소리를 들으면서 나는 우리가 어떤 상황인지 깨달았다. 남편은 숨어버리거나 버럭 화를 내기 직전이었고, 나는 남편이 내 말을 잘 들어주지 않고 이해도 못 한다고 여겼다. 그래서 우리 둘 다 절망하고 있었다.

그랬던 스티브와 내가 어느덧 결혼 18년 차를 맞이했다. 올해는 첫 데이트 25주년을 기념할 예정이다. 스티브는 내 인생의 가장 큰 행운이다. 우리는 결혼할 때만 해도 좋은 파트너십이란 어떤 것인지, 부부관계를 잘 유지하기 위해서는 무엇이 필요한지 몰랐다. 지금 누군가가 우리에게 부부관계의 열쇠가 무엇이냐고 묻는다면 우리는 이렇게 대답할 것이다.

"취약성, 사랑, 유머, 존중, 수치심을 유발하지 않는 부부싸움, 서로를 비난하지 않는 생활방식."

이것들은 우리가 수많은 시행착오를 거치며 습득한 비결이지만 일부는 나의 연구에서 얻은 것들이다. 연구에 참가한 사람들이 용감하게도 자기 이야기를 내게 들려준 덕분이다. 그래서 나는 그들에게 감사해 마지않는다.

수치심을 느낀다는 것이 얼마나 고통스러운 경험인지는 누구나 안다. 우리가 잘 모르는 것은, 남에게 수치심을 유발하는 것도 똑같이 고통스러운 일이며 배우자와 부모야말로 우리의 수치심을 가장 정확하게 자극할 수 있다는 사실이다. 배우자와 부모는 우리를 가장 잘 아는 사람들이며 우리의 취약점과 두려움을 목격한 사람들이다. 사랑하는 사람을 수치스럽게 만들었을 때 사과할 수 있으면 다행이다. 하지만 솔직히 수치심을 유발한 말들은 오래도록 상처로 남는다. 우리가 사랑하는 사람의 취약한 지점을 들춰내 수치심을 유발하는 것은 관계의 안정을 심각하게 파괴하는 일이다. 사과를 한다 해도 신뢰는 크게 손상된다. 서로만 아는 정보를 무기로 쓸 수 있다는 것을 보여줬기 때문이다.

『나는 불완전한 나를 사랑한다』에서 나는 통계에서 얻어낸 '사랑'의 정의를 소개했다. 그것은 다음과 같다.

> 우리는 자신의 가장 취약한 모습과 가장 강력한 모습을 상대에게 속속들이 보여주고 알려주면서 사랑을 키운다. 그리고 신뢰와 존중, 친절과 애정을 주고받으며 싹트는 정신적인 연결을 소중히 여긴다.
>
> 사랑은 주거나 받을 수 있는 것이 아니다. 우리는 사랑을 보살피고 키워야 한다. 사랑이 커나가려면 두 사람 모두에게 사랑이 있어야 한다. 우리는 자기 자신을 사랑하는 것 이상으로

다른 사람을 사랑할 수 없다.

수치심, 비난, 무시, 배신, 놓아버리기는 사랑의 뿌리에 상처를 입힌다. 그런 상처를 입고도 사랑이 살아남으려면 상처를 제대로 인식하고 치유해야 한다. 그리고 상처를 자주 입혀서는 안 된다.

사랑을 정의하는 것은 내 인생에서 가장 어려운 과제였다. 학자로서 사랑처럼 중요하고 위대한 것을 정의하려는 시도 자체가 오만한 행동 같기도 했다. 그런 일은 시인과 예술가에게 맡기는 것이 최선이라는 생각도 스쳤다. 하지만 나는 사랑의 '정확한' 정의를 찾는 게 아니라 대화를 시작하자는 의도였다. 사랑과 관련해서 우리는 무엇이 필요하며 무엇을 원하는가? 나의 정의가 틀렸다고 말해도 괜찮으니 사랑에 관해 이야기를 나눠보자. 삶에 의미를 부여하는 '사랑'이라는 경험에 관해 대화를 해보자!

나는 내가 가진 모든 통계를 열심히 분석했다. 자기애가 타인을 향한 사랑의 전제조건이라는 말은 수없이 들었지만 나는 그 말이 싫었다. 때로는 나 자신을 사랑하는 일보다 스티브와 아이들을 사랑하는 일이 한결 쉬웠다. 남편과 아이들의 단점이나 특이한 버릇을 인정하는 일이 나 자신의 근본적인 단점을 알면서도 자기애를 실천하는 것보다 쉬웠으니까. 하지만 나는 몇 년 전부터 자기애를 연습했고, 그 덕분에 내가 사랑하는 사람들과의 관계가 굉장히 깊어졌다. 자기애를 통해 내 진짜 모습을 드러내고 새로운 방식으로 나의 취약성을 드러낼 용기를 얻었다. 그게 바로 사랑이다.

수치심과 사랑을 생각할 때 제일 먼저 떠오르는 질문이 있다. 우리는 사랑을 실천하고 있는가? 아, 그렇다. 우리는 능숙하게 사랑을 고백한다. 하루에 열 번이나 "사랑해"라고 말하기도 한다. 그런데 우리는 말한 것을 실천하고 있는가? 우리는 가장 취약한 모습을 보여주고 있는가? 배우자에게 신뢰와 친절, 애정과 존중을 표현하고 있는가? 부부나 연인 관계에서 문제가 생기는 이유는 사랑 고백이 부족해서가 아니다. 사랑을 실천하지 않기 때문에 서로에게 상처를 입히는 것이다.

진짜가 된다는 것

앞부분에서 소개했던 연구 결과를 기억하는가? 현대사회는 상냥함, 날씬함, 겸손함 등의 특징을 여자다움과 결부시킨다. 이제 남자다움과 결부되는 특징은 어떤 것인지 한번 살펴보자. 학자들은 남자다움의 특징을 다음과 같이 정리했다. 승리, 감정의 자제, 위험 감수, 폭력, 지배, 플레이보이, 독립성, 탁월한 능력, 여성에 대한 지배, 동성애 혐오, 지위 상승 욕구.

우리가 수치심에 관해 이해하고 수치심 회복탄력성을 기르기 위해서는 이 목록이 의미하는 바를 이해해야 한다. 수치심은 보편적인 현상이지만 수치심을 유발하는 메시지와 기대는 성별에 따라 다르다. 남자다움과 여자다움의 규범은 남녀 각각에게 수치심을 유발하는 토대가 된다. 왜 그럴까? 여자들이 규범을 지키려면 그들은 조용하고, 상냥하고, 날씬하고, 예쁘고, 완벽한 엄마와 아내 노릇을 하되 힘 있는 존재가 되어선 안 된다. 이런 기대에서 한 발짝이라도 벗어나면… 쾅! 수치심의 거미줄에 붙들리고 만다.

남자들은 어떤가? 감정을 억눌러야 하고, 돈을 벌어야 하고, 모두에게 지시를 내리고, 승진해서 위로 올라가야 한다. 아니면 적어도 위로 올라가려고 기를 쓰다 죽어야 한다. 상자 뚜껑을 살짝 들어 올려 신선한 공기를 마시려 했다가는, 혹은 커튼을 약간 열어서 바깥세상을 보려 했다가는… 쾅! 수치심이 당신을 왜소하게 만들어버린다.

중요한 사실이 하나 더 있다. 우리 사회는 남자들에게 동성애 공포증을 유발하는 메시지를 보낸다. 우리 사회에서 '남자다운' 사람이 되고 싶다면 자신이 동성애자가 아닌 것으로는 부족하다. 동성애자 집단을 향한 혐오를 겉으로 드러내야 한다. 앞서 소개한 연구에서도 "우리 패거리에 들어오고 싶다면 저 사람들을 싫어해야 해"라는 요구를 수치심의 중요한 요인으로 꼽았다. 그 패거리가 교회든, 갱단이든, 바느질 모임이든, 남자다운 사람들의 모임이든 간에 별 차이는 없다. 어떤 집단에 속한 사람들에게 '소속'의 조건으로 다른 사람 혹은 다른 집단을 싫어하라거나, 거리를 두라고 요구하는 것은 통제와 지배의 수단이다. 우리는 다른 집단에 대한 경멸을 가입의 조건으로 내거는 모든 집단의 의도를 의심해봐야 한다. 그것은 소속감을 가장하고 있다. 하지만 진짜 소속감은 누군가에 대한 거부를 토대로 삼지 않는다.

앞서 설명한 '남자다움'의 특징들을 살펴보면, 나는 결코 그런 남자와 일생을 함께 보내고 싶지 않으며 내 아들을 그렇게 키우고 싶지도 않다. 그런 특징들을 가지고 살아가는 삶을 생각할 때 내 머릿속에 떠오르는 단어는 '외로움'이다.『오즈의 마법사』에 나오는 마법사가 문득 떠오른다. 마법사는 사람다운 욕구를 지닌 진짜 사람이 아니라 인간의 특징을 투사한 '위대하고 강력한' 투영체일 뿐이다. 고독하고, 피로하고, 자기 영혼을 갉아먹는 투영체.

수치심 회복탄력성이 높은 남녀와 이야기를 나눠보면, 그들도 남자다움 또는 여자다움의 규범 목록에 관해 잘 알고 있었다. 그들은 남자다움 또는 여자다움의 압박을 염두에 두고 있다가, 수치심이 목구멍을 타고 올라오기 시작하거나 커다란 수치심에 완전히 젖어들 때마다 그 규범의 현실성을 점검한다. 수치심 회복탄력성의 두 번째 요소인 '비판적 지각'을 실천하는 셈이다. 그들은 규범을 따르지 않는 쪽을 의식적으로 선택한다.

수치심에 젖은 남자는 이렇게 말한다.

"이 사람들을 해고해야 하는데 감정적으로 행동하면 안 되지."

수치심 회복탄력성을 실천하는 사람은 이렇게 대답한다.

"난 그 메시지를 받아들이지 않을 거야. 난 5년 동안 이 사람들과 함께 일했어. 난 그들의 가족도 잘 알아. 감정적으로 그들을 걱정한다 해도 이상할 게 없어."

수치심은 업무 때문에 출장을 떠나는 여자의 귀에 대고 이렇게 속삭인다.

"당신은 좋은 엄마가 아니야. 아들의 학교 연극에도 못 가니까."

수치심 회복탄력성이 있는 여자는 이렇게 대답한다.

"무슨 말인지 알겠는데, 오늘은 그 말에 넘어가지 않을 거야. 엄마로서 내가 하는 역할을 고작 연극 한 번으로 재단할 수 없거든. 그만 가줄래?"

남자다움 또는 여자다움에 관한 규범을 토대로 하는 사회계약에 동의해버리면 우리의 수치심 유발 요인들이 힘을 얻는다. "나는 내 역할을 할 테니 너는 네 역할만 해라"라고 말하는 남자들과 여자들로 인간관계가 채워진다. 앞의 연구에서 발견된 패턴들 가운데 하나는 규범을 충실히 따르던 사람이 중년에 이르면 위기를 맞이한다는 것이다. 남자들은 인간관계가 황폐해진 느낌을 받고 실패에 대한 두려움 때문에 꼼짝도 못 하게 된다. 여자들은 피로감을 느끼고, 자신에게 주어진 사회적 기대가 실현 불가능하다는 사실을 그제야 깨닫는다. 남자다움 또는 여자다움의 사회계약에 순응하는 삶이 가져다주는 성취와 포상과 칭찬이 죄다 '파우스트의 거래'처럼 느껴지기 시작한다.

수치심이 관계 단절에 대한 두려움이라는 설명을 기억하는가? 수치심은 우리가 사랑받을 가치가 없고 어딘가에 소속될 가치가 없는 존재라는 두려움이다. 그런 두려움을 생각하면 중년에 이른 사람들이 자녀들의 생활에 지나치게 간섭하거나, 일주일에 60시간씩 일하거나, 바람을 피우거나, 중독 증세를 보이거나, 모든 의욕을 상실하는 이유를 이해할 수 있다. 중년에 이르러서야 긴장을 풀기 시작하는 것이다. 수치심을 유발하는 기대와 메시지 때문에 우리는 자신이 어떤 사람인지도 제대로 알지 못하고 살아간다.

돌이켜보면 나에게 자신의 이야기를 들려준 모든 남자와 여자들에게 얼마나 고마운지 말로 다 표현하기 힘들다. 그들은 용기를 내어 이렇게 말해줬다.

"이게 나의 비밀과 내가 두려워하는 것들이에요. 그것들이 나를 억누르고 있었어요. 내가 자존감을 가진 인간으로서 다시 설 수 있었던 비결을 알려드릴게요."

나는 노란 스웨터를 입은 남자에게서도 많은 것을 배웠다. 그의 취약성과 솔직함에서 비롯된 연구는 나의 학문, 나아가 나의 삶에 획기적인 변화를 일으켰다. 수치심, 남자와 여자, 자존감에 관해 내가 배운 것들을 돌아보면 가장 큰 교훈은 다음과 같다. 우리가 수치심에서 빠져나와 서로에게 돌아갈 방법을 찾고 싶다면 취약성이 그 길이며 용기는 가로등과도 같다. 이런저런 사람이 되라고 지시하는 규범의 목록을 내려놓는 것이야말로 용감해지는 일이다. 자기 자신을 사랑하고 진짜 나의 모습을 되찾는 과정에서 서로를 지지해주는 일은 모든 도전 중에서 가장 멋지다.

1922년 처음 출간된 이래로 그림책의 고전으로 통하는 마저리 윌리엄스Margery Williams의 『벨벳 토끼 인형The Velveteen Rabbit』의 한 구절을 소개하며 이번 장을 마무리하고 싶다. 내 친구 디디가 지난해 "'온 마음을 다하는 삶'을 이보다 잘 표현한 글은 없어"라는 쪽지와 함께 이 글을 내게 보내줬는데, 그녀의 말에 나도 같은 의견이다. '사랑받고 있다는 것을 알면 우리의 진짜 모습을 보여주기가 훨씬 쉬워진다'는 진리를 이토록 아름답게 그려낸 작가에게 경의를 표한다.

가죽 말이 말했습니다.

"진짜라는 건 어떻게 생겼는가를 말하는 게 아니란다. 그건 너한테 일어나게 될 어떤 일을 뜻하는 거야. 어떤 아이가 너를 오래오래 사랑해준다면, 그것도 그냥 가지고 놀기 위해서가 아니라 진심으로 사랑해준다면, 그러면 넌 진짜가 되는 거야."

벨벳 토끼가 다시 물었습니다.

"진짜가 되는 건 아픈 건가요?"

가죽 말은 언제나처럼 꾸밈없이 있는 그대로 대답해주었습니다.

"때로는 아프기도 하지. 하지만 진짜가 된다면, 아픈 것쯤은 신경 쓰지 않아도 돼."

"그럼 진짜가 된다는 건 태엽을 감을 때처럼 느닷없이 일어나는 거예요, 아니면 조금씩 조금씩 되는 거예요?"

"순식간에 되는 건 아니란다. 아주 오랜 시간에 걸쳐서 조금씩 조금씩 변해가는 거지. 그렇기 때문에 쉽사리 망가지거나 모서리가 뾰족한 이들, 그리고 주의해서 다뤄야만 하는 것들은 좀처럼 진짜가 되기 어렵단다. 보통은 진짜가 될 무렵이면 털은 오랫동안 사랑받아 거의 다 닳아버리고, 두 눈도 빠져버리지. 몸의 마디마디는 꾀죄죄하고 헐렁해진단다. 하지만 그런다 해도 걱정할 건 전혀 없다. 물론 그런 걸 도무지 이해 못 하는 이들은 예외지만, 일단 진짜가 되고 나면 미워질 수가 없거든."

Chapter 4

마음의 갑옷
벗어 던지기

어릴 때 우리는 취약성으로부터 상처 입고 무시당하고 실망할 일로부터 자신을 보호할 방법을 찾아냈다. 바로 갑옷을 입는 것이다. 자신의 생각과 감성과 행동을 무기로 사용했다. 자신의 모습을 감추는 법, 심지어는 사라지는 법까지 배웠다. 이제 성인이 된 우리는 용기와 목표의식을 지니고 관계 속에서 우리가 원하는 모습대로 살아가기 위해 다시 취약해져야 한다는 사실을 깨달았다. 갑옷을 벗고, 무기를 내려놓고, 내 진짜 모습을 보여줘야 한다.

'페르소나persona'라는 단어는 그리스어로 '무대에서 쓰는 가면'을 뜻한다. 나의 글과 논문에서 '가면'과 '갑옷'은 우리가 취약성의 불편함으로부터 자신을 보호하기 위해 사용하는 장치를 비유적으로 가리키는 말이다. 우리는 가면을 쓰고 있을 때 더 안전하다고 느낀다. 설사 가면 때문에 숨이 막히더라도 말이다. 갑옷을 입고 있을 때 더 강해진 느낌을 받는다. 원래보다 무거워진 몸을 질질 끌고 다니느라 지치는 한이 있더라도 말이다. 그런데 가면과 갑옷 뒤에 숨어 있는 누군가와 마주할 때 우리는 좌절과 단절을 느낀다. 이것이야말로 역설적이지 않은가? '나의 취약성은 당신에게 절대로 보여주고 싶지 않지만, 내가 당신을 볼 때는 취약성부터 찾아볼 것이다'라니 말이다.

만약 취약성의 갑옷에 관한 연극을 한 편 제작한다면, 무대는 중학교 구내식당으로 하고 등장인물은 11~13세로 설정하고 싶다. 성인들의 갑옷은 알아보기가 너무 어렵기 때문이다. 우리는 갑옷을 너무 오래 입은 나머지 갑옷이 몸에 딱 맞게 굳어져 알아볼 수도 없게 됐다. 제2의 피부라고나 할까. 가면도 마찬가지다. 내가 인터뷰한 수백 명의 참가자가 하나같이 다음과 같은 두려움을 호소했다.

"이제 와서 가면을 벗을 수는 없어요. 나의 진짜 모습은 아무도 모르거든요. 배우자도, 아이들도, 친구들도 나를 몰라요. 그들은 진짜 나를 만난 적이 없으니까요. 이제 나도 가면 속의 내가 어떤 사람인지 헷갈리는걸요."

하지만 10대 초중반의 청소년들은 다르다. 초등학교 고학년과 중학생 아이들은 이제 막 새로운 방식으로 자기를 보호하기 시작했다. 아직 어리고 무척 예민한 이 아이들에게 갑옷은 낯설고 몸에 잘 맞지도 않는다. 아이들은 두려움과 자기 자신에 대한 의심을 감추는 데 서툴기 때문에 주변 사람들은 아이들이 어떤 갑옷을 입고 있으며 왜 그걸 입었는지 금방 알아차린다. 그리고 수치심과 두려움의 강도에 따라 다르긴 하지만, 아이들은 갑옷이 무겁거나 가면 때문에 숨이 막히는데도 그걸 계속 착용해야 할 이유를 이해하지 못한다. 그래서 아이들은 가면과 보호장치를 거침없이 입었다 벗었다 한다. 때로는 서로 모순되는 이야기를 잇달아 늘어놓기도 한다.

"쟤들이 어떻게 생각하든 난 상관 안 해요. 멍청한 애들이거든요. 춤을 춘다는 것도 바보 같은 일이에요. 쟤네들 엄마한테 전화해서 지금 입고 있는 옷이 뭔지 물어봐 줄래요? 나도 춤추러 가고 싶은데."

나의 학창시절 특집을 준비해서 무대에 올린다면 가면과 갑옷의 개념을 설명하기에 안성맞춤일 듯하다. 우리 학교에는 친구들과 어울리고 싶어서 못된 행동을 하는 남자아이와, 부모님이 최근에 이혼해서 불행한 마음을 감추려고 잘난 척하는 여자아이가 있었다. 우리는 이제 어른이 되어 좀 더 세련된 보호기제를 갖게 되었지만, 그 갑옷에 대해 처음 알게 된 미숙한 청소년기에는 그렇지 못했다. 우리는 단숨에 그때로 돌아갈 수 있다.

내 경험을 말하면, 중학생 딸을 키우는 부모로서 가장 어려운 일은 아직도 내 안에 있는 중학교 1학년 여자아이와 대면하는 일이다. 그 아이는 어색하고 서툴고 늘 안절부절못한다. 중학생 때 나는 고민거리가 생기면 마치 본능처럼 숨거나 달아나곤 했다. 딸 엘런이 곤경에 처할 때마다 나의 내면에서는 그때와 똑같이 숨어버리고 싶은 충동이 슬금슬금 솟아난다. 엘런이 학교에서 있었던 일을 묘사할 때마다 내가 옛날에 다녔던 중학교의 구내식당 냄새가 솔솔 풍기는 것도 같다.

열네 살이든 쉰네 살이든 간에 갑옷과 가면은 우리가 최소화하고 싶은 취약점, 불편함, 고통이 무엇이냐에 맞춰 만들어졌기 때문에 똑같은 것이 하나도 없다. 그래서 나는 우리 모두가 공통으로 가지고 있는 보호기제가 존재한다는 사실을 발견하고서 깜짝 놀랐다. 우리의 갑옷은 맞춤 제작 방식으로 만들어졌지만 어떤 부분은 상호교환이 가능한 셈이다. 갑옷을 억지로라도 들여다보자. 그러면 비교적 보편적인 조각들을 햇빛에 비춰볼 수 있을 뿐 아니라 보편적이지는 않지만 위험한 취약성 보호장치들도 뒤져볼 수 있다.

당신이 나와 비슷한 성격이라면 그런 정보를 수집해서 당신만의 학창시절 특집을 만들어보고 싶어질 것이다. 통계를 분석하는 과정에서 공통의 보호기제가 나타나기 시작하자 나는 그 보호기제들에 이름을 붙이고 내 주위 사람들을 유형별로 나눠보고 싶었다.

"그 여자도 이 가면을 쓰지. 옆집 엄마는 항상 이 갑옷을 입어."

뭐든지 분류하고 단순화하려는 것은 사람의 본능이다. 하지만 그게 지나치면 핵심을 놓칠 수 있다. 보편적인 보호기제 중에서 단 하나만 착용하는 사람은 없다. 대다수 사람은 자신이 처한 상황과 환경에 따라 다양한 갑옷을 착용해본 경험이 있다. 나의 제안은 갑옷 안쪽을 슬쩍 들여다보면서 자신의 내면을 파악하자는 것이다. '나는 어떤 방법으로 나 자신을 보호하는가?' '언제부터, 어떤 계기로 갑옷을 착용하기 시작했는가?' '내가 갑옷을 벗으려면 무엇이 필요할까?'

내 연구에서 가장 강력한 부분은 사람들의 가면과 갑옷을 벗게 하는 전략을 발견한 지점이다. 이제부터 나는 그 전략에 관해 이야기하려 한다. 원래 나는 각각의 보호기제에 상응하는 전략이 있을 것이라고 예상했다. 『나는 불완전한 나를 사랑한다』에서 10가지 이정표를 제시한 것처럼 전략의 목록이 만들어질 줄 알았다. 그런데 이번에는 달랐다.

1장에서 나는 '부족'의 반대말이 '충분'이라고 설명하며 '부족한 느낌'의 속성이 수치심, 비교, 놓아버리기라고 말했다. 그렇다면 우리가 '나는 충분하다'고 믿는 것이야말로 갑옷을 벗는 방법이 아니겠는가? '나는 충분해'라는 믿음은 우리에게 가면을 벗어도 된다고 말해준다. '나는 충분해'라는 말에는 자존, 경계, 참여의 의미가 담겨 있다. 내가 연구 참가자들의 도움을 받아가며 찾아낸 모든 갑옷 벗기 전략의 핵심에는 '충분해'가 들어 있다.

- 나는 괜찮은 사람이야. (자존감 vs. 수치심)
- 이제 그만할래. (경계 설정 vs. 비교와 경쟁)
- 앞에 나서고, 위험을 감수하고, 진짜 내 모습을 보여주는 것으로 충분해. (참여 vs. 놓아버리기)

이 장을 읽는 동안 염두에 둬야 할 사실이 하나 있다. 내가 인터뷰를 위해 만났던 사람은 하나같이 취약성과 씨름하고 있었다. 아무리 운이 좋더라도 의구심과 두려움과 주저하는 마음 없이 취약성을 쉽게 받아들일 수 있는 사람은 세상에 없다. 불확실성과 위험과 감정 노출에 관한 이야기가 나올 때마다 사람들은 자신이 일종의 갑옷을 입고 살다가 어떤 계기로 그것을 벗었다고 말했다.

지난해 FBI 소속의 SWAT 특수기동대 장교들, 가석방 집행관들, 교도관들에게 취약성에 관해 강연한 적이 있었다. (그렇다. 어마어마한 사람들이 모인 자리였다.) 강연이 끝나자 SWAT 장교 한 사람이 내게 다가와서 말했다.

"선생님의 이야기에 귀를 기울일 수 있었던 것은 선생님도 우리와 똑같이 솔직해지는 것을 힘들어했기 때문입니다. 선생님이 취약성 때문에 힘든 시간을 보내지 않았다면 우리는 선생님을 조금도 신뢰하지 않았을 겁니다."

나는 그를 믿었을 뿐 아니라 그의 말에도 십분 공감했다. 내가 이 책에서 소개하는 전략들을 확신하는 이유는 두 가지다. 첫째,

내게 이 전략들을 알려준 연구 참가자들은 우리 모두의 골칫거리인 그렘린, 불편함, 자기의심과 싸웠던 사람들이다. 둘째, 내가 직접 이 전략들을 내 삶에 적용해봐서 알기 때문이다. 이 전략들은 단순히 게임의 판도를 바꾸는 것이 아니다. 이 전략들은 우리의 인생을 구원해준다.

지금부터 나는 '보편적인 취약성 무기'라는 이름으로 세 가지 갑옷 유형을 소개하겠다. 우리는 모두 자기만의 갑옷을 장착하고 있다. 그 갑옷 중 하나가 기쁨 차단하기, 즉 순간적인 기쁨을 억누르는 아이러니한 공포감이다. 다른 하나는 모든 일을 완벽하게 해내면 수치심을 느끼지 않으리라 생각하는 완벽주의이며, 마지막 갑옷은 고통과 불편을 없애준다면 뭐든 받아들이도록 자신을 마비시키는 것이다. 나는 이 세 가지 보호막을 하나씩 살펴본 후 각각의 보호막에 맞서는 대담한 전략을 제시하려 한다. 이 전략들은 모두 '나는 충분해'라는 마음을 변형한 것으로, 세 가지 마음의 갑옷에서 해방되는 데 효과가 있음이 입증되었다.

첫 번째 갑옷: 기쁨 차단하기

알다시피 나는 수치심, 두려움, 취약함과 같은 감정을 연구하는 사람이다. 그래서 기쁨의 구성요소를 탐색하다가 나의 학문과 사생활이 한꺼번에 뒤집히는 경험을 하리라고는 상상도 못 했다. 그런데 실제로 그런 일이 벌어졌다. 기쁨을 느낀다는 것이 무엇인지를 몇 년간 연구한 사람으로서 가장 느끼기 힘든 감정이 바로 기쁨이라고 주장하고 싶다. 왜 그럴까? 우리가 취약성을 받아들이지 못하거나 받아들이려 하지 않을 때부터 기쁨은 마음속 깊은 곳에서 느껴지는 불안과 함께 접근해야 하는 무엇으로 변한다. 어릴 때 우리가 느끼는 기쁨에는 불순물이 섞이지 않았지만 나이가 들면서 천천히, 우리의 의식 밖에서 변화가 일어난다. 왜 그런 변화가 일어나는지는 잘 모르겠다. 다만 삶에서 더 많은 기쁨을 갈구할수록 기쁨이 부족하다고 느끼는 것만은 확실하다.

'결코 충분하지 않다'는 메시지와 어떤 경우에도 안전하고 확실하다고 느끼지 못하는 문화 속에서는 기쁨이 마치 몰래카메라의 한 장면처럼 느껴진다. 예를 들면 우리는 아침에 일어나서 이런 생각을 한다. '요즘 일이 잘 풀리네. 우리 가족들도 다 건강해. 위기가 닥치지도 않았고, 우리 집에도 별다른 이상이 없지. 나는 건강하고 규칙적으로 운동해. 오, 제길. 이건 나쁜 징조야. 아주 나쁜 징조. 조만간 큰 불행이 찾아오는 게 틀림없어.'

아니면 우리가 승진을 했다고 치자. 머릿속에 맨 처음 떠오르는 생각은 다음과 같다. '이게 현실일 리가 없어. 어딘가에 함정이 있을 텐데?' 임신한 사실을 알게 되면 이런 생각을 한다. '우리 딸은 건강하고 행복하게 크고 있잖아. 그러니까 이 아기에게 나쁜 일이 생길지도 몰라. 난 그런 예감이 들어.' 처음으로 온 가족이 함께하는 여행을 앞두고도 우리는 마냥 들뜨지 않는다. 비행기가 추락한다거나 배가 침몰할 일을 걱정한다.

우리는 언제나 신발 한 짝이 마저 떨어지기를 기다린다We're always

waiting for the other shoe to drop. 이것은 영어의 관용적 표현으로, 나쁜 일이 닥치기를 기다린다는 뜻이다. 이민자들과 시골에서 도시로 밀려 들어온 사람들이 비좁은 공동주택에 모여 살던 20세기 초반에는 위층 사람이 저녁에 신발 벗는 소리를 들을 수 있었다. 신발 한 짝이 마룻바닥에 부딪치는 소리를 들은 아래층 사람은 곧 나머지 한 짝이 떨어질 것을 예상하고 기다렸다. 지금의 세상은 여러 면에서 20세기 초반보다 안전하며 지금의 우리는 신발 한 짝이 바닥에 떨어지는 소리를 듣던 사람들보다 평균수명도 길다. 그런데도 우리는 굉장히 위험한 세상에 산다고 생각한다. 요즘 사람들이 생각하는 '신발 한 짝'은 십중팔구 끔찍한 사건이다. 그들은 테러리스트의 공격, 자연재해, 동네 슈퍼마켓의 대장균 번식, 학교 총기사고 등을 기다리다시피 한다.

연구 참가자들에게 "당신이 가장 취약하다고 느낄 때는 언제입니까?"라고 질문하기 전만 해도 나는 벅찬 기쁨을 느끼는 순간이라고 답할 줄은 예상치 못했다. 두려운 순간과 수치스러운 순간이라는 답은 예상했다. 하지만 인생에서 가장 기쁜 순간에 취약하다고 느낀다니? 사람들은 다음과 같은 순간에 자신이 가장 취약해진다고 답했다.

- 아이들이 잠든 모습을 지켜보며 서 있을 때
- 내가 남편/아내를 얼마나 사랑하는지를 말로 표현할 때
- 내가 운이 좋았다는 생각이 들 때
- 지금 하는 일이 마음에 쏙 들 때

- 부모님과 시간을 보낼 때
- 부모님이 내 아이들과 함께 있는 모습을 바라볼 때
- 남자친구와의 관계에 대해 생각할 때
- 약혼했을 때
- 항암치료가 끝나고 회복기에 들어설 때
- 임신했을 때
- 승진했을 때
- 행복할 때
- 사랑에 빠졌을 때

나는 이 답변들을 보고 충격을 받았을 뿐 아니라 혼란스러웠다. '기쁨 차단하기'는 내가 무의식적으로 사용하던 무기 중 하나였다. 그래서인지 참가자들의 답변에서 취약성과 기쁨의 관계를 처음 발견했을 때 숨이 막힐 것만 같았다. 언젠가 다가올 불행을 늘 예상하며 살아가는 것은 나만의 작은 비밀인 줄 알았다. 가만히 서서 잠든 아이들을 바라보면서 사랑과 정에 흠뻑 취하는 동시에 이 아이들에게 끔찍한 일이 생기는 장면을 머릿속에 그리는 사람은 나밖에 없는 줄 알았다. 교통사고가 나서 차가 부서진 장면을 미리 그려보면서 생각만 해도 두려운 경찰과의 통화를 연습해본 사람은 나밖에 없을 줄 알았다. 내가 맨 처음 들은 이야기는 40대 후반인 한 여성의 경험담이었다.

"나는 좋은 일이 생길 때마다 최악의 사태를 상상하곤 했어요. 어떤 일이 벌어지더라도 내가 통제할 수 있도록 최악의 시나리오

를 세세한 부분까지 다 짜놓았죠. 딸이 자기가 꿈꾸던 대학에 입학
했을 때는 그 애가 너무 멀리 이사하면 안 좋은 일이 생길 거라는
불길한 예감이 들었답니다. 그래서 떠나겠다는 딸아이를 붙잡고
근처 지방대학에 가라고 여름 내내 설득했어요. 딸아이는 자신감
을 잃었고, 결국 함께한 마지막 여름방학은 재미가 하나도 없었어
요. 비싼 대가를 치르고 교훈을 얻은 거죠. 지금은 다행히 딸의 행
운을 빌고, 기도를 하고, 감사한 마음을 잃지 않고, 내 머릿속에서
나쁜 이미지를 몰아내려고 무진장 노력한답니다. 그런데 불행히도
부정적으로 생각하는 버릇을 딸에게 물려준 것 같아요. 딸아이가
새로운 일에 도전하는 걸 점점 두려워하네요. 특히 일이 잘 풀릴
때 그래요. '운명을 시험하고' 싶지 않다나요."

60대 초반의 한 남자는 내게 이런 이야기를 들려줬다.

"원래 인생을 잘사는 방법은 크게 기대하지 않는 것이라고 생
각했습니다. 그렇게 하면 최악의 사태가 오더라도 나는 준비돼 있
을 테고, 그런 사태가 생기지 않아도 뜻밖의 행운이라고 느낄 테니
까요. 그런데 교통사고를 당했습니다. 아내가 세상을 떠났어요. 당
연한 얘기지만 최악을 예상했던 건 전혀 도움이 안 됐어요. 나는
그 사태에 아무런 준비가 되어 있지 않았어요. 게다가 아내와 함께
했던 즐거운 시간, 내가 마음껏 즐기지 못했던 시간이 자꾸 생각
나서 얼마나 안타까운지. 그제야 깨달았어요. 내가 아내를 위해 할
수 있었던 일은 매 순간 온전히 즐기며 사는 거였다는 걸요. 이젠
그 사실을 아는데 아내가 곁에 없네요."

앞의 두 이야기에서 '기쁨 차단하기'라는 방법이 낳은 결과를

알 수 있다. 기쁨을 차단한다는 것은 비극을 연습하고 실망을 거듭하는 일련의 과정으로 이해하면 된다. 어떤 사람들은 첫 번째 이야기의 여성처럼 기쁨이 고개를 쳐들 때마다 가장 음산한 최악의 시나리오로 재빨리 옮겨간다. 그런가 하면 어떤 사람들은 거듭되는 실망에 계속 머물러 있는 편이 낫다고 여겨 아예 기쁨을 발견하지도 못한다. 실망을 거듭하는 쪽을 택하는 사람들은 이렇게 말한다.

"실망을 느끼기보다는 이미 실망한 상태로 살아가는 게 더 쉬워요. 실망감에 젖어들었다가 빠져나오는 게 얼마나 힘든데요. 차라리 실망감에다 텐트를 치고 사는 게 나아요. 기쁨을 적게 누리는 대신 고통도 덜 느끼는 거죠."

삶의 기쁜 순간에 자연스럽게 녹아들기 위해서는 취약성이 필요하다. 당신이 나와 비슷한 사람이라면, 아이들을 바라보면서 속으로 '난 너희들을 너무 사랑해서 숨도 못 쉬겠어'라고 생각해본 적이 있다면, 그런데 바로 그 순간 아이에게 끔찍한 일이 생기는 장면이 머릿속에 그려져서 당황스러웠다면, 당신만 그런 것도 아니고 미친 것도 아니라고 말해주고 싶다. 내가 인터뷰한 부모들의 약 80퍼센트가 그런 경험이 있다고 말했기 때문이다. 내가 오랫동안 대화를 나눴거나 함께 일했던 수천 명의 부모들로 범위를 넓히더라도 80퍼센트 정도는 그런 경험이 있다고 답했다. 어째서 그럴까? 우리의 행동은 무엇을 의미할까? 우리는 왜 그런 행동을 할까?

취약성과 기쁨의 관계를 이해하고 나면 답은 명백해진다. 취약해질까 봐 선수를 치는 것이다. 우리는 급습을 당해서 상처 입기를 원하지 않는다. 무방비 상태에서 당하는 것이 싫어서 문자 그대로 불행해지는 연습을 하거나 자신이 만든 실망감 안에 머무른다. 불행을 미리 연습하는 우리 같은 사람들이 너무도 기쁜 순간에 머릿속을 비극적인 이미지로 가득 채우는 데는 이유가 있다. 평생 의식적으로든 무의식적으로든 취약성을 밀어내려고 애쓰며 살았기에 불확실성, 위험, 기쁨의 감정 노출을 위한 공간을 마련해두지 않았기 때문이다. 그래서 기쁨의 순간에 '피부에서 뭔가 흘러나오는 느낌'과 같은 생리적 반응을 나타내기도 한다. 더 큰 기쁨을 갈구하면서도 취약성을 참아내지 못한다.

우리의 문화도 '불행 예행연습'을 부추긴다. 대부분의 사람은 자신이 취약성과 씨름하는 순간에 꺼낼 수 있는 불행한 이미지들을 한가득 저장해놓고 산다. 내가 강연장에서 청중을 향해 "지난 일주일 동안 폭력적인 이미지를 본 적이 있는 분은 손을 들어보세요"라고 말하면 보통 청중의 20퍼센트가 손을 든다. 그러면 나는 질문을 조금 바꿔 "지난 일주일 동안 뉴스를 보신 분이나 〈CSI〉, 〈NCIS〉, 〈로앤오더Law & Order〉, 〈본스Bones〉 따위의 범죄 프로그램을 보신 분은 손을 들어보세요"라고 하면 청중의 80~90퍼센트가 손을 든다. 신경의 말단에서 기쁨을 차단하는 기능을 활성화하려면 그런 이미지를 저장해두고 있어야 한다.

사람은 시각적인 존재다. 눈으로 보는 것을 신뢰하고, 소비하고, 두뇌에 저장한다. 얼마 전 나는 가족과 함께 차 안에 있었다. 남편, 아이들과 함께 긴 주말을 보내기 위해 샌안토니오San Antonio로 가는 길이었다. 아들 찰리가 유치원에서 새로 배운 재미있는 문답을 들려줘서 우리 모두 와자하게 웃고 있었다. 딸 엘런도 깔깔거렸다.

나는 하도 웃어서 눈에 눈물이 고일 정도였는데, 그 순간 기쁨에 늘 따라다니는 취약성이 나를 습격했다. 나는 움찔하면서 언젠가 뉴스에서 본 이미지를 떠올렸다. 고속도로에 SUV 한 대가 뒤집혀 있고 도로면에 빈 좌석 두 개가 나뒹굴던 장면이었다. 내 웃음은 순식간에 공포로 변했고 스티브에게 불쑥 이렇게 말했다.

"여보, 좀 천천히 가자."

그러자 스티브가 어리둥절한 표정으로 나를 쳐다보며 말했다.

"길이 막혀 지금은 차가 멈춰 있는데 천천히 가자고?"

───• 해결책: 감사를 실천하라

기쁨의 순간에 종종 따라오는 취약성의 진동은 언제 느껴도 불편하다. 기쁨을 온전히 느끼는 법을 배운 사람들도 그 진동에 면역이 생기는 것은 아니다. 하지만 우리는 취약성을 불길한 신호가 아니라 기쁨을 실감케 해주는 도구로 활용할 수 있다. 나는 그 도구가 어떤 것인지를 알고 나서 무척 놀랐다(그리고 내 인생도 달라졌다). 자신의 경험을 환영하는 사람들은 기쁨에 수반되는 취약성의 전율을 '감사를 실천하라'는 초대장으로 받아들인다. 그들은 자신이 어떤 사람이나 아름다움, 연결, 눈앞의 이 순간에 얼마나 감사하는지를 인정한다.

나의 통계에 따르면 '감사'는 기쁨 차단하기의 해독제였다. 연구 참가자들 가운데 기쁨을 열린 마음으로 받아들일 수 있다고 답한 사람들은 감사하는 습관의 중요성에 대해서도 이야기했다. 이런 패턴이 통계에서 매우 뚜렷하게 나타났기 때문에 나는 학자로서 기쁨에 관해 이야기할 때면 꼭 감사에 관해서도 이야기한다.

내가 놀랐던 것은 단순히 기쁨과 감사가 관련이 있었기 때문만은 아니다. 연구 참가자들은 정신적 실천으로서 기쁨과 감사를 둘 다 언급했다. 기쁨과 감사는 사람들 간의 연결에 대한 믿음, 인간보다 위대한 어떤 힘에 대한 믿음과 관련이 있다. 그들의 이야기와 설명은 이 점에 관해 부연설명을 해주고 행복과 기쁨이 어떻게 다른지 확실히 알려줬다. 참가자들의 견해에 따르면 행복은 상황에 따라 달라지는 감정이다. 반면 기쁨은 정신적 의미에서 세상에 참여하는 방법이며 감사를 실천하는 것과 관련이 있다. 나도 처음에는 기쁨과 취약성의 관계를 발견하고 깜짝 놀랐지만 지금은 그것을 당연하게 여긴다. 감사하기가 '기쁨 차단하기'의 해독제인 이유도 알 것 같다.

뭔가 부족한 느낌과 두려움은 기쁨을 미리 차단한다. 우리는 기쁨이 오래가지 못할까 봐 걱정한다. 기쁨의 양이 충분하지 않을까 봐 걱정한다. 혹은 기쁨이 다른 감정(예컨대 실망)으로 바뀔까 봐 걱정한다. 우리는 기쁨에 굴복하지 말라고 배웠다. 기뻐하는 일은 운이 좋으면 실망을 예비하는 것이고 최악의 경우 재앙을 불러들이는 것이라고 배웠다. 그리고 우리는 자존감 때문에 고민한다. '우리에게 이런 기쁨을 누릴 자격이 있는가? 우리는 부족하고 불완전한 존재가 아닌가? 지금도 굶주리는 아이들이 있고 전쟁으로 파괴되는 세계가 있지 않은가? 감히 어떻게 기뻐할 수 있단 말인가?'

부족함의 반대말이 '충분'이라면 감사를 실천하는 행동은 지금의 우리로도 충분하며 지금의 상황도 괜찮다고 인정하는 것이다. '실천'이라는 단어를 일부러 쓰는 데는 이유가 있다. 연구 참가자들은 단순히 감사하는 태도를 가지거나 감사를 느끼는 것을 넘어서서 감사를 행동에 옮겨야 한다고 확실하게 말했다. 감사일기 쓰기, 감사의 유리병 만들기, 가족끼리 감사 의식 거행하기와 같은 것들 말이다.

사실 나에게 감사의 실천과 뭔가 부족한 느낌과 기쁨의 관계에 대해 가장 많은 것을 가르쳐준 사람들은 슬픈 이별이나 트라우마를 겪고도 살아남은 사람들이다. 아이를 잃은 부모, 시한부 선고를 받은 가족을 둔 사람, 학살이나 트라우마를 겪은 사람들. 내가 자주 받는 질문 중 하나는 이런 것이다.

"취약성에 관해 사람들과 이야기를 나누고 사람들에게서 힘들었던 이야기를 듣다 보면 선생님도 덩달아 우울해지지 않나요?"

나의 대답은 '아니요'다. 절대 그렇지 않다. 연구의 다른 어떤 부분에서보다 자신이 힘들었던 이야기를 들려준 용감한 사람들에게서 나는 자존감, 회복탄력성, 기쁨에 관해 많은 걸 배웠기 때문이다. 슬픔과 어둠 속에서 시간을 보냈던 사람들로부터 기쁨과 빛에 관해 배우면서 나는 세 가지 교훈을 얻었다. 지금껏 나는 이보다 큰 선물을 받아본 적이 없다.

1. 기쁨은 순간(대개는 평범한 순간)에 찾아오는 감정이다. 특별한 것을 좇아 너무 바쁘게 살면 기쁨을 놓칠 우려가 있다. '결코 충분하지 않

다'는 메시지 때문에 우리는 소박하고 평범한 삶을 두려워한다. 하지만 큰 슬픔을 겪고 살아남은 사람들과 이야기를 나눠보면 기쁨이란 항상적인, 즉 언제나 변함없는 감정이 아님을 알게 된다. 내게 자신의 상처를 들려준 참가자들의 이야기에는 예외 없이 평범한 순간들이 포함된다. "아침에 방에서 나왔을 때 남편이 식탁에 앉아 신문을 향해 욕지거리를 하는 모습을 볼 수만 있다면….' "아들이 뒤뜰에서 킥킥거리는 소리를 다시 들을 수만 있다면….' "우리 엄마는 내게 괴상한 문자를 보내곤 했어요. 휴대전화 사용하는 법을 몰랐거든요. 지금 그 문자 하나를 받을 수 있다면 뭐든 다 내놓을 거예요."

2. 지금 가진 것에 감사하라. 큰 불행을 겪고도 살아남은 사람들에게 어떻게 힘들어하는 사람들에게 공감할 수 있게 됐는지 물어보면 대답은 언제나 같았다. "내가 아이를 잃었다고 해서 당신의 아이가 주는 기쁨을 피하지 마세요." "당신이 가진 것을 당연시하지 마세요. 그것을 축복하고 마음껏 누리세요." "당신이 가진 것에 대해 사과하지 마세요. 감사하는 마음을 가지시고, 그런 마음을 남에게도 전하세요." "당신의 부모님은 건강하신가요? 기뻐서 펄쩍 뛸 일입니다. 부모님을 얼마나 소중하게 생각하는지 알려드리세요." "당신이 지금 가진 것을 귀하게 여기는 것이, 내가 잃은 것을 귀하게 여겨주는 겁니다."

3. 기쁨을 아깝게 흘려보내지 마라. 우리는 불행과 이별을 미리 대비

할 수가 없다. 기쁨을 느낄 때마다 절망의 예행연습이나 하고 있다면 우리의 회복탄력성은 그만큼 감소한다. 물론 자연스럽게 기쁨에 녹아드는 것은 불편한 일이다. 때로는 겁이 나고, 때로는 취약해진다. 하지만 기쁨에 몸을 내맡기고 그 순간에 녹아들 때 회복탄력성은 커지고 희망이 자라난다. 기쁨은 우리의 정체성 일부가 되며, 나중에 불행한 일이 일어나더라도 더 강해진 모습으로 대처할 수 있다.

무려 2년 동안 이런 원리를 이해하고 종합한 후에야 나는 비로소 감사를 실천하기 시작했다. 반면 나의 딸 엘런은 기쁨을 인정하고 즐기는 일이 중요하다는 사실을 직관적으로 알았던 듯하다. 엘런이 초등학교 1학년이었던 어느 날, 우리는 오후 시간에 땡땡이를 치기로 하고 공원에서 하루를 보냈다. 우리는 노 젓는 보트 위에서 집에서 가져온 딱딱해진 빵을 오리에게 먹이로 주고 있었다. 문득 엘런을 쳐다보니 그 아이는 페달 밟는 일에 익숙해져서 자기 자리에 아주 평온하게 앉아 있었다. 엘런의 두 손은 빵이 담긴 작은 가방을 감싸고 있었다. 고개는 뒤로 살짝 젖혀져 있었고, 두 눈은 감겨 있었다. 아이의 치켜든 얼굴에 태양이 빛을 비췄는데, 얼굴에 옅은 미소가 떠올라 있었다. 나는 가까스로 내 호흡을 되찾았다. 엘런의 아름다움과 취약성이 고스란히 드러난 모습이 내게는 굉장히 인상적이었다. 내가 1분 이상 엘런을 쳐다보고 있는데도 아무런 움직임이 없었다. 나는 약간 초조해졌다.

"엘런? 너 괜찮니?"

엘런이 더 크게 활짝 웃으며 눈을 떴다. 그러더니 나를 쳐다보며 말했다.

"괜찮아, 엄마. 오늘 일을 사진기억으로 저장한 거야."

처음 들은 사진기억picture memory이라는 말이 왠지 마음에 들었다.

"그게 무슨 뜻이니?"

"사진기억이란 내가 진짜, 진짜 행복할 때 마음속으로 사진을 찍는 거야. 눈을 감고 찰칵! 찍어두는 거지. 그러면 내가 슬프거나 무섭거나 외로울 때 사진기억을 꺼내 볼 수 있잖아."

여섯 살짜리 딸만큼 자연스럽고 당당하지는 못하지만, 나도 사진기억을 연습하는 중이다. 나에게 감사의 표현이란 우아하고 부드럽게 이뤄지는 일이 아니라 왠지 어색한 일이다. 나는 아직도 기쁨을 느끼는 도중에 취약성에 압도되곤 한다. 하지만 그럴 때마다 지금은 소리 내어 이렇게 말한다.

"나는 취약하다. ＿＿＿＿＿ 덕분에 너무나 감사하다."

그렇다. 누군가와 대화하다가 이렇게 중얼거린다면 분위기가 정말 어색해진다. 하지만 불행을 가정해서 상황을 통제하는 것보다는 훨씬 낫다. 며칠 전 스티브가 내게 말했다.

"당신이 출장가면 아이들이랑 펜실베이니아주 본가 농장에 갈 생각이야."

처음에는 좋은 생각 같았다. 하지만 다음 순간 나는 불행의 기차에 올라타고 있었다. '오, 맙소사. 나 없이 아이들을 비행기에 태울 순 없어! 혹시라도 무슨 일이 생기면 어쩌려고?' 나는 남편과 말다툼을 시작하지도 않았고, 섣부른 비판을 하지도 않았다. 나의 비이

성적인 두려움을 숨긴 채 다른 핑계를 대면서(예를 들면 "난 반대야. 요즘 항공요금이 얼마나 비싼데." 또는 "나 빼고 간다고? 나도 가고 싶단 말이야.") 남편의 의견을 묵살하지도 않았다. 그저 이렇게만 말했다.

"취약성. 취약성. 나는 감사하고 있다. 왜냐하면… 아이들이 당신이랑 같이 시골에 가서 즐거운 시간을 보낼 테니까."

스티브가 빙그레 웃었다. 그는 내가 감사하기를 연습하고 있다는 것을 잘 알고 있었다. 내가 진지하다는 것도. '기쁨 차단하기'에 관한 연구를 시작하기 전까지 나는 갑자기 찾아오는 취약성의 전율을 이겨낼 방법을 몰랐다. 내가 무엇을 두려워하는지는 알았지만 그 이상의 정보가 없었기 때문에 내가 실제로 느끼는 감정이 무엇인지, 내가 진짜로 원하는 것이 무엇인지는 알아내지 못했다. 이제는 안다. 내가 진짜로 원하는 것은 '감사에서 비롯된 기쁨'이라는 것을.

두 번째 갑옷: 완벽주의

블로그에 올린 글 가운데 내가 가장 좋아하는 것은 '영감을 얻는 인터뷰' 시리즈다. 그 시리즈가 각별한 것은 정말로 내게 영감을 준다고 판단한 사람들과의 인터뷰만을 모았기 때문이다. 나는 그 사람들이 세상에 뛰어드는 모습을 보면서 조금 더 창의적이고 조금 더 용감하게 학문을 해나갈 수 있었다. 원래 나는 인터뷰 대상자에게 늘 똑같은 질문들을 던졌다. 그러다 '온 마음을 다하는 삶'에 관한 연구를 시작한 후로는 취약성과 완벽주의에 관한 질문을 추가했다. 아직도 치료 중인 완벽주의자로서 '이만하면 충분해'라고 말할 수 있기를 열망하는 사람인 나는, 답변서를 받아들자마자 다음 질문의 답을 맨 먼저 찾아 읽는다.

"완벽주의 성향 때문에 고민합니까? 만약 '예'라고 대답했다면, 완벽주의에 당신은 어떻게 대처합니까?"

내가 이 질문을 던진 이유는, 그간 방대한 자료를 수집했지만 기쁨과 성공과 '온 마음을 다하는 삶'을 완벽해지는 것과 결부시킨 사람은 한 명도 없었기 때문이다. 내가 수년간 듣고 또 들었던 메시지는 이랬다.

"내 인생에서 가장 소중하고 중요한 것들은 내가 취약해지고, 불완전해지고, 나 자신에게 따뜻해질 용기를 키웠을 때 찾아왔습니다."

완벽주의는 우리에게 커다란 선물을 주고 목표의식을 갖게 하는 길이 아니다. 완벽주의는 위험한 우회로다.

우선 '완벽주의'란 무엇인가에 관해 이야기해보자. 통계를 분석하며 나는 취약성과 마찬가지로 '완벽주의'에 관해서도 잘못된 통념이 널리 퍼져 있음을 알게 됐다. 내 생각에, 무엇이 완벽주의가 아닌가를 먼저 살펴보는 것이 나을 듯하다.

완벽주의는 최고가 되기 위해 열심히 노력하는 것과 다르다. 완벽주의는 건전한 성취와 성장이 아니다. 완벽주의는 자신을 방어하기 위한 움직임이다. 우리가 모든 일을 완벽하게 해내고 완벽한 외모를 갖춘다면 비난, 비판, 수치심의 고통을 피하거나 최소화할 수 있다는 믿음이다. 완벽주의는 20톤짜리 보호막이다. 그 보호막이 우리를 보호해주리라 믿으면서 그것을 질질 끌고 다니지만, 사실은 그것 때문에 사람들이 우리의 진짜 모습을 보지 못한다.

또한 완벽주의는 자기계발과 다르다. 완벽주의의 핵심은 남한테 인정받으려고 애쓰는 것이다. 완벽주의자들은 대부분 자신의 성과(성적, 품행, 규칙 준수, 남들의 비위 맞추기, 외모, 스포츠)에 대한 칭찬을 받으며 자란 사람들이다. 그래서 그들은 어릴 때부터 다음과 같은 위험하고 해로운 믿음을 갖는다. '나의 성과가 나를 규정하는 거야. 그 일을 얼마나 잘 해내느냐가 나를 규정하는 거야. 사람들을 기쁘게 하자. 과제를 수행하자. 완벽하게 해내자.' 건전한 노력은 '어떻게 해야 내가 발전할까?' 생각하며 자신에게 초점을 맞춘다. 반면 완벽주의는 외부에 초점을 맞춘다. '사람들이 어떻게 생각할까?' 완벽주의는 하나의 속임수다.

완벽주의는 성공의 열쇠가 아니다. 오히려 완벽주의가 성과를 방해한다는 연구 결과도 있다. 완벽주의는 우울증, 불안, 중독, 무기력, 기회 상실과 높은 상관관계를 지닌다. 우리는 실패와 실수가 두려워서, 사람들의 기대에 어긋나고 비판받는 것이 두려워서 경기장 밖에 머무른다. 건전한 경쟁이 펼쳐지고 노력이 행해지는 곳은 경기장인데도.

마지막으로 완벽주의는 수치심을 피하는 방법이 아니다. 완벽주의는 수치심의 한 형태다. 완벽주의 때문에 힘들어하는 사람은 수치심 때문에도 힘들어한다.

나는 통계를 활용해서 완벽주의에 관한 잘못된 통념을 반박한 후에 '완벽주의'의 정의를 다시 정리했다. '완벽주의는 자기파괴적이고 중독성이 있는 믿음의 체계다. 완벽주의는 무엇이든 완벽하게 해낸다면 수치심, 비판, 비난의 고통을 피하거나 최소화할 수 있다는 단순한 생각을 강화한다.'

완벽주의가 자기파괴적인 이유는 세상에 완벽이란 존재하지 않기 때문이다. 완벽은 달성 불가능한 목표다. 완벽주의는 내적 동기가 아니라 지각知覺과 관련이 깊다. 우리가 아무리 많은 시간과 에너지를 쏟아부어도 지각을 통제할 방법은 없다. 완벽주의에는 중독성이 있다. 수치를 느끼거나, 비판을 받거나, 비난에 휩싸일 때 그 원인을 자기 자신이 완벽하지 않아서라고 믿어버린다. 우리는 완벽주의의 잘못된 논리에 의문을 품는 대신 외모와 행동을 완벽하게 만들려고 애쓴다. 완벽주의는 우리에게 수치심, 비판, 죄책감을 느끼게 한다. 그러면 우리는 더욱 수치스러워지고 자신을 탓하게 된다. '다 내 잘못이야. 내가 부족해서 이런 감정을 느끼는 거야.'

──• 해결책: 나의 부족함도 아름답게 여겨라

대부분의 사람은 완벽주의를 지니고 있다. 우리의 단점을 숨기고 지각을 관리하며 남을 이기고 싶어 한다는 점에서 우리 모두 조금씩 속임수를 쓰고 있다. 어떤 사람들에게 완벽주의는 자신이 아주 취약하다고 느낄 때만 나타난다. 어떤 사람들에게는 완벽주의가 만성적으로, 강박적으로, 해로운 방향으로 나타난다. 그런 사람들의 완벽주의는 그 모습이나 느낌이 중독과 비슷하다.

어느 지점에 서 있든 간에 완벽주의에서 해방되기를 원한다면 '남들이 뭐라고 생각할까?'에서 '나는 괜찮은 사람이야'로 생각을 옮겨야 한다. 그것은 긴 여정이다. 그 여정은 수치심 회복탄력성, 자신을 향한 공감, 그리고 자기 삶의 주인이 되는 데서 출발한다. 우리는 누구인가, 어떤 배경을 지니고 있는가, 소중히 여기는 가치는 무엇인가에 관한 진실을 포착하고 삶의 불완전성을 인정해야 한다. 그러려면 자신에게 여유를 허용하고 자신의 불완전성을 아름답게 여길 줄 알아야 한다. 자기 자신에게, 그리고 다른 사람에게 더 친절하고 더 따뜻해져야 한다. 우리가 아끼는 사람들에게 이야기할 때와 똑같은 방식으로 자기 자신에게 말을 걸어야 한다.

텍사스 대학 교수인 크리스틴 네프Kristin Neff 박사는 '자기공감 연구실'을 운영한다. 그곳에서는 사람이 어떻게 자기 자신을 향한 공감을 키우고 실천하는가를 연구한다. 네프 박사에 따르면 자기공감은 세 가지 요소로 구성된다. 자기를 향한 친절, 보편적인 인간성, 그리고 마음챙김이다. 네프 박사는 최근 저서인 『자기공감: 자책과 불안을 버려라Self-Compassion: Stop Beating Yourself Up and Leave Insecurity Behind』에서 그 세 가지 요소를 다음과 같이 정의한다.

- **자기를 향한 친절:** 힘들 때, 실패했을 때, 자존감이 떨어질 때 자신의 고통을 외면하지 말자. 자기 자신을 혹독하게 비판하거나 채찍질을 하지도 말자. 자기 자신을 더 이해해주고 따스하게 대하자.

- **보편적인 인간성**: 자존감이 저하될 때 힘들어하는 것이 인간 공통의 경험임을 인식하자. 그것은 나에게만 일어나는 일이 아니라 우리가 모두 경험하는 일이다.

- **마음챙김**: 부정적인 감정에 균형 있게 접근하자. 그래야 감정이 억압되지도 않고 과장되지도 않는다. 자신의 고통을 무시하는 동시에 공감한다는 것은 불가능하다. 마음챙김을 하려면 자기 생각과 감정에 지나치게 몰입하지 않아야 한다. 부정적인 것들에 사로잡혀 휩쓸리지 말자.

나는 네프 박사의 '마음챙김'에 관한 정의가 마음에 든다. 마음챙김이란 감정에 지나치게 몰입하지도 않고 과장하지도 않는 것임을 알려주기 때문이다. 나는 실수를 저지를 때마다 후회나 수치심이나 자기비판에 쉽게 사로잡힌다. 하지만 자기공감을 하려면 수치심이나 고통을 느낄 때도 객관적이고 냉철한 시각을 유지해야 한다.

자기공감을 실천하는 것과 함께 우리가 잊지 말아야 할 사항이 하나 더 있다. 자존감(나는 괜찮은 사람이라는 믿음)은 자기 이야기 안에서 살아갈 때만 생긴다는 사실이다. 우리는 자기 이야기(부끄러운 이야기도 포함해서)의 주인 노릇을 하고 있을 수도 있고, 그 이야기 바깥에 서 있을 수도 있다. 이야기 바깥에 서 있다는 것은 자신의 취약성과 불완전성을 부정하고, 이상적인 자아상에 맞지 않는 부분들을 외면하고, 자신의 가치를 남한테 인정받기 위해 속임수를 쓴다는 뜻이다. 완벽주의가 사람을 피곤하게 만드는 이유는 속임수란 것이 원래 피곤하기 때문이다. 남에게 보여주기 위한 속임수는 영원히 끝나지 않는 연극과도 같다.

이제 나의 블로그에 올려놓은 '영감을 얻는 인터뷰'로 돌아가서 몇 가지 답변을 소개하고 싶다. 인터뷰 대상자들의 답변을 읽으면서 나는 진짜 자신으로 산다는 것, 즉 빈틈을 수용한다는 것의 아름다움을 발견하고 그들의 자기공감에 감동을 받았다. 첫 번째로 소개할 글은 베스트셀러 작가이자 『무조건 행복할 것 The Happiness Project』의 저자인 그레첸 루빈Gretchen Rubin과의 인터뷰다. 『무조건 행복할 것』은 행복해지는 법에 관한 책과 논문들을 읽고 그녀가 1년 동안 실행해본 기록이다. 완벽주의를 제어하는 법에 관해 묻자 그녀는 이렇게 답했다.

"저는 스스로에게 이렇게 말해요. '완벽이 좋은 것의 적이 되게 놔두지 말자.' 철학자 볼테르의 말을 빌려온 거랍니다. 내가 할 수 있는 산책 20분이 좀처럼 하지 않는 7킬로미터 달리기보다 낫지요. 세상에 출간된 불완전한 내 책이 컴퓨터 안에 있는 완벽한 책보다 낫고요. 테이크아웃 중국음식으로 여는 디너파티가 내가 한 번도 마련하지 못한 근사한 저녁식사보다 낫지요."

안드레아 셰어Andrea Scher는 캘리포니아 버클리에 살면서 사진가이자 작가이자 라이프코치로 활동하는 사람이다. 그녀는 '슈퍼히어로 포토Superhero Photo'와 '몬도 비욘도Mondo Beyondo'라는 제목의 온라인 강좌와 '슈퍼히어로 저널Superhero Journal'이라는 이름의 유명한 블로그를 통해 사람들에게 진실하고 개성 있으며 창의적인 생활을 하라고 권유한다. 그녀는 갓난아기를 안고 부엌 바닥에 앉아서 네 살짜리 아들에게 "슈퍼히어로로 사진을 찍어야 하니까 펄쩍펄쩍 뛰어봐"라고 주문하곤 한다. 다음은 그녀가 완벽주의에 관해 블로그에 쓴 글의 한 대목이다. (나는 그녀가 외우는 주문을 아주 좋아한다!)

어릴 때 나는 경쟁심에 불타는 체조선수였다. 학교에서는 해마다 개근을 기록했고, A 마이너스보다 낮은 성적을 받으면 큰일나는 줄 알았다. 고등학교 때는 거식증에 걸렸다. 오, 그리고 나는 홈커밍 퀸(미국 고등학교 축제의 관습. 각 클럽에서 추천한 여학생들을 놓고 투표를 해서 홈커밍 퀸을 선발한다-옮긴이)이었다. 그렇다. 나는 완벽주의에 젖어 있었다!
   하지만 나는 완벽주의에서 벗어나기 위해 꾸준히 노력하고 있다. 어릴 때 나는 완벽해야 사랑을 받는 줄 알았다. (…) 그리고 지금도 두 가지를 혼동할 때가 있다. 나도 모르게 브레네가 '자존감을 위한 속임수'라고 부르는 일을 하곤 한다. 나의 어마어마하게 많은 단점과 인간적인 면모를 남에게 보이지 않으려고 기를 쓰는 것이다. 때로는 내가 하는 일과 내가 그 일을 잘 해내는 모습을 남에게 보여주는 것으로 자존감을 지키려 한다. 그래도 나는 완벽에서 벗어나는 법을 배워가고 있다. 부모가 되면서 많이 배웠다. 아직 서툴고 엉망이긴 하지만 나의 초라한 모습도 기꺼이 드러내는 연습을 하고 있다.
   완벽주의를 제어하기 위해 나는 나 자신에게 어떤 일들을

'괜찮게'만 해도 좋다고 허락해준다. 나는 일을 빨리 해치우는 편이다(어린아이 둘을 데리고 있으면 빛의 속도로 일을 처리하는 법을 배우게 된다). 그리고 그게 완벽하지 않더라도 괜찮은 수준이면 나의 도장을 찍어준다(승인해준다). 다음과 같은 주문을 외우면서 마음을 가다듬기도 한다.

"빠르고 지저분한 사람이 경주에서 이긴다Quick and dirty wins the race"(영어 속담 '천천히 가는 사람이 경주에서 이긴다Slow and steady wins the race'를 자기 나름대로 변형한 것이다-옮긴이).

"완벽은 실행의 적이다."

"괜찮은 것은 사실 엄청나게 좋은 것이다."

니컬러스 윌턴Nicholas Wilton은 내가 예전에 펴낸 책들과 나의 홈페이지를 아름다운 일러스트레이션으로 장식해준 사람이다. 그는 갤러리에서 전시회를 열거나 개인적으로 작품을 판매하기도 한다. 나는 그가 완벽주의와 예술의 관계에 관해 쓴 글을 무척 좋아한다. 그의 견해는 완벽주의가 창의성을 파괴한다는 나의 연구 결과와 완전히 일치한다. 그는 완벽주의에서 해방되는 효과적인 방법 중 하나가 창의적인 일에 뛰어드는 것이라고 말한다. 니컬러스의 글을 함께 읽어보자.

나는 항상 이런 생각을 했다. 먼 옛날에 누군가가 세상의 모든 일을 합리적으로 정돈해놓았을 거라고. 완벽한 분류체계가 만들어져 있고, 모든 일은 그 체계 안에 완벽하게 들어갈 거라고.

예컨대 비즈니스의 세계는 품목, 스프레드시트, 딱 맞아떨어지는 숫자들로 이뤄진다. 이런 일들은 완벽하게 해내는 게 가능하다. 사법제도는 항상 완벽하진 않지만, 우리는 완벽을 추구하기 위해 어마어마한 노력을 들인다. 우리는 인간 생활의 모든 측면을 담아내는 법률과 규칙, 즉 우리 모두가 준수해야 하는 포괄적인 행동규범을 만들어서 문서화한다.

비행기, 교량, 고속열차를 만드는 일에서도 완벽은 매우 중요하다. 인터넷 세상의 표면 아래 숨어 있는 코드와 숫자들도 완벽하게 정렬돼야 한다. 이런 것들이 완벽하지 않으면 말썽이 생긴다. 우리가 일하고 살아가는 세상의 아주 많은 부분은 정확함과 완벽함을 토대로 유지된다.

하지만 전지전능한 누군가가 모든 것을 완벽하게 정리했다 할지라도 그(또는 그녀)에게는 어디에도 들어맞지 않는 물건 한 무더기가 남는다. 구두 상자에 들어 있는 물건들. 어디론가 치워야 하는 것들. 전지전능한 그 사람은 절망적인 심정으로 팔을 휘두르며 소리친다. "좋아, 좋아! 완벽하게 분류할 수 없는 나머지 물건들, 어디에도 맞지 않는 물건들은 마지막 남은 낡고 커다란 상자에 넣어두자. 소파 뒤쪽 구석에 처박아놓는 거야. 나중에 다시 열어보면 이것들이 어디에 속하는지 알 수도 있잖아. 일단 이 상자에 '예술'이라는 스티커를 붙여놓자."

고맙게도 문제는 영영 해결되지 않았고, 시간이 흐르면서 상자에는 점점 많은 예술품이 쌓여갔다. 이런 딜레마는 왜 생겨날까? 다른 분야들은 모두 딱 떨어지더라도 예술은 그렇지 않기 때문이라고 나는 생각한다. 예술은 인간이라는 존재와 똑 닮아 있다. 살아 있는 것. 본성상 불완전하다는 것. 분류가 불가능한 느낌과 감정을 가진다는 것. 비이성적인 일을 하거나 엉뚱한 물건을 만들어내는 것.

예술은 완벽하게 불완전하다. 당신이 하려고 하는 일에 '예술'이라는 단어가 들어가는 순간, 우리는 완벽으로부터 면제될 권리를 얻는다. 예술은 고맙게도 완벽함에 대한 기대로부터 우리를 해방시켜준다.

나의 작품들도 완벽하지 않기 때문에, 나는 예술에 관해 이야기할 때마다 소파 뒤의 너덜너덜한 상자 이야기를 들려준다. 그러면 사람들은 내 말을 이해하고 더는 나에게 완벽해지라고 요구하거나 나를 귀찮게 하지 않는다.

취약성과 완벽주의의 관계를 강연할 때마다 나는 레너드 코헨의 〈앤섬Anthem〉 노랫말을 인용한다. 그걸 자주 인용하는 이유는 나 자신이 '이만하면 충분해'를 실천하는 동안 이 말이 커다란 위안과 희망을 줬기 때문이다.

"모든 것에는 빈틈이 있어요. 그 틈으로 빛이 들어오죠.There's a crack in everything. That's how the light gets in."

세 번째 갑옷: 감정 마비시키기

이 제목을 보고 어떤 생각이 드는가? 이제부터 중독에 관한 이야기가 나올 것인지 궁금한가? 혹시 '이건 나와 상관없는 이야기잖아'라는 생각이 들더라도 계속 읽어주길 바란다. 이것은 우리 모두의 이야기니까.

우리는 자신을 보호하기 위해 미친 듯이 바쁘게 살곤 한다. '바쁨'에 중독된 사람들을 위해 치유 모임을 만들려면 축구 경기장 하나쯤은 대여해야 할 것이다. 현대사회에는 미친 듯이 바쁘게 살면 삶의 진실이 우리를 따라잡지 못할 것이라고 믿는 사람들이 많다. 통계에 따르면 중독의 영향을 받아본 적이 없는 사람은 매우 드물다. 내 생각에 우리는 누구나 감정을 마비시키는 행동을 한다. 물론 강박적으로, 만성적으로 그런 행동을 한다는 말은 아니다. 그것은 우리 모두가 중독자라는 이야기니까. 하지만 취약성에 관한 감각을 스스로 마비시킨다. 취약성을 마비시키는 행위가 위험한 이유는 고통스러운 경험과 감정만 없애는 것이 아니라 사랑과 기쁨, 소속, 창의성, 공감에 관한 경험도 함께 무뎌지게 하기 때문이다. 마음에 들지 않는 감정 한 가지만 골라서 마비시킬 수는 없다. 어둠을 마비시키면 빛도 마비되는 법이다.

법으로 금지된 약물을 복용하는 행동이나 퇴근 후 와인을 몇 잔 마시는 행동도 '마비'에 포함되는지 궁금한가? 나의 대답은 '예'다. 일단 '감각을 무디게 한다'는 말의 의미부터 점검해보자. 우리가 저녁식사를 준비하고, 식사를 하고, 설거지를 하는 동안 와인을 몇 잔이나 마시는지 한번 생각해보자. 주당 60시간의 노동, 설탕이 듬뿍 들어간 음식, 환상적인 축구경기, 합법적인 약물 그리고 와인과 강력한 진통제로 흐릿해진 머리를 다시 맑게 하려고 마시는 진한 에스프레소에 관해서도 생각해보자. 우리가 날마다 하는 행동들이다. 그렇지 않은가?

마비와 관련된 통계를 처음 봤을 때 나는 다음과 같은 의문을 떠올렸다. '우리는 무엇을 마비시키는가? 왜?' 오늘날 미국인들은 과거의 어느 세대보다도 빚을 많이 지고 있으며, 비만이 심하고, 약물 처방을 자주 받고, 중독 증세도 심하다. 미국 질병관리본부 CDC는 이제 미국 역사상 처음으로 교통사고가 돌연사의 두 번째로 많은 원인이 됐다고 발표했다. 그럼 첫 번째 원인은 무엇일까? 약물남용이다. 현재 미국에서는 합법적인 약물의 오남용으로 사망하는 사람이 헤로인·코카인·메타암페타민 복용으로 사망한 사람을 모두 합친 것보다 많다. 더 놀라운 사실은 합법적 약물의 남용으로 사망한 사람들 가운데 이른바 '거리의 약장수'에게서 불법적으로 약물을 구입한 사람이 5퍼센트 미만이라는 것이다. 지금은 부모, 친척, 친구, 의료인이 약물을 구해준다. 확실히 문제가 있다. 우리는 어떤 것을 덜 느끼거나 더 느끼고 싶은 욕구에 시달린다. 어떤 감정은 없애버리고 어떤 감정은 더 많이 가지려 한다.

나는 중독을 연구하는 학자들과 임상치료를 담당하는 의사들과 여러 해 동안 긴밀하게 협력해서 일했다. 그런 뒤 감정 마비의 일차적인 원인은 자존감과 수치심의 문제라는 잠정적인 결론에 이르렀다. 우리는 자존감이 낮아지거나 자신이 보잘것없는 존재라고 느낄 때 고통을 마비시키는 행동을 한다. 그러나 이것은 퍼즐의 한 조각일 뿐이다. 수치심 외에도 불안과 관계 단절 역시 마비를 촉발하는 원인으로 나타났다. 나중에 설명하겠지만 수치심, 불안, 단절의 세 가지 원인이 결합될 때 마비의 욕구가 가장 커진다.

연구 참가자들이 말한 불안감은 불확실성, 시간에 대한 지나친 압박 그리고 놀랍게도 대인관계 부적응에서 비롯되었다. 단절 disconnection이라는 용어를 찾아내는 과정은 쉽지 않았다. 원래 나는 우울depression이라는 단어를 쓰려고 했는데, 인터뷰 자료를 정리하면서 보니 내가 들은 이야기는 그것과 달랐다. 참가자들의 경험담에는 우울감이 짙게 배어 있었지만 고독, 고립, 의욕 저하, 허탈감 등의 감정도 함께 들어 있었다.

앞에서도 말했지만 내게 개인적으로나 학문적으로나 큰 영향을 미친 발견은 불안의 경험 또는 단절의 경험에 수치심이 거미줄처럼 얽혀 있는 뚜렷한 패턴을 찾아낸 것이었다. 마비의 원인을 묻는 질문에 대한 가장 정확한 대답은 "당신의 위험신호는 무엇인가요?"라는 질문의 대답과 비슷하다. 불안감과 수치심 상승, 단절과 수치심 상승, 불안과 단절과 수치심 상승.

불안한 사람에게 수치심이 찾아오는 것은 자기 삶의 통제권을 잃는다고 느끼고, 점점 힘들어지는 삶을 관리할 수가 없다고 느끼기 때문이다. 게다가 시간이 지날수록 불안감이 층층이 쌓인다. '만약 내가 더 똑똑하고 강하고 훌륭한 사람이라면 뭐든지 잘 해낼 수 있을 텐데'라는 믿음 때문에 못 견디게 힘들어지기도 한다. 그래서 우리는 감정을 마비시키는 방법으로 불안정성을 잊고 자존감의 상처를 무디게 한다.

단절된 느낌에 대해서도 비슷하게 설명할 수 있다. 우리에게 페이스북 친구가 200명쯤 있고, 직장 동료들이 잔뜩 있고, 실제로 만나는 친구와 이웃이 있다 해도 우리는 외로워하고 아무도 자신을 알아주지 않는다고 느낀다. 사람은 본능적으로 연결을 원하기 때문에 단절된 느낌은 반드시 고통을 낳는다. 단절된 느낌은 삶과 인간관계의 정상적인 한 부분일 수도 있지만, 우리가 관계를 유지할 가치가 없는 사람이라서 연결이 끊겼다고 믿으며 수치스러워할 때는 고통이 너무나 크기 때문에 마비를 원하게 된다.

단절된 느낌에서 한 발 나아간 감정이 고립된 느낌이다. 고립감을 느낀다는 것은 진짜로 위험한 단계다. 웰슬리 대학 스톤센터의 관계문화 이론가들인 진 베이커 밀러Jean Baker Miller와 이렌 스티버 Irene Stiver는 고립감의 극한을 다음과 같이 말했다.

"우리가 보기에 인간이 경험할 수 있는 가장 무섭고 파괴적인 감정이 바로 정신적 고립이다. 고립감은 단순히 혼자인 것과 다르다. 고립감은 다른 사람과 연결될 가능성을 박탈당했는데 상황을 변화시킬 힘도 없다는 느낌이다. 정신적 고립이 극한에 달하면 사람은 희망을 잃고 필사적이 된다. 그런 사람은 사형선고와도 같은 고립과 무력감의 결합에서 탈출하기 위해 무엇이든 한다."

수치심을 이해하려면 '그런 사람은 사형선고와도 같은 고립과 무력감의 결합에서 탈출하기 위해 무엇이든 한다'는 대목이 중요하다. 수치심은 대개 절망으로 이어진다. 그리고 고립과 두려움으로부터 탈출하려는 절박한 요구에 대한 반응은 마비, 중독, 우울증,

자해, 거식증, 따돌림, 폭력, 자살 등 다양한 형태로 나타난다.

　스스로를 마비시켰던 날들을 돌아보면 어떨까? 수치심이 불안감과 단절된 느낌을 증폭시킨다는 사실을 이해했을 때 나는 오랫동안 품고 있던 의문에 대한 답을 찾았다. 내가 술을 입에 대기 시작했던 것은 나 자신의 슬픔을 잊기 위해서가 아니었다. 단지 내 힘으로 뭔가를 하고 싶었을 뿐이다. 솔직히 말해서 내가 고등학생이던 시절에 스마트폰과 보석으로 치장한 치와와(요즘 연예인들이 액세서리처럼 데리고 다니는)가 유행했다면, 나는 술과 담배에 손도 대지 않았을 것이다. 나는 취약하다는 느낌을 무디게 하고 싶었을 뿐이다. 나와 같은 테이블에 앉아 있던 여자애들이 모두 춤 신청을 받았을 때 혼자 무료하게 있기가 싫어서 술을 마시고 담배를 피웠다. 내겐 할 일이 필요했다. 남들 눈에 바쁘게 보이고 싶었다.

　25년 전에는 내가 할 수 있는 일이 맥주잔을 어루만지거나, 칵테일을 휘젓거나, 담배를 만지작거리는 것밖에 없다고 생각했다. 나는 테이블에 혼자 남아 있었고 술과 담배를 빼면 친구도 없었다. 나의 취약성은 불안감으로 이어지고, 불안감은 수치심으로 이어지고, 수치심은 다시 단절된 느낌으로 이어졌다. 그리고 단절된 느낌은 버드라이트 생맥주를 불렀다. 감정을 화학물질로 마비시키는 일은 우리가 적응하고, 연결을 추구하고, 불안을 다스리기 위해 하는 행동의 부작용일 뿐이다. 위험하지만 유쾌한 부작용.

　나는 16년 전에 술과 담배를 끊었다. 『나는 불완전한 나를 사랑한다』에 당시 상황을 설명했는데, 다시 소개한다.

나는 어릴 때 불편함에 녹아드는 기술과 감정 관리법을 배우지 못했고, 결국에는 감정을 무디게 하려고 술에 의존하는 알코올 중독자가 되고 말았다. 그러나 나와 같은 이유로 중독자가 된 사람을 치유해주는 모임은 없다. 짧은 실험을 거친 후에 나는 일반적인 치유 모임에서 말하는 '중독'의 증상이 나 같은 완벽주의자들에게는 잘 맞지 않을 수도 있다는 결론에 이르렀다.

내가 집착하는 대상은 댄스홀, 차가운 맥주, 말보로 담배만이 아니었다. 바나나빵, 감자칩과 치즈, 이메일, 공부, 늘 바쁜 생활, 끊임없는 걱정, 계획 세우기, 완벽주의…. 나는 취약성에서 비롯된 고통과 불안을 완화할 수 있는 모든 것에 매달리고 있었다.

──• 해결책: 경계 설정하기, 진정한 위안 찾기, 영혼 가꾸기

'온 마음을 다하는 삶'의 정의에 부합하게 산다고 판단되는 참가자들에게는 공통점이 있었다. 인터뷰 도중에 '마비'라는 주제가 나오면 그들은 모두 다음 세 가지 이야기를 했다.

"내 감정을 온전히 느끼는 방법을 배웠어요."

"마비 행동을 늘 의식해요(그들도 이것은 힘든 일임을 인정한다)."

"부정적인 감정을 느낄 때의 그 불편함 속에 녹아들 줄 알아야 해요."

다 맞는 말이었다. 하지만 나는 '불안감'과 '단절된 느낌' 속으로 들어가는 방법이 뭔지 더 구체적으로 알아보고 싶었다. 그래서 그 질문 하나만 가지고 사람들과 인터뷰를 다시 시작했다. 뭔가가 더 나오리라는 예상은 빗나가지 않았다. 온 마음을 다해 사는 사람들은 '나는 충분해'를 새로운 경지로 끌어올린 사람들이었다. 그들은 마비 행동을 의식하고 감정에 몸을 내맡겼다. 그리고 그들의 삶에는 신중하게 설정된 경계선이 있었다.

나는 '온 마음을 다해 사는' 사람들에게 불안을 줄이기 위해 어떤 선택과 행동을 하느냐고 더 구체적으로 물어봤다. 그러자 그들은 불안을 줄이려면 자신이 할 수 있는 일이 얼마나 많은지, 언제 과부하가 생길지에 주의를 기울이고 "이제 그만"이라고 말하는 연습을 해야 한다고 답했다. 그들은 자신에게 중요한 것이 무엇이며 포기할 때가 언제인가를 확실하게 정해놓고 있었다.

켄 로빈슨 경Sir Ken Robinson은 2010년 TED 콘퍼런스에서 '교육의 혁신'이라는 제목으로 훌륭한 강연을 했다. 강연 첫머리에서 그는 세상 사람들을 두 집단으로 나눈다고 말했다. 그러고는 잠시 말을 멈췄다가 농담 삼아 이렇게 말했다.

"옛날에 위대한 실용주의 철학자 제러미 벤담Jeremy Bentham이 이걸 가지고 말장난을 했죠. 그는 이렇게 말했습니다. '세상에는 두 종류의 사람들이 있다. 사람들을 두 종류로 분류하는 사람과 그렇지 않은 사람.'"

로빈슨은 잠시 숨을 고르더니 미소를 머금고 말했다.

"저는 사람들을 두 종류로 분류합니다."

그 말이 마음에 쏙 들었다. 학문을 하는 사람으로서 나도 늘 사람들을 분류하기 때문이다. 지금부터 나의 분류법 하나를 소개하겠다.

불안은 우리 모두에게 힘든 감정이다. 물론 불안에도 종류가 있고 강도가 각기 다르다. 어떤 불안은 내면에 뿌리를 깊이 박고 있어서 약물과 상담 요법으로 치료해야 하며, 어떤 불안은 환경적 요인에서 비롯된 것이다. 우리는 지나치게 피로하고 지나치게 많은 스트레스를 받으며 산다. 나는 연구 참가자들이 두 집단으로 나뉜다는 사실에 흥미를 느꼈다. A집단에 속한 사람들은 불안에 대처하는 방법은 불안을 관리하고 완화하는 것이라고 답한 데 반해, B집단에 속한 사람들은 불안의 원인이 되는 행동을 변화시키는 것이 답이라고 말했다. 두 집단의 사람들은 오늘날의 첨단기술이 불안을 야기하는 하나의 원인이라고 공히 인정했다. 그래서 나는 날마다 쏟아붓는 이메일, 음성메시지, 문자메시지에 두 집단이 어떻게 대처하는지를 비교해봤다.

- **A집단:** 아이들이 잠자리에 들면 커피를 주전자 가득 끓입니다. 그러고 나서 밤 10시에서 12시 사이에 이메일을 몽땅 처리해요. 이메일이 유난히 많은 날에는 새벽 4시에 일어나서 마저 처리하기도 해요. 메일함에 답장하지 않은 이메일이 있는 상태로 출근하는 게 싫거든요. 아무리 피곤해도 이메일에 답은 꼭 합니다.
- **B집단:** 나는 불필요한 이메일을 안 보내기로 했어요. 친구와 동료들에게도 이메일을 줄여달라고 부탁했죠. 그리고 사람들의 기대치를 조정했어요. 제가 이메일에 답을 하려면 2~3일 걸릴 수도 있다는 걸 알려줬죠. 급한 일이면 전화를 하라고요. 문자나 메일

말고 전화요. 제 사무실에 들러주면 더 좋고요.

- **A집단**: 나는 빨간 신호에 멈춰 있는 시간, 슈퍼마켓에서 줄 서는 시간, 엘리베이터 타는 시간을 활용해서 전화 통화를 합니다. 전화가 걸려오거나 밤중에 무슨 일이 생각날 경우에 대비해서 잘 때도 전화기를 끼고 자죠. 새벽 4시에 비서에게 전화한 적도 있어요. 우리가 준비하고 있던 기획안에 추가할 게 생각났거든요. 비서가 전화를 받아서 잠시 놀랐지만, 내가 전화기를 침대 옆에 두고 자라고 지시한 적이 있다고 그녀가 말해주더군요. 이번 일이 끝나면 좀 쉬면서 스트레스를 풀어야죠. 일할 때도 열심히, 놀 때도 열심히! 그게 제 모토랍니다. 한동안 잠도 줄여가며 일하고 나면 열심히 노는 건 어렵지 않죠.
- **B집단**: 나의 상사, 친구, 가족들은 제가 오전 9시 전이나 밤 9시 이후에는 전화를 안 받는다는 걸 알아요. 만약 그런 시간에 전화가 울린다면 잘못 걸린 전화, 아니면 비상사태입니다. 직장에서 업무 때문에 걸려온 전화 말고, 진짜 비상사태요.

마비 때문에 더 힘들어하는 쪽은 A집단에 속한 사람들이었다. 불안을 줄이는 방법은 불안을 일으키는 사고나 행동이나 감정을 변화시키는 게 아니라 불안을 마비시키는 것이라고 말한 사람들이다. 연구를 진행하던 나도 이 사실을 받아들이기가 정말 싫었다. 나는 언제나 나의 피로와 불안을 더 잘 관리할 방법이 있는지 찾으려 했다. "이런저런 것들을 하지 마세요"라는 말보다 "이렇게 해보세요"라는 조언을 듣고 싶었다. 나의 고통스러운 경험은 마비시키기에 관해 가장 많이 이야기한 사람들이 들려준 경험과 닮아 있었다. 반면에 비록 소수였지만 자신의 삶을 자신의 가치관과 일치시키고 경계를 설정하는 방법으로 불안의 근원을 제거한다고 답한 B집단의 사람들은 '온 마음을 다하는 삶' 위에 있었다.

우리가 B집단 사람들에게 경계선과 한도를 정하는 방법에 관해 물었더니 그들은 경계선이 자존감과 관련이 깊다고 이야기했다. "이제 그만!"이라고 말하기 위해서는 '나는 이만하면 충분해'라는 믿음이 있어야 한다는 것이다. 여자들의 경우 경계선을 설정하는 일은 한층 더 어렵다. 수치심 그렘린들이 재빨리 달려와 간섭하기 때문이다.

"거절하기 전에 신중하게 생각해. 그 사람들이 크게 실망할걸? 사람들을 실망시키지 마. 착한 여자가 돼야지. 모든 사람을 행복하게 해줘야지."

남자들에게는 그렘린들이 이렇게 속삭인다.

"남자답게 행동하셔. 진짜 사나이는 그걸 해낼 수 있어. 아니, 그보다 더한 것도 해내지. 우리 마마보이께서 너무 피곤하신가?"

알다시피 '대담하게 뛰어들기'란 우리의 취약성을 끌어안는 것이다. 취약성을 끌어안는다는 것은 수치심이 우리를 지배하는 상황에서는 불가능한 일이다. 불안 때문에 단절을 느낄 때도 이 점은 마찬가지다. 연결의 가장 강력한 두 가지 형태가 사랑과 소속감이다. 사랑과 소속감은 남녀노소를 불문하고 사람에게 꼭 필요한 감정이다. 인터뷰를 진행하는 과정에서 나는 사랑과 소속감을 깊이 느끼는 사람들과 그렇지 못해서 힘겨워하는 사람들의 차이점이 단 하나라는 사실을 발견했다. 그 차이점은 바로 자신이 가치 있는 존재라는 믿음이었다. 결론은 매우 단순하면서도 복잡하다. 사랑과 소속감을 충만하게 느끼고 싶다면 우리 자신이 사랑받고 어딘가에 소속될 가치가 있는 존재라고 믿어야 한다.

여기서 잠깐! 마비와 단절된 느낌에 관해 더 알아보기 전에 두 단어의 의미를 정리하고 넘어가자. '사랑'의 정의는 앞에서 제시했다. 내가 통계에서 이끌어낸 '연결'과 '소속감'의 정의는 다음과 같다.

- **연결**: 사람들이 서로를 알아주고, 서로의 말을 들어주고, 서로를 가치 있는 존재로 여겨줄 때 생겨나는 에너지. 연결된 느낌이 생겨나려면 서로를 비판하지 않고 상호작용할 수 있어야 한다.

- **소속감**: 나보다 큰 어떤 것의 일부가 되고 싶어 하는 인간의 본성적인 욕구. 소속의 욕구는 매우 원초적이어서 자신을 억지로 끼워 맞춰서라도 승인받고 소속감을 얻으려 하기도 한다. 하지만 이런 행동으로는 소속감을 온전히 대체하지 못하며, 오히려 소속감을 저해하기도 한다. 진정한 소속감은 우리의 진짜 모습, 불완전한 모습을 세상에 보여줄 때만 얻을 수 있기 때문이다. 우리가 느끼는 소속감은 자신을 긍정하는 감정보다 커질 수 없다.

이 정의들은 우리의 삶에 단절된 느낌이 생겨나는 이유와 상황을 바꿀 방법을 이해하는 데 꼭 필요하다. 연결된 삶을 살기 위해서는 경계를 설정하고, 우리에게 중요하지 않은 사람들과 줄다리기를 해서 이기느라 쓰는 시간과 에너지를 줄이고, 가족이나 친한 친구들과 더 단단히 이어지는 일의 가치를 알아야 한다.

이 연구를 시작하기 전까지 나의 질문은 "이런 감정에서 가장 빨리 벗어나는 방법이 무엇일까?"였다. 요즘 나는 이런 질문을 던진다. "이런 감정들은 대체 무엇이며 어디서 비롯되는 것일까?" 답은 언제나 같다. 내가 스티브나 아이들과 충분히 연결되어 있지 않다고 느낀다는 것. 그리고 그런 감정들은 수면이 부족하거나, 충분히 놀지 못했거나, 일을 너무 많이 했거나, 취약성으로부터 도망치려고 할 때(당신에게 해당하는 것을 골라보라) 찾아온다. 이 질문들에 답할 수 있게 된 것이 나에게는 획기적인 변화였다.

이제 남은 질문은 단 하나. 내가 자주 받는 질문이기도 하다.

"쾌락과 위안과 마비를 어떻게 구분하나요?"

자기계발 코치이자 작가인 제니퍼 루덴Jennifer Louden은 감정을 마비시키는 수단을 '그림자 위안shadow comforts'이라고 부른다. 불안하거나, 취약해지거나, 단절된 느낌을 느끼거나, 고독하거나, 무력감에 빠질 때 우리는 술과 음식과 장시간 노동과 하루 24시간 온라인 상태에 있는 것을 위안처럼 느낀다. 하지만 이런 것들은 우리 삶에 길고 어두운 그림자를 드리울 뿐이다. 『인생 정리하기The Life Organizer』라는 책에서 루덴은 이렇게 말했다.

"그림자 위안은 온갖 형태로 나타날 수 있다. 당신이 무엇을 하느냐는 중요하지 않다. 그 일을 왜 하고 있느냐가 중요하다. 당신이 초콜릿 한 조각을 성찬식 때 받는 음식처럼 천천히 먹는다고 치자. 그것은 진짜 위안이다. 당신이 몹시 흥분한 가운데 마음을 진정시키기 위해 초콜릿바 하나를 통째로 입안에 넣고 우물우물 씹는데도 무슨 맛인지 잘 모르겠다면? 그것은 그림자 위안이다. 당신은 30분 동안 메신저로 수다를 떨면서 사람들에게서 에너지를 얻고 다시 일을 시작할 채비를 갖출 수도 있다. 아니면 당신이 어젯밤에 얼마나 화가 났는지를 배우자에게 이야기해야 하는데 그것을 회피하기 위해 메신저로 수다를 떨고 있을 수도 있다."

내가 통계에서 발견한 것도 루덴이 지적한 바와 일치한다.

"당신이 무엇을 하느냐는 중요하지 않다. 그 일을 왜 하고 있느냐가 중요하다."

우리의 선택에 숨어 있는 의도가 무엇인지 생각해보자. 그게 도움이 됐다면 가족, 친구, 전문가와 의논도 해보자. 그림자 위안과 다른 파괴적인 마비 행동을 정확히 가릴 수 있는 질문 목록이나 규칙 따위는 없다. 진짜 위안과 그림자 위안을 구분하려면 자기 점검과 성찰이 필요하다. 그리고 사랑하는 사람들에게서 당신이 그런 행동에 몰두하는 것이 걱정된다는 말이 나올 때 귀 기울여 들으라고 권하고 싶다. 하지만 궁극적으로 그런 질문들은 우리의 지식이나 감정을 넘어선다. 그것은 우리의 영혼에 관한 질문들이다. 나의 선택은 나에게 위안이 되고 나의 영혼을 풍요롭게 하는가, 아니면 취약성과 불편한 감정을 일시적으로 유예해서 결국 나의 영혼을 왜소하게 만드는가? 내가 선택한 행동은 '온 마음을 다하는 삶'에 도움이 되는가, 아니면 나에게 공허한 느낌을 안겨주고 계속해서 뭔가를 찾아 헤매게 만드는가?

내 경우를 예로 들자면, 잘 차려진 식탁 앞에 앉아서 식사하는 행위는 쾌락인 동시에 영혼을 살찌우는 일이다. 냉장고 앞 또는 조리대 앞에 서서 끼니를 때우는 행위는 위험신호다. 텔레비전 앞에 앉아서 내가 좋아하는 프로그램을 보는 것은 쾌락이다. 한 시간 동안 채널을 이리저리 돌려가며 TV를 시청하는 것은 마비 행동이다.

어떤 행동이 영혼을 살찌우는 일인지, 자신을 왜소하게 만드는 일인지를 판단하려면 마비 행동이 우리 주변에 있는 사람들(낯선 사람들도 포함해서)에게 어떤 영향을 미치는지를 생각해본다. 2년쯤 전 나는 현대인들의 미친 듯이 바쁘고 불안에 시달리는 생활방식이 주변 사람들에게 어떤 영향을 미치는지를 관찰한 후《휴스턴 크로니클》에 휴대전화와 사람 사이의 단절에 관한 칼럼을 실은 적이 있다. 그 칼럼의 일부를 소개하겠다.

지난주에 즐거운 마음으로 매니큐어 서비스를 받으러 갔다가 충격을 받았다. 내 맞은편에 앉아 있던 여자 손님 두 명이 서비스를 받는 내내 전화통화를 했기 때문이다. 그들은 고개를 끄덕이고, 눈살을 찌푸리기도 하고, 가끔 손가락을 움직여 네일리스트에게 손톱 길이와 광택제 색상을 알려줬다. 나는 이 광경을 믿을 수가 없었다.

나는 10년째 같은 네일리스트 두 명에게 서비스를 받고 있다. 그들의 이름(베트남에서 불리는 진짜 이름)을 알고, 그들의 아이들 이름도 알고, 그들이 살아온 이야기를 꽤 많이 안다. 그들 역시 내 이름을 알고, 내 아이들 이름을 알고, 내가 살아온 이야기를 꽤 많이 안다. 내가 마침내 전화기를 붙들고 있는 여자들에 대해 한마디 했더니 두 네일리스트는 재빨리 시선을 피했다. 나중에 네일리스트 한 사람이 내 귀에 대고 속삭였다.

"저분들을 몰라서 그래요. 우리를 사람 취급도 안 하는 손님들이 얼마나 많은데요."

집에 오는 길에 대형서점에 들러 잡지 한 권을 샀다. 계산대에서 내 앞에 서 있던 여자는 책 두 권을 사고, 회원카드 신규 발급을 신청하고, 책 두 권 중 한 권을 포장해달라고 요청하면서도 손에서 휴대전화를 놓지 않았다. 그녀는 계산대에서 일하는 젊은 여점원과 눈 한 번 마주치지도 않고 직접 이야기를 나누지도 않으면서 그 모든 일을 지시했다. 바로 앞에 있는 사람의 존재를 처음부터 끝까지 무시한 셈이다.

서점에서 나온 나는 다이어트 음료를 사기 위해 차를 몰고 드라이브스루 패스트푸드 음식점에 갔다. 서비스 창구 앞에 차를 세우자마자 내 휴대전화가 울렸다. 누군지 짐작이 안 갔다. 혹시 찰리의 학교에서 걸려온 전화일지도 모른다고 생각했으므로 전화를 받았다. 그런데 학교에서 온 전화가 아니었다. 누군가가 약속을 확인하기 위해 전화한 것이었다. 나는 최대한 빨리 전화를 끊었다.

"네, 그날 갈게요"라고 대답하는 그 짧은 시간 동안 서비스 창구의 여점원과 나는 음료를 사고 돈을 지불하는 거래를 끝냈다. 나는 전화를 끊자마자 점원에게 사과했다.

"정말 미안해요. 차를 세우자마자 전화벨이 울려서 아이 학교에서 전화가 온 줄 알았어요."

점원은 뜻밖의 말에 놀랐던 것 같다. 그녀는 눈물이 그렁그렁한 눈으로 이렇게 대답했다.

"고맙습니다. 정말로요. 잘 모르시겠지만 그런 게 정말 굴욕적일 때가 있어요. 사람들은 우리를 쳐다보지도 않거든요."

그녀의 기분이 어떨지 정확히 알지는 못하지만, 서비스업에 종사하면서 투명인간처럼 되는 것이 어떤 기분인지는 나도 안다. 그것은 이루 말할 수 없는 모욕이다. 나는 대학 4년 내내, 그리고 대학원에 다니던 시기에도 얼마간 웨이터와 바텐더로 일했다. 내가 일한 곳은 캠퍼스와 가까운 거리에 있는 고급 레스토랑이었는데, 부유한 대학생과 그들의 부모(주말에 대학생 자녀를 찾아와서 자기 아이와 아이 친구들을 레스토랑에 데려가는 부모)가 즐겨 찾는 장소였다. 나는 20대 후반이었고, 당시 30세가 되기 전에 석사학위를 마치고 싶은 마음이 간절했다.

고객들이 점원을 존중하고 친절하게 대할 때는 괜찮았다. 하지만 '웨이터는 사람이 아닌 물건'이라는 식의 취급을 당하는 순간이 단 한 번만 있어도 나는 갈기갈기 찢기는 기분이었다. 불행히도 나는 요즘도 그런 일을 자주 목격한다.

나는 웨이터에게 말을 하면서도 그들에게 눈길도 주지 않는 어른들을 종종 본다. 어린 자녀가 가게 점원에게 말을 함부로 하는데 그냥 두는 부모들을 본다. 사람들이 접수원에게 화를 내고 소리를 질러대지만 의사, 은행 임원, 직급이 높은 사람에게는 최대한 존경을 표하는 모습도 본다. 그리고 나는 인종, 계급, 특권의 어두운 면이 그 어느 시대보다 가장 해로운 방식으로 드러나는 모습을 본다. 서비스하는 사람과 서비스를 받는 사람의 관계가 그것이다.

다들 고객서비스가 엉망이 돼버린 이유를 알고 싶어 한다. 나는 오히려 고객들의 행동이 엉망이 돼버린 이유를 알고 싶다.

사람을 물건으로 취급하는 것은 그들을 비인간화하는 것이다. 우리는 그들의 영혼에, 그리고 자신의 영혼에 못할 짓을 하고 있다. 오스트리아 태생의 철학자 마르틴 부버Martin Buber는 '나-그것 관계'와 '나-너 관계'의 차이에 관해 역설한 바 있다. '나-그것 관계'는 우리가 물건처럼 대하는 사람들과 어떤 거래를 할 때 우리가 맺는 관계를 의미한다. 그들은 오직 우리에게 서비스를 제공하기 위해 또는 어떤 일을 해주기 위해 존재하는 사람들이다. '나-너 관계'에는 인간적 유대감과 공감이 있다. 부버는 이렇게 말했다.

"두 사람이 서로를 진실하고 인간적으로 대할 때, 그들 사이에서 발생하는 에너지가 곧 신God이다."

10년 동안 소속감, 솔직함, 수치심 등을 연구한 사람으로서 내가 장담할 수 있는 것은 사람은 본능적으로 연결을 갈망하는 존재라는 것이다. 우리는 감정적·육체적·정신적 연결을 원한다. 우리가 모두 세탁소에서 일하는 아저씨라든가 드라이브스루 매장에서 일하는 아가씨와 의미 있고 끈끈한 관계를 맺어야 한다고 주장할 생각은 없다. 다만 사람들을 비인간화하는 일을 그만두고, 사람과 이야기할 때는 최소한 눈을 맞추자고 제안하고 싶다. 만약 우리에게 그 정도 성의를 보여줄 시간이나 에너지도 없다면 꼼짝 말고 집에만 있어야 할 것이다.

나의 연구에 따르면 영성은 '온 마음으로 살기'의 기본 조건이다. 종교를 믿지 않아도 상관없다. 우리가 자신보다 큰 어떤 힘에 의해, 사랑과 연민에 기초한 어떤 힘에 의해 불가분의 관계로 서로 얽혀 있다는 확고한 믿음이 바로 영성이다. 어떤 사람들에게는 그것이 신이지만 어떤 사람들에게는 그것이 자연, 예술, 혹은 사람의 정신일 수도 있다. 자존감을 가진 사람이 되려면 먼저 우리가 신성한 존재라는 사실을 인정해야 한다. 어쩌면 취약성을 받아들이고 마비를 이겨내는 일이야말로 궁극적으로 우리의 영혼을 돌보고 살찌우는 일일지도 모른다.

지금까지 우리는 무기고의 문을 열어, 사람들이 취약성으로부터 자신을 보호하기 위해 활용하는 보편적인 갑옷들을 하나씩 살펴봤다. 기쁨 차단하기, 완벽주의, 마비시키기는 가장 널리 쓰이는 세 가지 갑옷이며 주요 방어기제였다. 이 장을 끝내기 전에 나는 무기고에서 사람들이 자주 손대지 않는 선반을 잠시 살펴보려고 한다. 그 선반에는 가면 몇 개와 소박한 갑옷들이 놓여 있다. 이 작은 보호기제들 중에 한두 개는 우리에게 친숙하다. 비록 그렇지 않더라도, 그 반짝이는 갑옷과 가면들의 표면에 반사된 자신의 모습을 보면서 자기 자신을 더 많이 이해할 수 있으리라 믿는다.

'어차피 세상은 약육강식'이라는 위험한 생각

내가 이 갑옷을 발견한 것은 연구 참가자들의 상당수가 자신은 취약성이라는 단어를 쓰지도 않는다고 말했을 때였다. 취약성은 무시, 방어적 태도, 적대적 태도까지 다양하게 나타날 수 있다는 말에 그들은 자신과 상관없는 일이라고 답했다. 그들과 인터뷰를 하고 대화를 나누면서 나는 세상을 바라보는 하나의 렌즈를 떠올렸다. 그 렌즈를 통해 보면 모든 사람이 두 집단으로 나뉜다. 나는 두 집단을 각각 '포식자Viking'와 '피식자Victim'라고 부른다(원문 그대로 옮기면 '바이킹'과 '희생양'이 되겠지만, 문맥을 고려해 '포식자'와 '피식자'라는 용어를 택했다 - 옮긴이).

취약성의 가치를 지적 또는 이론적으로 이해하지 못했던 몇몇 참가자들과 달리, 이런 사람들은 세상 모두가 둘 중 하나의 집단에 속한다는 믿음을 공유하고 있었다. 첫 번째는 남에게 잡아먹히는 사람들인 '피식자' 집단이다. 항상 이용만 당하고 자기 몫을 챙기지 못하는 멍청한 사람들. 이들은 다른 말로 '루저loser'라고 불린다. 두 번째 집단은 남을 잡아먹는 '포식자'들이다. 포식자들은 자기도 언제 잡아먹힐지 모른다고 경계하면서 매사를 자기가 지배하고 통제하려 한다. 이들은 권력을 마구 휘두르고, 취약한 모습은 절대로 남에게 보이지 않는다. 이들과의 인터뷰를 정리하고 통계로 변환하는 동안 나는 프랑스 철학자 자크 데리다Jacques Derrida와 이항대립(두 가지 대립적인 요소가 한 묶음을 이루는 것)에 관한 내 학위논문을 자주 떠올렸다. 모두가 똑같은 예를 든 것은 아니지만, 그들이 자신의 세계관을 설명하기 위해 사용한 언어에는 이항대립의 패턴이 뚜렷하게 나타났다. 승자와 패자, 강자와 약자, 성공과 실패, 사느냐 죽느냐, 죽이느냐 죽임을 당하느냐, 내가 밟느냐 남에게 밟히느냐. 이런 말들로 충분한 설명이 안 된다면, 무지막지한 방식으로 성공가도를 달리고 있는 변호사 한 사람의 인생관을 한번 들어보시라.

"세상은 나쁜 놈들과 멍청한 놈들로 이뤄져 있습니다. 아주 단순하죠."

'포식자와 피식자'라는 세계관이 어디서 비롯됐는지 확실히 알 수는 없다. 다만 그런 세계관을 가진 참가자들의 대부분은 어린 시절부터 그렇게 배웠으며 고난을 이겨낸 경험과 직업훈련의 과정에서 그런 세계관을 갖게 됐다고 말했다. 이런 참가자들은 여자들도 더러 있었지만 대부분 남자였다. 남자들 다수가(심지어는 포식자와 피식자라는 이분법에 의존하지 않는 남자들도) 승자와 패자가 명확히 갈리는 제로섬의 권력다툼에 대해 어릴 때부터 보고 들었다고 말했다. 그리고 우리가 3장에서 살펴본 남자다움의 규범 목록을 잊지 말자. 그 목록에는 여자들을 상대로 승리하고, 지배하고, 권력을 행사하는 것이 포함된다.

삶의 경험과 인간관계도 중요한 원인이겠지만, 이들의 대부분은 대개 포식자와 피식자라는 이분법적 사고가 강요되는 분위기에서 일하거나 그런 직업을 가진 사람들이었다. 이런 이야기를 들려준 사람들은 대체로 서비스업 종사자, 퇴역 군인, 교도소·경찰·검찰 관계자, 그리고 법률·기술·금융 분야에서 높은 성과를 요구받으며 치열한 경쟁에 시달리는 사람들이었다. 이 사람들이 자신이 원래 가지고 있던 사고체계를 극대화하는 직업을 선택한 것인지, 아니면 그들의 직장 경험이 세계관 형성에 결정적인 영향을 미친 것인지 궁금했다. 전자에 속한 사람이 더 많으리라는 가설을 세웠지만 추측일 뿐이었다. 이 점에 관해서는 지금도 연구를 진행 중이다.

약육강식이라는 세계관을 가진 사람들과의 인터뷰가 더욱 까다로웠던 이유는 그들이 자신의 사생활에 닥친 어려움을 솔직하게 이야기했기 때문이다. 주변 사람의 위험한 행동, 이혼, 관계 단절, 고독, 중독, 분노, 피로…. 그러나 이들은 자신들의 세계관이 그렇게 부정적인 결과를 초래했다고 말하지는 않았다. 이들은 그것을 인생이란 원래 승자와 패자가 갈리는 무자비한 것이라는 증거로 간주했다.

취약성을 수용하지 못하는 이른바 '포식자와 피식자'형 직업을 가진 사람들의 통계를 들여다보던 중, 나는 위험한 패턴을 하나 발견했다. 그 패턴이 가장 뚜렷하게 나타나는 곳은 군대였다. 외상 후 스트레스와 연관된 자살, 폭력, 중독, 비행에 관한 통계는 모두 하나의 섬뜩한 진실을 가리키고 있었다. '아프가니스탄과 이라크에서 복무한 미군 병사들에게 귀향은 전투에 참가하는 것보다 더 치명적이었다!'

미국이 아프가니스탄을 침공한 2009년 여름부터 현재까지 아프가니스탄 영토에서 전투 중 사망한 미군은 761명이다. 그런데 같은 기간 스스로 목숨을 끊은 미군 병사들은 817명이다. 그나마

폭력, 위험한 행동, 중독으로 인한 사망은 제외한 수치다. 텍사스 대학의 심리학자이자 자살 전문가로서 최근 공군에서 전역한 크레이그 브라이언Craig Bryan의 이야기를 들어보자. 그는 《타임Time》과의 인터뷰에서 미군이 빠져나오기 힘든 덫에 걸렸다고 말했다.

"우리는 병사들을 훈련시켜 통제된 폭력을 행사하고, 역경 앞에서 고통스럽더라도 감정적 반응을 억제하고, 육체적·정신적 고통을 참아내고, 부상과 사망에 대한 두려움을 극복하도록 훈련합니다. 그런데 이런 특징은 높은 자살률과 연관이 있습니다."

브라이언은 미군이 그런 분위기를 완화하려면 전투 능력에 미칠 부정적인 영향을 감수해야 한다고 설명했다. 그는 군에 있는 사람들이 '약육강식'이라는 렌즈를 통해 세상을 바라보는 것이 얼마나 위험한 일인지를 다음과 같이 냉정한 언어로 표현했다.

"쉽게 말해서 현역 군인들은 직업훈련을 받으면서 자기 자신을 사살하는 능력을 키우고 있습니다."

이것은 군대의 극단적인 상황일 수도 있지만, 경찰관들의 정신적·육체적 건강에 관한 통계에서도 똑같은 사실이 발견된다. 다른 조직의 상황도 비슷하다. 리더십이나 교육이나 설교가 승자 또는 패자, 포식자 또는 피식자라는 신조를 토대로 삼을 때 우리의 조직에서는 믿음, 혁신, 창의성, 융통성이 사라진다. 총이 있고 없고의 차이만 있을 뿐 미국 굴지의 기업들에서도 군대, 경찰과 비슷한 일이 벌어지고 있다. 승리 아니면 패배, 성공 아니면 실패라고 교육받는 직업의 대표격인 변호사들도 정신적·육체적 건강 면에서 군인들과 별반 차이가 없다. 미국변호사협회 보고서에 따르면 변호사들의 자살률은 인구집단 전체 자살률의 4배에 이른다. 미국변호사협회 저널에 실린 어느 논문에서 변호사들의 우울증과 약물남용을 연구하는 전문가들은 변호사들의 완벽주의, 직업상 취해야하는 공격적인 태도, 감정적 소외가 높은 자살률의 원인이라고 지적했다. 이런 정신 상태가 장기간 유지되면 가정생활에도 부정적인 영향을 미친다. 우리가 아이들에게 취약성은 위험하므로 치워버려야 한다고 가르치고 그런 모습을 몸소 보여준다면 어떻게 될까? 우리 아이들도 위태로워지고 소외감에 시달리게 된다.

'어차피 세상은 약육강식이야'라는 보호막은 지배와 통제, 자신을 포식자라고 여기는 다른 사람들과의 힘 겨루기 같은 행동을 영속화한다. 그뿐만 아니라 항상 자신이 표적이 된다거나 불공정한 대우를 받는다고 여기며 힘들어하는 사람들에게 영원한 피해의식을 떠안긴다. 약육강식이라는 렌즈를 통해 세상을 바라본다면 사람들이 차지할 수 있는 자리는 두 종류밖에 없다. 권력을 행사하는 자리와 권력이 없는 자리. 인생에서 우리의 역할을 이처럼 극단적인 두 가지 중 하나를 선택하는 문제로 규정할 경우 유의미한 변화나 전환을 향한 희망을 품기가 매우 어려워진다. 그래서 이런 세계관을 가진 사람들은 상자 속에 갇힌 느낌을 자주 받는다.

연구 참가자들은 '약육강식'이라는 렌즈로 살다가 어떻게 취약성을 받아들이게 됐을까? 자신이 그렇게 배웠기 때문에 혹은 그런 가치를 중시했기 때문에 포식자처럼 행동했던 사람들과, 트라우마를 겪은 후에 약육강식 렌즈를 통해 세상을 바라보게 된 사람들 사이에는 뚜렷한 차이가 있었다. 둘 중 어느 쪽이든 간에 '포식자와 피식자' 논리에 도전하는 궁극의 질문은 이것이다.

"당신은 성공을 어떻게 정의합니까?"

사실 승리 아니면 패배, 성공 아니면 실패라는 패러다임 속에 사는 포식자들은 대다수 사람이 '성공'이라고 이름 붙이는 기준에 비춰보더라도 성공적이지 못하다. 경쟁, 전투, 트라우마가 한창 진행되는 동안에는 생존이나 승리가 성공일지 모르지만 즉각적인 위협이 사라진 후에는 다르다. 단순히 살아남는 것과 사는 것은 다르다. 앞에서 설명한 것처럼 사랑과 소속감은 남녀노소를 불문하고 사람에게 꼭 필요한 감정인데 취약해지지 않고 사랑과 소속감을 경험하기란 불가능하다. 연결이 없는 삶, 사랑과 소속감을 모르는 삶은 승리가 아니다. 두려움과 부족한 느낌은 약육강식이라는 세계관을 선택하는 원인이 된다. 그래서 취약성과 화해한다는 것은 자신의 수치심을 유발하는 요인을 점검한다는 뜻이다. 무엇이 '승리 아니면 패배'라는 두려움을 유발하는가? 승리 아니면 패배라는 패러다임에서 '온 마음을 다하는 삶'으로 전환하는 데 성공한 사람들은 이구동성으로 말한다. 전투적이지 않은 방식으로 세상에 참여하고 싶다면 우선 사람들과의 관계에서 신뢰를 쌓고 연결을 경험해야 한다고.

나는 전투부대가 더 친절하고 온화해져야 한다는 말을 하려는 것이 아니다. 연결과 군대 이야기를 동시에 하고 있지만, 국제관계의 현실과 국가 안보를 지키는 군인들의 현실은 나도 이해한다. 나의 주장은 우리가 더 친절하고 온화한 대중이 되자는 것이다. 우리의 취약성을 줄이기 위해 누군가에게 돈을 지불할 때는 그 사람을 호의적으로 대하자. 그리고 우리 역시 그 사람들에게 손을 내밀어 도움을 청해보자. 우리는 기꺼이 손을 내밀어 그들과 이어질 준비가 되어 있는가?

누군가와 이어진 느낌이 사람의 상처를 치유하고 사람을 변화시킬 수 있음을 보여주는 좋은 사례가 있다. 팀RWB(팀 레드, 화이트 앤 블루TeamRWB.org)에서 진행한 프로젝트다. 팀RWB는 퇴역군인의 삶을 개선하는 제일 좋은 방법은 지역사회 안의 누군가와 유의미한 관계를 맺는 것이라고 믿는다. 그래서 그들은 부상당한 퇴역군인을 해당 지역의 자원봉사자와 연결해주는 프로그램을 운영한다. 짝이 된 두 사람은 식사를 함께하고, 퇴역군인의 병원 약속에 동행하고, 지역 스포츠 행사와 사교 모임에도 함께 참석한다. 이런 상호작용을 통해 퇴역군인들은 자신의 지역사회 안에서 성장을 도모하고, 자신에게 우호적인 사람들을 만나고, 새로운 삶의 의욕을 되찾는다.

내가 팀RWB 프로젝트에 관심을 가진 이유는 단지 연구 때문만은 아니었다. 나 자신이 휴스턴 대학에서 강의를 하면서 퇴역군인 및 군인 가족들과 함께 수치심 회복탄력성 프로젝트를 진행한 적이 있었기 때문이다. 그때의 경험은 내 인생을 변화시켰다. 그 경험을 통해 나는 우리 모두가 퇴역군인들을 위해 할 수 있는 일이 얼마나 많은지를 깨달았다. 우리가 정치적인 이유 때문에, 혹은 전쟁에 대한 각자의 신념 때문에 퇴역군인들에게 선뜻 손을 내밀어 취약성과 연민과 이어진 느낌을 나눠주지 못한다는 사실도 알게 됐다. 나는 퇴역군인들을 만날 수 있었다는 것, 그리고 그들을 인터뷰하면서 그들이 경험한 것을 배울 수 있었다는 것에 대해 지금도 감사하게 여긴다. 전쟁의 상처를 생각하며 아파하는 사람은 많지만, 상처를 치유할 기회가 바로 우리 앞에 있는데도 놓치고 있기 때문이다. 퇴역군인들을 돕기 위해 뭔가 하고 싶어 하는 우리 모두에게 팀RWB는 다음과 같은 모토로 행동을 촉구한다. '이제 우리 차례입니다!'

나는 지금도 팀RWB와 협력하고 있다. 참여를 원하는 사람이라면 누구든 환영한다. 대담하게 뛰어들자. 그래서 퇴역군인과 가족들에게 당신은 혼자가 아니라는 메시지를 직접 전해주자. 우리의 행동은 다음과 같은 메시지를 전할 것이다. '당신의 어려움은 나의 어려움입니다. 당신의 트라우마는 나의 트라우마입니다. 당신의 치유는 나의 치유입니다.'

누구나 알고 싶어 하는 것이 하나 있다. 왜 어떤 사람들은 트라우마를 겪고도 무너지지 않았을까? 전쟁, 가정폭력, 성폭력, 육체적 폭력 또는 조용히 진행되지만 실제로는 똑같이 해로운 암묵적인 억압, 방치, 고립, 극단적인 공포, 극도의 스트레스 따위를 겪은 사람들은 대부분 그 트라우마 안에서 살아간다. 트라우마에서 벗어나지 못한 보통 사람들은 자신이 경험한 폭력을 남에게 행사하기도 하고, 중독 증세로 고생하기도 하고, 상황이 달라졌는데도 자신이 희생자라는 느낌에서 벗어나지 못한다. 트라우마를 겪은 사람들 가운데 일부만이 놀라운 회복탄력성을 발휘해 '온 마음을 다하며' 살아간다. 그 비결은 무엇일까?

6년 동안 수치심을 연구한 사람으로서 그 비결 중 하나가 수치심 회복탄력성이라고 단언한다. 수치심 회복탄력성이 높은 사람들은 앞에서 살펴본 4단계를 의식적으로 키웠다. 하지만 그것이 비결의 전부는 아니었다. '온 마음을 다하는 삶'과 취약성에 관한 인터뷰를 시작하기 전까지는 나도 비결의 나머지 부분을 모르고 있었다. 나는 새로운 인터뷰를 하면서 비로소 다음과 같은 이치를 파악했다. 만약 우리가 세상을 바라보는 '약육강식'이라는 렌즈가 일종의 생존기제라면, 그 세계관을 포기하는 것은 불가능한 일이라거나 자신의 생명이 끊기는 일이라고 느낄 수 있다. 어떤 사람에게 육체적·인지적·감정적 생명과도 같은 세계관을 포기하라고 쉽게 요구할 수 있겠는가? 든든한 도움을 받으면서 대안적인 전략을 마련하지 않고서는 누구도 자신의 생존 전략과 결별할 수 없다. '포식자와 피식자'라는 보호막을 제거하기 위해서는 트라우마에 관한 지식을 가진 전문가의 도움을 받아야 한다. 집단 치유를 하는 것도 효과적이다.

연구 참가자들 가운데 트라우마를 이겨내고 '온 마음을 다하며' 살고 있는 사람들은 다음과 같은 것들이 반드시 필요하다고 말했다. 문제를 인정하고 전문가의 도움이나 지원을 요청하는 것. 수치심을 극복하고 누군가에게 비밀을 털어놓는 것. 그리고 취약성과 화해를 생각만 하지 말고 날마다 실천하는 것이다.

'온 마음을 다하며' 사는 사람들과의 인터뷰에서는 늘 영성이 중요하게 다뤄졌다. 특히 자신을 단순히 트라우마를 겪은 사람이 아니라 행복하게 잘사는 사람으로 간주하는 참가자들이 이를 강조했다.

모조리 털어놓는 것은 솔직함과 다르다

우리 사회에 존재하는 모든 걸 털어놓는 문화는 두 유형으로 나타난다. 나는 첫 번째 유형을 '갑자기 투광조명 비추기floodlighting', 두 번째 유형을 '유리창 깨고 관심 긁어모으기smash and grab'라고 부른다. 취약성에 관한 통념을 다룬 장에서 살펴본 바와 같이, 과도한 솔직함은 취약성과 다르다. 경우에 맞지 않는 모조리 털어놓기의 결과는 단절된 느낌, 불신감, 놓아버리기다.

'투광조명'이라는 비유적 표현을 이해하기 위해서는 지나치게 솔직한 고백 뒤에 숨겨진 다면적인 의도를 알아야 한다. 뜬금없이 지나치게 솔직한 고백을 하는 사람에게는 자신의 고통을 완화하고, 관계의 충실성과 내구성을 시험하고, 새로운 관계에 불을 붙이려는("당신과 만난 지 2주일밖에 안 됐지만 제가 이런 이야기까지 한다고요. 이제 우린 절친이 되는 거, 맞죠?") 의도가 있다. 이런 식의 고백을 해본 사람들(나도 해봤다)에게는 안된 일이지만, 대개 상대의 반응은 우리의 기대와 반대로 나타난다. 상대는 놀라서 움찔하며 관계의 창을 닫아버린다. 그러면 수치심은 물론 단절된 느낌이 더욱 커진다. 취약성을 이용해서 자신의 불편한 마음을 내려놓거나, 관계의 내구성을 시험하거나("내가 이걸 털어놓아도 당신이 내 곁에 머무를지 한번 봅시다"), 관계를 획기적으로 발전시키는 것은 애초에 가능한 일이 아니다. 일은 그렇게 되지 않는다.

정상적인 경우라면 어떨까? 우리가 다른 사람에게 손을 내밀어 자신의 두려움, 희망, 고충, 기쁨 등을 털어놓으면 그 관계에 작은 불꽃이 생성된다. 우리가 털어놓은 취약점은 주로 어두운 장소에서 빛을 낸다. 나는 이런 현상을 '반짝이는 빛twinkle light'이라고 부른다(나는 이것을 기억하기 위해 집 안에 반짝이는 조명을 사시사철 켜둔다). 어둡고 음침한 장소에서 반짝이는 조명은 마법 같은 분위기를 풍긴다. 우리 집의 조명등은 아담한 편이어서 전구를 하나만 켜두면 특별하지 않지만, 모든 전구에 한꺼번에 불이 들어올 때의 빛은 아름다움 그 자체다. 반짝이는 빛을 아름답게 만들어주는 것은 연결이다. 취약성의 관점에서 본다면 연결이란 우리의 이야기를 들을 자격이 있는 사람들에게 그 이야기를 들려주는 것을 의미한다. 우리와 그 사람들의 관계는 우리가 들려주려는 이야기의 무게를 감당할 수 있을 만큼 튼튼해야 한다. 우리와 그들 사이에 신뢰가 있는가? 공감이 있는가? 서로에게 자신의 이야기를 털어놓는가? 무엇이 필요할 때 부탁할 수 있는 사이인가? 이런 것들이 관계를 가늠하는 핵심 질문이다.

우리의 취약성, 특히 수치스러운 이야기를 우리와 이어지지 않은 사람에게 털어놓는다고 가정해보자. 이야기를 들은 사람의 감정적(또는 신체적) 반응은 눈살을 찌푸리는 것으로 나타난다. 마치 우리가 그들의 눈에 투광조명을 갑자기 비춘 것처럼 말이다. 이 경우 우리가 털어놓은 취약성은 작고 섬세한 전구들을 한 줄로 엮어놓은 것과는 다르다. 강렬한 빛이 사정없이 쏟아져서 견디기 힘들다. 이야기를 듣는 사람의 손은 어느새 올라와 얼굴을 덮고 있고, 얼굴(눈만이 아니다)은 굳어지고, 시선은 옆으로 향한다. 이야기가 다 끝나면 힘이 쭉 빠지고, 혼란스럽고, 상대에게 당했다는 느낌마저 든다. 이것은 이야기를 들려준 사람이 기대했던 공감의 반응과는 다르다. 공감을 연구하고 공감의 기술을 가르치는 우리 같은 전문가들도 누군가가 관계의 성격에 맞지 않는 지나치게 솔직한 고백을 해올 때는 끝까지 귀를 기울이기가 쉽지 않다.

빛이 아름다운 것은 어둠이 존재하기 때문이다. 인생에서 가장 강렬한 순간들은 우리가 용기, 공감, 연결로 만들어진 작은 빛의 깜박거림을 하나로 모아서 고통 속에서, 즉 어둠 속에서 그것들이 반짝이는 모습을 볼 때다. 이야기를 들어주는 사람에게 우리가 갑자기 투광조명을 비춰버릴 때 그 어둠은 사라지고 단절된 느낌만 남는다. 그런 느낌에 휩싸일 때 우리는 이렇게 생각해버린다. '난 영영 위안을 찾지 못할 거야.' '난 가치 있는 존재가 아니야.' '사람들과 관계를 맺어도 소용이 없어.'

관계를 단시간에 발전시키려는 의도에서 지나치게 많은 것을 털어놓았다가 반응이 좋지 않을 때도 우리는 간절히 원하는 친밀한 관계를 누구와도 맺지 못할 거라고 생각한다. '취약성이고 뭐고 다 뺑이야. 다 소용없어. 나는 쓸모없는 인간이야.'

그럴 때 우리가 놓치고 있는 진실은 취약성을 이용하는 것과 취약성을 끌어안는 것은 다르다는 점이다. 전자와 후자는 정반대의 행동이다. 취약성을 이용하는 것은 일종의 갑옷이다.

때때로 우리는 자신이 '모조리 털어놓기'를 무기로 쓰고 있다는 사실을 깨닫지도 못한다. 그저 누군가가 들어줬으면 하는 절박한 마음으로 수치스러운 이야기를 털어놓거나 취약점을 함부로 드러낸다. 커다란 고통을 유발하는 어떤 이야기를 계속 간직하고 있기가 힘든 나머지 그 이야기를 불쑥 꺼내기도 한다. 꼭 자신을 보호하거나 상대를 밀어내기 위해 모조리 털어놓기를 하려는 의도가 아니었을지라도 행동의 결과는 그렇게 나타난다. 이야기를 마구 쏟아내는 쪽이든 그것을 듣는 쪽이든 간에 이런 경험을 했다면 자신을 따뜻하게 대해줄 필요가 있다. 너무 일찍, 너무 많은 것을 털어놓고 있다면 자신에게 잠시 휴식을 허용해야 한다. 그리고 누군가가 우리에게 투광조명을 비추는데 그 사람을 위한 공감의 여력이 없다고 느껴질 때도 자신에게 친절해야 한다. 비판은 단절된 느낌을 키울 뿐이다.

이런 이야기를 하면 사람들은 내게 묻는다. 글을 쓸 때 당신은 무엇을, 어떤 방식으로 공유할지를 어떻게 정하느냐고. 그것은 좋은 질문이다. 사실 나는 글에서 나 자신의 이야기를 많이 하는 편이다. 그런데 내가 책의 독자들 모두, 또는 내 강연을 듣는 청중 전체와 신뢰 관계를 만들어온 것은 아니다.

나의 대답은 이렇다. 첫째, 마음속에서 다 해결됐기 때문에 내가 확고한 토대 위에서 공유할 수 있다고 판단하는 이야기나 경험만을 털어놓는다. 나만의 내밀한 영역이라고 여겨지는 이야기는 털어놓지 않는다. 상처가 아직 아물지 않은 이야기도 털어놓지 않는다. 학자로서 그런 일을 해본 적도 한두 번 있는데 그것은 최악의 경험이었다. 나에게 한꺼번에 투광조명을 들이미는 1천 명가량의 청중과 눈을 마주치는 기분을 뭐라고 표현해야 할까.

둘째, 내게는 대학에서 사회복지학을 공부하면서 익힌 원칙이 있다. 누군가를 가르치거나 발전시키기 위해 나의 이야기를 털어놓는 것은 건강한 일이고 효과도 높지만, 나의 개인적인 감정을 해소하려는 목적에서 뭔가를 공유하는 것은 부적절하고 비윤리적인 일이다.

셋째, 나 자신의 채우지 못한 어떤 욕구를 채우려는 것이 아닐 때만 내 이야기를 공개한다. 다수의 청중 앞에서 취약해지는 것이 바람직한 일이 되려면 내 이야기를 털어놓는 행위 자체가 치유로 연결돼야 한다. 내가 어떤 반응을 얻느냐는 다른 문제다.

블로그, 책, 공개 강연 등의 통로로 자신의 이야기를 털어놓는 사람들에게도 같은 질문을 던져봤다. 그들의 의도나 접근법도 나와 비슷했다. 나는 사람들이 투광조명이라는 개념을 의식한 탓에 자신이 힘들었던 이야기를 못 털어놓게 되기를 바라지는 않는다. 하지만 상대가 다수의 대중이라면 우리는 어떤 이야기를, 왜, 어떻게 털어놓을 것인지를 늘 의식할 필요가 있다. 우리가 혼자가 아니라는 사실을 기억하는 데 도움이 되는 글을 쓰거나 이야기를 들려주는 사람들에게 우리는 모두 감사하고 있다.

당신이 그런 위치에 있는 사람이라면 아래 목록에 있는 질문들을 스스로에게 던져보라.

- 이 이야기를 털어놓는 이유가 무엇인가?
- 어떤 결과를 기대하는가?
- 내가 경험하고 있는 감정은 어떤 것인가?
- 나의 의도는 나의 가치관에 부합하는가?
- 결과가 좋지 않거나 반응이 안 좋을 때, 혹은 반응이 없을 때 감

정이 상하는가?
- 내가 이걸 털어놓는 행동이 연결을 강화할까?
- 주변 사람들에게 진심으로 도움을 청하고 있는가?

취약성을 잘못 활용하는 사례가 '갑자기 투광조명 비추기'라면, 털어놓기의 두 번째 유형은 취약성을 이용해서 사람을 조종하는 것이다. 도둑이 가정이나 상점의 유리창을 깨고 물건을 마구잡이로 훔쳐가는 장면을 상상해보라. 그것은 궁지에 몰린 사람이 무계획적으로 저지르는 자질구레한 범행이다. '유리창 깨고 관심 긁어모으기'란 사회적 경계선을 망치로 두드리듯 쾅 부수고 개인적인 정보를 노출해서 관심과 에너지를 손에 잡히는 대로 움켜쥐는 행동을 의미한다. 자극적인 언행으로 눈길을 끄는 일이 일상화한 연예계에서 이런 행동이 자주 발견된다.

불행한 일이지만, 교사와 학교 행정 담당자들이 나에게 말해준 바에 따르면 요즘 아이들은 중학생 때 이미 '유리창 깨고 관심 긁어모으기'를 시작한다. '갑자기 투광조명 비추기'는 그래도 우리 자신의 가치를 확인하고 싶어서 나오는 행동이지만, '유리창 깨고 관심 긁어모으기'처럼 의도적으로 취약성을 드러내는 행동은 그만큼 진실하지 못하다. 나는 이런 행동을 하는 사람들을 많이 만나보지 않았기 때문에 그 동기를 완벽하게 이해하진 못하지만, 지금까지 밝혀진 바에 따르면 이것은 이목을 끌기 위한 행동이다. 자존감이 낮아서 관심을 끌려 한다고 설명할 수도 있지만, 우리의 SNS 세상에서는 무엇이 진짜로 유대를 형성하기 위한 노력이고 무엇이 연기인지를 구분하기가 점점 어려워지고 있다. 내가 확실히 아는 단 하나는 그것이 취약성 끌어안기는 아니라는 점이다.

이런 식의 자기 노출은 일방적인 느낌을 준다. 이런 행동을 하는 사람은 친밀한 관계보다 자신의 이야기를 들어줄 다수의 청중을 더 원한다. 혹시라도 자신이 '유리창 깨고 관심 긁어모으기'를 하고 있다고 느낄 때는, 투광조명 부분에서 소개한 점검용 질문들을 스스로에게 던져보길 권한다. 그리고 다음과 같은 질문들을 추가하자. "지금 나의 행동은 어떤 욕구에서 나오는 것인가?" "지금 나에게는 특정한 누군가에게 다가가거나, 상처를 입히거나, 유대감을 키우려는 의도가 있는가? 이것이 옳은 방법인가?"

냉소, 비판, 쿨함, 잔인함에 대하여

평소 나는 슬랩스틱(소란스럽고 동작이 과장된 코미디 – 옮긴이)이라든가 스크루볼(한바탕 소란을 피운 후 해피엔딩으로 이어지는 희극 – 옮긴이) 코미디 영화를 그다지 좋아하지 않는다. 그보다는 잘 만든 로맨틱 코미디라든가 인물에 초점을 맞추고 지루할 정도로 느리게 진행되는 미라맥스 영화들을 좋아한다. 그래서 취약성에 관한 보호기제를 설명하기 위해 코미디 영화 이야기를 하려니 조금 어색하기도 하다. 하지만 솔직히 말해서 나는 이 영화를 볼 때마다 너무 웃어대서 얼굴 근육이 다 아프다. 이 영화를 생각만 해도 웃음이 나온다. 1979년에 개봉한 〈위험한 사돈The In-Laws〉이라는 코미디 영화다. 자녀들의 결혼식 전날, 신부의 아버지인 치과 의사 셸든 콘핏(앨런 아킨 분)이 신랑의 아버지인 빈스 리카르도(피터 포크 분)를 만난다. 아킨이 맡은 역은 소심하고 융통성이 없으며 규칙에 얽매이는 치과 의사다. 포크가 맡은 역은 CIA 요원으로서 성미가 거칠고 총격전이나 자동차 추격전쯤은 아무렇지도 않게 여기는 인물이다. 당신도 짐작했겠지만 이 사랑스럽지만 무모한 CIA 요원은 고지식한 치과 의사를 자신의 모험에 끌어들인다.

〈위험한 사돈〉은 진부한 영화지만, 피터 포크는 통제 불능의 요원 역할을 그럴싸하게 해냈으며 앨런 아킨은 답답하고 고지식한 남자로 완벽하게 변신했다. 내가 가장 좋아하는 장면은 겁을 잔뜩 먹은 아킨에게 포크가 총알을 피해야 하니 지그재그로 달리라고 말해주는 대목이다. 두 사람은 여러 저격수에게 노출된 채 공항 활주로에 서 있다. 총알이 막 날아오는데 포크가 충고라고 하는 소리가 이렇다.

"뱀처럼 구불구불하게 뛰어, 셸! 뱀처럼!"

마침내 치과 의사는 기적처럼 안전한 장소로 피신하는 데 성공하지만, 다음 순간 자신이 뱀처럼 뛰지 않았다는 사실을 기억해낸다. 그는 다시 총알이 날아오는 활주로로 달려가 지그재그 모양으로 뛰면서 은신처로 돌아온다.

그 장면이 왜 그토록 마음에 드는지 나도 모르겠다. 어쨌든 그 장면을 볼 때마다 깔깔거리며 웃는다. 눈매 사나운 피터 포크가 이리저리 뛰어다니며 "뱀처럼!"이라고 외치는 모습이 재미있어서인지도 모르겠다. 어쩌면 우리 아버지와 오빠와 함께 그 영화를 보다가 웃겨서 뒤로 나자빠진 기억 때문인지도 모르겠다. 지금도 가족끼리 뭔가를 의논하다가 분위기가 긴장될 때면 누군가가 가볍게 한마디를 던진다. "뱀처럼." 그러면 우리는 다 같이 웃음을 터뜨린다.

'지그재그로 피하기'는 취약성 보호막을 설명하는 데 매우 유용한 비유적 개념이다. 우리는 취약성을 있는 그대로 마주하면 힘이 훨씬 적게 드는데도 취약성을 애써 피하기 위해 엄청난 에너지를 쓰고 있지 않은가. 취약성처럼 광범위하고 소모적인 어떤 것 앞에서 지그재그로 피해 다닌다는 것이 얼마나 무익한 행동인가.

지그재그로 피하기란 상황을 통제하려 하거나, 상황에서 빠져나오려 하거나, 현실에서 벌어지는 일을 무시하거나, 아예 무심한 척하는 행동이다. 우리는 지그재그로 달리면서 갈등과 불편, 솔직한 대화를 피하려 한다. 그래서 자신 또는 남으로부터 상처를 입거나, 창피를 당하거나, 비판받을 가능성을 줄이려 한다. '지그재그로 피하기'는 숨어버리기, 현실 외면하기, 회피하기, 미루기, 자기합리화, 비난, 거짓말이라는 결과를 초래한다.

나는 내가 취약하다고 느낄 때마다 지그재그로 달리면서 피하고 싶어진다. 전화로 불편한 이야기를 해야 하는 상황이라면 양쪽의 대사를 미리 생각해보려 하고, 좀 더 기다려보자고 나 자신을 설득하고, 글로 쓰는 게 더 낫다고 나 자신을 설득하면서 이메일을 쓰고, 수백 가지 다른 할 일을 생각해낸다. 나의 감정은 이리저리 뛰어다니다 결국 지쳐버린다.

취약성을 회피하기 위해 지그재그로 달리고 싶어질 때마다 나는 속으로 피터 포크의 외침을 재현한다. "뱀처럼 구불구불하게 뛰어, 셀!" 그러면 웃음이 나오고, 심호흡할 여유도 생긴다. 심호흡과 유머는 자신의 행동을 객관적으로 바라보고 취약성과 친해지는 좋은 방법이다.

'지그재그로 피하기'는 사람의 진을 빼놓는다. 뭔가를 피하기 위해 이리저리 뛰어다니는 것은 좋은 방식이 아니다. 나는 '지그재그로 피하기'가 유용할 수도 있는 경우를 찾아보려고 하다가 언젠가 루이지애나 늪지대에 살던 노인에게 들은 충고가 떠올랐다. 아버지가 일했던 회사 소유의 늪지대 한가운데에 개천이 하나 있었는데, 부모님이 낚시를 하러 그곳에 가면서 나와 오빠를 데려갔다. 우리를 회사 소유지로 들여보내준 그 노인은 이렇게 말했다.

"악어가 당신들한테 달려들면 지그재그 모양으로 도망치시오. 악어는 빠르지만 방향 전환이 서투르거든."

웬걸, 그날 악어 한 마리가 물속에서 뛰어나와 어머니의 낚싯대 끝에 달린 낚싯밥을 먹어치웠다. 하지만 악어는 우리를 쫓아오지 않았다. 알고 보니 모든 것이 잘못된 통념이었다. 샌디에이고 동물원의 전문가들에 따르면 사람은 지그재그로 달리든 똑바로 달리든 간에 악어를 쉽게 앞지를 수 있다. 악어의 최고 속도는 시간당 16~18킬로미터 정도인데 결정적으로 그리 멀리 달리지 못한다. 악어는 먹잇감을 쫓아가기보다 기습적으로 공격한다. 그런 의미에서 악어들은 수치심의 늪 속에 살면서 우리에게 취약해지지 말라고 속삭이는 그렘린들과 아주 비슷하다. 그러니까 우리는 뱀처럼 구불구불 달릴 필요가 없다. 그저 현재에 충실하고, 주의를 기울이고, 앞으로 나아가면 된다.

당신이 경기장 안으로 들어가 대담하게 도전하기로 마음먹었다 치자. 이제부터 당신은 이곳저곳을 얻어맞을 것이다. 당신의 경기장이 정치판이든, 학부모 모임이든 중요하지 않다. 대담한 도전이 학교 신문에 기사를 쓰는 것이든, 승진이든, 인터넷에서 도예 작품을 판매하는 것이든 마찬가지다. 경기가 끝나기도 전에 당신은 분명 냉소와 비판에 시달릴 것이다. 고의적으로 못되게 구는 사람도 있을지 모른다. 왜냐고? 냉소, 비판, 쿨함, 잔인함은 갑옷보다 훨씬 편리하기 때문이다. 이런 것들은 공격용 무기로 개조할 수 있다. 그 무기를 이용해서 우리는 취약성과 거리를 둘 수 있으며, 취약성을 드러내 우리를 불편하게 만드는 사람들에게 상처를 입힐 수도 있다.

우리는 누군가가 삶에 대담하게 뛰어드는 모습을 보면 위협을 느낀다. 그래서 그 사람을 공격하거나 창피를 주고 싶어진다. 타인의 대담함이 불편한 거울처럼 자신의 두려움을 비추기 때문이다. 세상에 뛰어들고, 뭔가를 창조하고, 진짜 내 모습을 보여주기가 두렵기 때문에 공격적으로 반응한다. 누군가가 잔인한 행동을 한다면 그 동기는 취약성일 가능성이 크다.

내가 말하는 '비판'은 생산적인 피드백이나 토론, 가치 또는 분배의 중요성에 대한 이견이 아니다. 생트집, 인신공격, 우리의 동기와 의도에 대한 확인되지 않은 온갖 소문을 말하는 것이다.

내가 말하는 '냉소'란 건전한 의심과 문제제기가 아니다. "멍청한 소리 하지 마"라든가 "그건 루저들이나 하는 생각이야"와 같은 무심한 반응을 낳는 냉소를 의미한다. 냉소주의의 가장 극단적인 형태가 바로 쿨함cool이다. '난 관심 없어. 어휴, 후지다. 하나도 멋있지 않네. 누가 신경이나 쓰겠어?'

어떤 사람들은 열정과 참여가 우매한 사람의 특징인 것처럼 이야기한다. 지나치게 흥분하는 사람, 뭔가를 열심히 하려는 사람을 한심하게 본다. 우리 집에서는 '루저'와 '멍청한'과 함께 '한심하다'가 금지어로 정해져 있다.

청소년기는 갑옷으로 달려가는 경주의 출발선이다. 냉소와 쿨함은 중학교와 고등학교라는 왕국에서 통용되는 화폐라 해도 과언이 아니다. 내 딸아이가 다니는 중학교에서는 전교생이 하루도 빠짐없이 후드 티셔츠(기온이 35도까지 올라가는 날에도!)를 입는다. 후드 티셔츠는 취약점을 가려주는 옷으로서 쿨한 패션의 결정판이다. 내가 보기에는 아이들 역시 후드 티셔츠를 입으면 익명성이 보장된다고 여기는 듯하다. 아이들은 문자 그대로 후드 티셔츠 안으로 '사라진다.' 후드 티셔츠는 숨기의 한 방편이다. 아이들은 후드로 머리를 감추고 두 손을 주머니에 넣으면서 '나는 참여하지 않을래요'라고 외치는 셈이다. 그 아이들은 쿨하다. 아무 데도 애정을 쏟지 않을 만큼 쿨하다.

성인인 우리 역시 쿨함을 이용해 취약성으로부터 자신을 보호한다. 우리는 너무 큰 소리로 웃는 사람, 호들갑스러운 사람, 지나치게 열정적인 사람으로 인식될까 봐 걱정한다. 우리는 아이들처럼 후드 티셔츠를 자주 입진 않지만 우리의 경력, 직함, 학력, 출신지 따위를 비판, 냉소, 쿨함, 잔인함이라는 보호막의 손잡이처럼 이용한다. '나는 이런 사람이고 이런 직업을 가졌으니까 당신에게 이런 투로 말해도 되지. 당신을 무시해도 되고.' 이 보호막의 손잡이들은 전통적인 신분의 표지를 거부하는 곳이나 순응하지 않는 곳에서도 만들어진다. '당신은 이미 자본에 팔려간 사람이고 좁은 사무실 칸막이 안에서 평생을 보낼 테니까 나는 당신을 존중하지 않아.' '나는 고등교육이라는, 혹은 전통적인 취업이라는 덫을 거부했으니 내가 더 중요하고 멋있는 사람이야.'

나는 1년이라는 시간을 들여 화가, 작가, 혁신적인 발명가, 비즈니스 리더, 성직자, 지역사회 지도자들과 인터뷰를 하면서 이 문제에 관해 이야기를 나눴다. 그들은 어떻게 건설적인 비판(듣기 좋은 말은 아닐지라도)에 귀를 열어두는 동시에 비열한 의도로 가해지는 공격을 걸러낼 수 있었을까? 무엇보다 나는 그들이 어떻게 매번 경기장 안으로 걸어 들어갈 용기를 내는지를 알고 싶었다. 솔직히 말하면 나 자신도 용기를 지속하는 법을 몰라 힘들어하고 있었기 때문에 그런 점들이 더욱 궁금했다.

사람들이 무슨 생각을 하는지에 관심을 끊어버리면 관계를 맺는 능력도 잃게 된다. 반대로 사람들이 무슨 생각을 하는지에 따라 자신의 정체성이 오락가락한다면 우리는 취약해지려는 의지를 상실하게 된다. 모든 비판을 무시한다면 우리는 중요한 피드백을 놓칠 수 있다. 반대로 증오 속에 우리 자신을 던져버린다면 우리의 영혼이 망가질 것이다. 이것은 줄타기와 비슷하다. 수치심 회복탄력성이 균형 잡는 막대기라면, 우리와 가까운 사람들 한두 명은 줄 밑의 안전망 역할을 한다. 우리는 그들의 도움을 받아 비판과 냉소의 진실성을 판별할 수 있다.

나는 시각적 이미지의 영향을 많이 받는 사람이다. 그래서 책상 앞에 외줄타기 하는 사람의 사진을 걸어놓고, 항상 열려 있으면서도 어디까지 에너지를 투입하고 위험을 감수할지에 관해서 경계선을 유지하자고 다짐한다. 나는 사진 속의 균형 잡는 막대에 매직펜으로 이렇게 써놓았다. '자존감은 나의 천부적 권리다.' 이것은 수치심 회복탄력성을 키우고 실천하자는 다짐인 동시에 나의 영적 신념의 기준이다. 내가 평소보다 고집이 세지는 날에는 줄타기 사진 밑에 붙여둔 작은 포스트잇 메모지를 쳐다본다. 메모지에는 이렇게 쓰여 있다. '잔인함은 하찮고 시시하고 보잘것없다.' 그것 역시 나의 영적 신념의 기준이다.

연구 참가자 중에는 과거엔 취약성으로부터 자신을 보호하기 위해 냉소와 비판을 활용했으나 지금은 '온 마음을 다하는 삶'으로 전환한 사람들이 있다. 그들은 내게 의미심장한 교훈을 전해줬다. 그들 중 다수는 부모님의 냉소와 비판을 보며 자랐지만 자신이 부모님의 행동을 똑같이 모방하고 있다는 사실은 몰랐다고 한다. 그러다 그들은 취약해지는 데 대한 두려움, 새로운 시도와 참여를 두려워하는 마음에 관해 탐색하기 시작했다. 그들의 부모님은 남을 깎아내리는 일에서 기쁨을 느끼는 자아도취증 환자가 아니었다. 그들의 부모님은 남에게보다 자기 자신에게 더 가혹한 사람들이었다. 따라서 그들의 악의적인 비판은 단지 외부를 향한 것만은 아니었다. 그들 중 일부는 스스로를 향한 의심을 가라앉히기 위해 악의적 비판이라는 방법을 활용하곤 했다는 사실을 인정했다.

시어도어 루스벨트의 〈경기장의 투사〉 연설문의 첫 문장에는 참으로 많은 것이 담겨 있다.

'비평하는 사람들은 중요하지 않습니다.'

내가 인터뷰한 사람들 가운데 스스로를 비평가로 규정했던 사람들에게서는 확실히 그 분위기가 느껴졌다. 그들은 일상생활에서 무시당한다거나 투명인간으로 사는 느낌을 받으면서 항상 힘들어했다. 그들에게 비판은 누군가에게 자신의 목소리를 들려주기 위한 하나의 방편이었다. 나는 그들에게 악의적인 비판에서 건설적인 비판으로, 냉소에서 참여로 어떻게 옮겨갔는지를 물었다. 그러자 그들은 수치심 회복의 과정과 비슷한 이야기를 들려줬다. 무엇이 자신의 공격성을 촉발하는지 이해하고, 자존감의 의미를 제대로 알고, 자신이 신뢰하는 사람들에게 이야기하고 도움을 요청했다는 것이다. 이런 사람들 중 다수는 '쿨함'이라는 문제에 관해서도 깊이 파헤쳤다. 쿨해 보이는 것이 어떻게 사람들이 선망하는 가치가 됐을까? 세상 모든 일에 무심한 척하면서 우리가 잃어가는 것은 무엇일까?

취약해지기가 두려운 나머지 잔인함, 비판, 냉소를 표출할 가능성은 우리 모두에게 있다. 우리의 의도를 확인하는 방법 중 하나는 자신의 말에 책임을 지는 것이다. 대담하게 뛰어들어라. 인터넷에서 실명으로 견해를 밝혀보라. 만약 그 견해의 주인이 되면서 마음이 불편하다면 그 이야기를 하지 말라. 그리고 이 책의 독자들 중에 댓글 기능이 있는 웹사이트를 운영하는 사람이 있다면 대담한 조치를 취해보라. 웹사이트 이용자들이 로그인을 하고 실명을 사용하도록 하고, 회원들에게 서로를 존중하는 환경을 만들 책임을 부여하는 것이다.

외줄 타는 사람처럼 균형 잡기, 수치심 회복탄력성 키우기, 그리고 내가 공격을 당했거나 상처를 받았다고 느낄 때 나를 지지해 줄 안전망 공동체 만들기 외에 내가 고안한 전략이 두 가지 더 있다. 첫 번째 전략은 단순하다. 나는 나와 함께 경기장 안에 들어와 있는 사람들의 피드백만 받아들이고 그런 사람들에게만 주의를 기울인다. 나에게 반응하는 당신, 당신도 종종 엉덩이를 걷어 차이는가? 당신도 나처럼 치욕감에 젖어들지 않으면서 피드백을 적극적으로 수용하는 방법을 고민하는가? 만약 그렇다면 내 연구에 관한 당신의 의견에 귀를 기울일 용의가 있다. 하지만 당신이 누군가를 돕지도 않고, 아무 데도 기여하지 않고, 자신의 그렘린과 싸우고 있지도 않다면 나는 당신의 의견에 아무런 관심이 없다.

두 번째 전략 또한 단순하다. 나는 지갑에 작은 종이쪽지를 넣어 다닌다. 그 쪽지에 적힌 사람들의 의견은 내게 중요한 의미가 있다. 그 목록에 오르기 위해서는 나의 강점과 나의 고충을 알아야 하며 바로 그것 때문에 나를 사랑해야 한다. 그 사람들은 내가 '온 마음으로' 살기 위해 노력하고 있지만 여전히 불평을 너무 많이 하고, 운전석에서 다른 운전자를 욕하고, 나의 아이팟에 로런스 웰크Lawrence Welk(1960년대부터 1980년대까지 미국에서 대대적인 인기를 끌었던 악단. 듣기 편한 음악을 주로 연주해 샴페인 뮤직이라는 별명을 얻었다-옮긴이)와 메탈리카Metallica의 노래를 둘 다 저장해서 가지고 다닌다는 사실을 안다. 그들은 내가 쿨하지 않다는 사실을 알고 있으며 그 사실을 존중한다. 영화 〈올모스트 페이머스Almost Famous〉

의 멋진 대사 하나를 인용해보자.

"이 파산한 세상에 하나밖에 없는 진정한 화폐는 당신이 쿨하지 않을 때 누군가와 공유할 수 있는 것이다."

나의 목록에 올라오기 위해서는 '튼살 친구'라고 부르는 사이가 돼야 한다. 그들과 나의 관계는 튼살처럼 갈라졌다 붙었다를 너무 많이 반복한 나머지 그게 제2의 피부가 되고 우리 자신의 일부가 됐다. 그 사실을 증명해주는 상처도 한두 군데 남아 있다. 우리는 서로에게 절대 쿨하지 않다. 이런 목록에 오를 자격이 있는 사람은 세 명을 넘지 않는 경우가 대부분일 것이다. 내가 강조하고 싶은 점은 악의를 가진 사람, 심술궂은 사람, 지나치게 쿨한 사람들의 인정을 받기 위해 튼살 친구의 소중함을 잊지 말자는 것이다. 이 대목에서 내 친구이자 『마케팅 시대의 종말UnMarketing』이라는 책의 저자 스콧 스트래튼Scott Stratten의 길이 남을 명언이 무엇보다 어울리겠다.

"증오가 가득한 사람들을 상대로 이기려 하지 마라. 당신은 마음에 들지 않는 사람들을 길들이는 조련사가 아니다."

Chapter 5

현실과 이상의
간극 의식하기

간극 의식하기는 대담하게 뛰어들기 위한 전략이다. 우리는 지금의 우리 모습과 앞으로 우리가 되고 싶은 모습 사이의 간극에 주의를 기울여야 한다. 무엇보다 우리 문화에서 중요하게 내세우는 가치들을 몸소 실천해야 한다. 간극을 의식하기 위해서는 자신의 취약성을 끌어안고 수치심 회복탄력성을 키워야 한다. 앞으로 우리는 리더로서, 부모로서, 교육자로서 낯설고 불편한 방식으로 자기 자신을 드러내라는 요구를 받을 것이다. 완벽해질 필요는 없다. 우리의 가치와 행동을 일치시키기 위해 적극적으로 참여하고 노력하면 된다.

✦

'틈을 조심하세요Mind the Gap'는 1969년 런던 지하철에서 처음 등장한 문구였다. 전동차 문과 승강장 사이의 틈에 발이 빠질 수 있음을 승객들에게 경고하기 위해 그렇게 써놓았다고 한다. 그 이후로 그 말이 유행처럼 번져서 '마인드 더 갭'이라는 밴드가 생기고 같은 제목의 영화도 나왔다. 이 문장은 티셔츠에서 발매트에 이르는 다양한 물건에 새겨져 있다.

우리 집에는 조그만 '마인드 더 갭' 문구가 적힌 엽서를 끼운 액자가 있는데, 우리 가족들은 그것을 볼 때마다 우리가 지금 서 있는 곳과 앞으로 도달하고 싶은 곳 사이의 간극을 생각해본다. 현실과 이상의 간극 말이다.

중요한 건 전략일까, 문화일까

요즘 비즈니스 세계에서는 전략과 문화의 관계, 그리고 전략과 문화의 상대적 중요성에 관한 논의가 진행되고 있다. 먼저 용어를 정리해보자. 내가 생각하는 전략이란 이른바 '게임플랜game plan'이다. "우리는 무엇을 성취하려 하며 그 목표를 어떻게 이루려고 하는가?"라는 질문에 대한 상세한 대답이라고 해도 좋다. 우리는 모두 게임플랜을 가지고 있다. 가족, 종교단체, 프로젝트 팀, 유치원 교사들의 모임에도 나름의 게임플랜이 있다. 개인적 차원에서 보더라도, 사람은 누구나 자신이 달성하려는 목표와 성공을 위해 밟아야 하는 단계에 관해 생각하며 살아간다.

반면 문화는 우리가 무엇을 성취하려 하는가보다는 우리가 어떤 사람인가와 더 관련이 깊다. 문화의 복잡한 정의(그중에는 나의 대학 시절 사회학 교과서에 나왔던 정의도 있다) 중에서 내가 깊이 공감했던 것은 가장 단순한 정의였다. 조직 개발 분야의 개척자인 테런스 딜Terrence Deal과 앨런 케네디Allan Kennedy는 문화를 다음과 같이 설명했다.

"문화란 우리가 지금 여기서 일을 하는 방식이다."

내가 이 정의를 좋아하는 이유는 모든 문화에 들어맞기 때문이다. 이 정의는 내가 1장에서 서술한 '결코 충분하지 않다'는 메시지에도 들어맞고, 특정한 조직의 문화(이를테면 우리 가족의 문화)에도 적용된다.

리더끼리 만나 이야기를 나눌 때마다 어떤 형태로든 논쟁이 벌어지는 주제가 있다. 전략과 문화 중에 무엇이 더 중요한가? 어떤 사람들은 유명한 사상가 피터 드러커Peter Drucker의 "문화는 전략을 아침식사로 먹는다"라는 말에 찬성한다. 또 어떤 사람들은 전략과 문화를 대립시키는 것은 잘못된 이분법이며 우리에게는 둘 다 필요하다고 주장한다. 흥미롭게도 지금까지 나는 전략이 문화보다 중요하다고 강력하게 주장하는 사람은 만나보지 못했다. 내가 보기에 사람들은 적어도 이론상으로는 '우리가 무엇을 성취하려 하는가'가 '우리가 어떤 사람인가'보다 더 중요하진 않다고 생각한다.

어떤 사람은 내가 던진 질문이 '닭이 먼저냐, 달걀이 먼저냐'와 같은 진부한 것이어서 도움이 안 된다고 불평한다. 하지만 나는 이것이 모든 조직에 필요한 논의라고 생각한다. 이런 문제들을 살펴보는 과정을 통해 가정이나 학교나 지역사회가 바뀔지도 모른다.

우리가 지금 여기서 일을 하는 방식, 즉 문화는 원래 복잡다단하다. 어떤 단체나 가정이나 기업의 가치와 문화에 관해 다음과 같은 열 가지 질문을 던져보자. 내 경험상 이 열 가지 질문만으로도 그 조직에 관해 많은 것을 알아낼 수 있다.

- 어떤 행동이 보상을 받는가? 어떤 행동이 처벌을 받는가?
- 사람들이 자신의 자원(시간, 돈, 관심)을 어디에, 어떻게 쓰고 있는가?
- 사람들이 어떤 규칙과 기대를 따르는가? 어떤 규칙이 지켜지는가? 어떤 규칙이 강제로 시행되고, 어떤 규칙이 무시당하는가?
- 사람들이 마음 편히 자신의 느낌을 이야기하거나 자신에게 필요한 것을 요청하는가? 그런 요청은 지지를 받는가?
- 무엇이 '신성한 소sacred cow(인도에서 소를 신성시하는 데서 나온 표

현으로, 비판이나 공격이 허용되지 않는 절대적 대상을 의미한다-옮긴이)'인가? 누가 신성한 소를 넘어뜨릴 가능성이 큰가? 누가 신성한 소를 다시 일으켜 세울까?

- 어떤 이야기가 전설처럼 전해지는가? 그 이야기는 어떤 가치를 전달하는가?
- 누군가가 실패하거나 실망하거나 실수를 할 때 어떤 일이 벌어지는가?
- 취약성(불확실성, 위험, 감정 노출)은 어떤 취급을 받는가?
- 수치와 비난이 얼마나 널리 퍼져 있는가? 수치와 비난은 어떤 형태로 나타나는가?
- 조직이 불편함을 얼마나 잘 견디는가? 새로운 것을 배우고, 시도하고, 피드백을 주고받는 과정의 불편함이 표준으로 받아들여지는가, 아니면 편안함을 높이 평가하는가?(그리고 편안하다는 것은 어떤 모습인가?)

이제부터 나는 이런 내용이 우리 삶에서 어떻게 나타나며 내가 찾는 것은 무엇인지를 이야기하려 한다. 하지만 본격적인 논의 이전에 이런 질문들이 우리를 어디로 끌고 가는지를 알아보자.

문화 전반을 연구하는 학자로서 나의 의견을 이야기하면, 이런 질문들의 힘은 우리 삶의 가장 어두운 영역에 빛을 비춰준다는 데 있다. 삶의 가장 어두운 영역이란 관계의 단절, 놓아버림, 낮은 자존감이다. 이 질문들은 우리의 조직문화를 이해하게 해줄 뿐 아니라 우리가 하는 말과 행동의 불일치, 즉 우리가 옹호하는 가치와 우리가 실천하는 가치의 불일치를 겉으로 드러내준다. 내 소중한 친구인 찰스 킬리Charles Kiley는 우리가 가진 최상의 의도 속에, 사무실의 벽에, 부모 강연의 핵심에, 혹은 회사의 창립선언문에 있는 난해한 가치를 '소망가치aspirational value'라고 부른다. 문제들을 하나씩 짚으면서 변화 전략을 수립하고 싶다면 우리는 이른바 '소망가치'를 '실천가치practiced value'와 비교해봐야 한다. 실천가치란 내가 만든 용어인데 현실에서 살고, 느끼고, 행동하고, 생각하는 바를 의미한다. 소망가치와 실천가치의 일치 여부를 진단하는 일은 매우 불편할 수도 있다.

소망을 놓아버릴 때의 비극

나의 이론은 이렇다. '놓아버리기'는 수많은 가족과 학교, 지역사회와 조직에서 목격되는 대부분 문제에 숨어 있으며 여러 형태로 나타난다. 그중에는 우리가 방어기제를 논하면서 살펴본 문제들도 있다. 우리는 취약성, 수치심, 상실감, 목표의 부재라는 느낌에서 자신을 보호하기 위해 놓아버리기를 선택한다. 우리를 이끌어주는 사람들인 상사, 교사, 교장, 성직자, 부모, 정치인 등이 사회적 계약을 충실히 이행하지 않는다고 느낄 때도 우리는 놓아버리기를 선택한다.

정치는 사회계약 불이행의 좋은(그리고 괴로운) 사례다. 양측의 정치인들은 자신들이 따르지 않아도 되거나 자신들에게는 영향을 미치지 않는 법률을 만든다. 그들이 하는 행동을 보통 사람이 했다가는 해고를 당하거나, 이혼을 당하거나, 체포를 당할 것이다. 정치인들은 그들의 행동에서는 좀처럼 나타나지 않는 가치들을 옹호한다. 그들이 서로를 모욕하고 비난하는 장면을 보고 있으면 우리의 자존감도 덩달아 낮아진다. 정치인들은 사회계약에서 요구하는 대로 살지 않는다. 그래서 투표율 통계가 발표될 때마다 유권자들의 참여도가 낮게 나오는 것이다.

종교 역시 사회계약 불이행의 한 예다. 첫째, 놓아버리기는 대개 리더들이 자신들이 설교하는 가치들을 구현하며 살지 않은 결과다. 둘째, 불확실한 세상에서 우리는 종종 절대적인 것을 희구한다. 그것은 두려움에 대한 인간의 본능적인 반응이다. 종교 지도자들이 미지의 대상과 맞서는 방법, 신비를 있는 그대로 받아들이는 방법을 가르치고 모범을 보이지 못할 때, 우리의 두려움과 확실성에 대한 욕구를 자신들에게 유리하게 이용할 때, 영성에서 취약성을 빼버리고 신앙을 '순종과 처벌'로 대체할 때 신앙의 개념은 무너진다. 신앙에서 취약성을 빼버리면 정치만 남는다. 최악의 경우에는 극단주의 정치가 될 수도 있다. 영적 유대와 참여는 순응에서 나오는 것이 아니다. 그것은 사랑과 소속감과 취약성의 산물이다.

이쯤에서 질문을 던져보자. 우리가 가정, 학교, 지역사회, 기업에서 일부러 놓아버리기와 단절의 문화를 만드는 것은 아니다. 그런데 왜 그런 문화가 생겨나는가? 어디에 간극이 있는가?

간극은 이렇게 시작된다. 우리가 가지지 못한 것을 다른 사람에게 줄 수는 없는 법이다. 우리는 무엇을 아는가, 우리는 어떤 사람이 되기를 원하는가보다 훨씬 중요한 것은 '어떤 사람인가'다. 실천가치(우리가 실제로 하는 행동, 사고, 실제로 느끼는 감정)들과 소망가치(우리가 하고 싶고, 생각하고 싶고, 느끼고 싶은 것)들 사이의 틈이 바로 '가치의 간극'이다. 나는 이것을 '놓아버리기의 간극'이라고도 부른다. 그 간극 속에서 우리는 직원과 고객, 학생과 교사, 신도를 잃는다. 심한 경우 자녀를 잃기도 한다. 물론 과감하게 조치할 수도 있다. 집과 직장과 학교에서 점점 벌어지는 가치의 간극을 펄쩍 뛰어넘어 건너면 된다. 하지만 그 간극이 점점 벌어져 임계점에 도달하면 방법이 없다. 그래서 문화를 비인간화하면 사람들의 놓아버리기가 최고 수준에 이르는 것이다. 비인간화한 문화는 현실의 인간들이 절대로 무난하게 항해할 수 없는 가치의 간극을 형성하기 때문이다.

가정에서 생겨나는 일반적인 문제 몇 가지를 예로 들어보자. 내가 가정을 예로 드는 이유는 누구에게나 가정은 있기 때문이다. 자녀가 없는 독자도 어릴 때는 어른들과 함께 자랐을 것이다. 다음의 사례들은 모두 실천가치와 소망가치 사이의 간극이 상당히 커져 있으며 '놓아버리기의 간극'이 위험 수위에 도달한 경우다.

- **소망가치**: 정직, 성실
- **실천가치**: 자기합리화, 적당히 얼버무리기

엄마는 늘 아이들에게 정직과 성실이 중요하며 학교에서 물건을 훔치거나 부정행위를 하는 일은 용납할 수 없다고 말했다. 어느 날 엄마가 아이들과 함께 슈퍼마켓에서 한참 동안 장을 보고 나서 차에 올라탔다. 그제야 계산대 점원이 카트 바닥에 있던 탄산음료를 빼먹고 계산하지 않은 사실을 깨달았다. 그런데 엄마는 슈퍼마켓에 다시 들어가지 않고 어깨를 으쓱하며 말했다. "이건 그 사람들이 실수한 거야. 어차피 저 슈퍼마켓은 어마어마한 돈을 벌어들이는데 뭐."

- **소망가치**: 존중, 책임
- **실천가치**: 쉽고 빠른 일처리가 우선이다

아빠는 사람을 존중하고 책임을 다하는 것이 중요하다고 귀가 따가울 만큼 말했다. 하지만 새미의 새 트랜스포머 장난감을 바비가 고의로 망가뜨렸을 때 아빠는 스마트폰을 들여다보느라 바빴다. 그래서 아빠는 두 아들과 마주 앉아 서로의 장난감을 어떻게 다뤄야 하는지에 대해 얘기해주지 못했다. 아빠는 바비에게 "새미에게 사과하고 망가진 장난감을 고쳐주렴"이라고 말하지 않았다. 그저 '사내아이들은 으레 그렇지'라는 생각으로 어깨를 으쓱하면서 두 아이에게 자기 방에 들어가라는 말만 했다.

- **소망가치**: 감사, 존중
- **실천가치**: 괴롭힘, 무시, 감사할 줄 모르기

엄마와 아빠는 항상 아이들에게 감사받지 못한다고 느끼고, 아

이들이 부모를 무시해서 참아주기가 힘들다고 말한다. 하지만 엄마와 아빠도 서로에게 고함을 치고 욕을 퍼붓는다. 집안의 누구도 '부탁해'라든가 '고마워요'라는 말을 하지 않는다. 엄마와 아빠도 물론 안 한다. 게다가 엄마와 아빠는 아이들을 깎아내리고 서로를 비난한다. 온 가족이 한 사람을 놀려대서 결국 그 사람이 울음을 터뜨리는 일도 자주 벌어진다. 문제는 부모가 아이들이 특정한 행동과 감정과 사고방식을 갖기를 원하면서도 그것을 몸소 보여준 적이 없다는 것이다.

- **소망가치**: 한계 설정하기
- **실천가치**: 반항, 쿨함

줄리는 열일곱 살이고 남동생 오스틴은 열네 살이다. 줄리와 오스틴의 부모는 술, 담배, 마약은 절대 용납하지 않는다는 방침을 정해두었다. 불행히도 그 방침은 전혀 먹히지 않았다. 줄리와 오스틴은 둘 다 담배를 피우다가 들켰다. 줄리는 물병에 보드카를 담아 갔다가 교사에게 발각되어 정학까지 당했다. 줄리는 부모를 향해 "엄마, 아빠는 위선자야! 엄마, 아빠도 고등학교 때 파티를 열고 거칠게 놀았다고 했잖아요? 엄마는 교도소에 다녀온 적도 있다면서요? 그 이야기를 들었을 때 정말 재미있다고 생각했어요. 우리한테 사진까지 보여줬잖아요"라고 소리쳤다.

다음으로는 소망가치와 실천가치가 일치할 때 어떤 일이 벌어지는지를 살펴보자.

- **소망가치**: 감정의 연결, 서로의 감정에 대한 존중
- **실천가치**: 감정의 연결, 서로의 감정에 대한 존중

엄마와 아빠는 아이들에게 늘 '감정이 우선'이라고 가르치고 모범을 보이려고 노력한다. 어느 날 저녁, 헌터가 농구 연습을 마치고 기분이 상해서 집에 돌아왔다. 2학년이 되고 나서 헌터의 학교생활은 전보다 힘들어졌는데 농구 코치가 그를 심하게 몰아붙였기 때문이다. 헌터는 부엌 바닥에 가방을 내던지고 곧바로 위층으로 가버렸다. 부엌에서 저녁식사를 준비하던 엄마와 아빠는 헌터가 자기 방으로 사라지는 모습을 봤다. 아빠는 가스레인지 불을 껐다. 엄마는 헌터의 동생에게 부탁했다.

"엄마, 아빠가 형이랑 이야기해야 하니까 혼자서 조금만 기다려줄래?"

엄마와 아빠는 함께 계단을 올라가서 헌터의 침대 모서리에 걸터앉았다.

"지난 몇 주 동안 네가 많이 힘들었다는 건 우리도 안다. 네가 어떤 기분인지 정확히 알진 못하지. 하지만 우리는 알고 싶단다. 우리도 고등학교 때는 힘들었거든. 그래서 너에게 힘이 되고 싶어."

이것은 간극을 의식하면서 참여를 끌어낸 훌륭한 본보기다! 인터뷰에서 그 아빠가 들려준 이야기에 따르면, 그런 대화를 나눈 후에 세 사람 모두 아주 취약해진 기분이 들어서 눈물을 흘렸다. 아

빠는 자신이 고등학교 시절 힘들었던 이야기를 들려줬고, 그 이야기를 털어놓은 후로 아들과의 관계가 더 돈독해졌다고 한다.

이 사례들은 꾸며낸 이야기가 아니다. 내가 수집한 인터뷰 자료에서 골라낸 것이다. 사실 우리가 항상 완벽한 본보기를 보여줄 수는 없다. 나도 그렇게는 못 한다. 그러나 실천하는 가치들이 우리의 문화에서 기대되는 가치들과 번번이 충돌한다면 조직은 침체할 수밖에 없다. 엄마가 장을 보고 나서 피곤한 나머지 계산이 틀렸는데도 그냥 차를 몰고 가버리는 일이 딱 한 번이었다면 그것은 큰일이 아닐 수도 있다. 하지만 만약 "이 돈은 내가 가져도 괜찮아. 내 잘못도 아닌데 뭐"가 엄마의 행동규범이라면 그녀는 아이들의 부정행위에 관한 기대치도 재조정해야 한다. 만약 엄마가 돈을 제대로 내지 않고 집으로 와버렸지만 아이들과 마주 앉아 "엄마가 사실은 가게로 다시 들어가서 음료값을 내고 왔어야 했는데 그러지 못했구나. 누구 잘못인지는 중요하지 않아. 이따가 다시 가서 내자"라고 말했다면? 아마 그 효과는 어마어마하게 클 것이다. 여기서 엄마는 아이들에게 다음과 같은 교훈을 전달한다.

"엄마는 엄마가 중요시하는 가치에 걸맞게 살려고 노력한단다. 우리 집에서는 완벽하지 못해도 괜찮고, 실수해도 괜찮아. 다만 일을 바로잡을 수 있을 때는 바로잡아야 한단다."

줄리의 보드카 이야기에는 부모들이 내게 자주 호소하는 보편적인 어려움이 담겨 있다.

"나는 청소년 시절에 문제아였어요. 내 아이들이 하지 않았으면 하는 일을 했던 거죠. 내 과거에 대해 거짓말을 해야 할까요?"

한때 방탕하게 놀았던 사람으로서 나는 거짓말을 하느냐, 안 하느냐가 문제라고 생각하지 않는다. 문제는 우리가 무엇을, 어떻게 털어놓느냐다. 첫째, 우리가 지금 하는 일이나 과거에 했던 모든 일을 아이들에게 알려야 하는 것은 아니다. 아이들이 성인이 되고 나면 그들이 하는 모든 일에 우리가 간섭할 필요가 없는 것과 같은 이치다. 따라서 우리는 아이들에게 어떤 이야기를 털어놓기 전에 '이걸 털어놓으려는 이유가 무엇인가? 어떤 교훈을 주려고 하는가?'라는 질문부터 던져봐야 한다. 둘째, 마약과 알코올에 관해 아이들과 솔직하게 이야기를 나눠라. 마약과 알코올에 관련된 자신의 경험을 이야기해도 좋다. 그러나 약에 취해 정신이 몽롱해졌던 이야기나 파티에서 겪은 일 따위를 멋진 무용담처럼 들려주고 반항아가 되는 것을 좋게 이야기한다면 결과적으로는 우리가 아이들에게 심어주려는 가치관에 어긋나게 된다.

앞에서 문화와 전략에 관한 논쟁을 소개했는데, 문화와 전략은 둘 다 중요하다. 그리고 우리가 대담함의 문화를 만들어가기 위해서는 대담해지기 위한 전략이 필요하다. 방금 살펴본 사례들이 보여주는 바와 같이, 만약 잃어버린 유대와 참여를 되찾고 싶다면 우리는 소망가치와 실천가치의 간극을 의식해야 한다. 간극을 의식하는 것은 대담하게 뛰어들기 위한 전략이다. 우리는 지금의 모습과 앞으로 되고 싶은 모습 사이의 간극에 주의를 기울여야 한다. 그리고 무엇보다 우리의 문화에서 중요하게 내세우는 가치들을 몸소 실천해야 한다. 간극을 의식하기 위해서는 자신의 취약성을 끌어안고 수치심 회복탄력성을 키워야 한다. 앞으로 리더로서,

부모로서, 교육자로서 낯설고 불편한 방식으로 우리 자신을 드러내라는 요구를 받을 것이다. 완벽해질 필요는 없다. 우리의 가치와 행동을 일치시키기 위해 적극적으로 참여하고 노력하면 된다. 또한 준비하고 있어야 한다. 그렘린들이 역량을 총동원해서 우리를 공격할 테니까. 우리가 경기장에 발을 들여놓는 순간, 취약성을 끌어안고 기회를 포착하려는 바로 그 순간에 그렘린들은 슬금슬금 기어 나오기를 좋아한다.

이제 이 책에서 소개한 개념들을 활용해서 본격적으로 일상에서의 논의를 전개하려 한다. 그리고 우리가 참여를 활성화하고 부모로서, 교육자로서, 리더로서 행동하는 방식을 변화시키기 위해 해야 할 일을 설명하려 한다. 다음의 세 가지 질문은 지금부터 다룰 내용의 기준이다.

- '결코 충분하지 않다'는 메시지가 우리의 학교, 조직, 가정에 어떤 영향을 미치는가?
- 우리는 직장에서, 학교에서, 그리고 가정에서 어떻게 수치심을 인식하고 그것과 싸우는가?
- 간극을 의식하고 대담하게 뛰어드는 행동은 학교에서, 조직에서, 가정에서 어떤 모습으로 나타나는가?

Chapter 6

대담하게 뛰어드는
리더가 되려면

창의성, 혁신, 학습에 다시 불을 붙이기 위해서는 리더들이 교육과 일에서 인간다움을 되찾아야 한다. 그러자면 '결코 충분하지 않다'는 메시지가 우리의 일처리 방식과 리더십에 지대한 영향을 미치고 있다는 점을 이해해야 한다. 취약성을 끌어안는 법을 배워야 한다. 수치심을 인식하고 수치심과 전투를 벌여야 한다. 일터와 학교에서 인간다움을 되찾는 과정에는 용감한 리더십이 필요하다. 취약성과 수치심에 관해 솔직하게 대화를 나누는 것은 마음 갑옷을 부수는 파괴적 행동이다. 현재 우리가 속한 조직에서 그런 대화가 오가지 않는 이유는 그런 대화가 감추고 싶은 부분을 만천하에 드러내기 때문이다. 일단 대화가 시작되면 등을 돌릴 수 없다. 만약 등을 돌릴 경우 매우 심각한 부작용이 따라올 것이다. 우리는 모두 대담하게 뛰어들기를 원한다. 만약 당신이 우리에게 대담해질 수 있는 작은 가능성이라도 보여준다면 그것을 우리의 비전으로 여기고 간직할 것이다. 누구도 우리에게서 그것을 앗아가지 못할 것이다.

＊

먼저 '리더'라는 단어를 정의해보자. 리더는 사람들 속에서 잠재력을 찾아내는 일을 자신의 책임으로 여기는 사람이다. 나에게 리더라는 단어는 분야, 지위, 부하직원의 숫자와 아무런 상관이 없다. 이 장의 내용은 우리 모두를 위한 것이다. 부모, 교사, 지역사회 자원봉사자, CEO 등 대담하게 세상에 뛰어들어 사람들을 이끌려고 애쓰는 모두를 위한 내용이다.

완벽을 강요하는 사회에서 리더가 된다는 것

2010년에 실리콘밸리에서 활동하는 CEO 50명이 참석하는 주말 워크숍에 강연하러 간 적이 있다. 그때 나와 함께 초청된 연사 중에 케빈 서레이스Kevin Surace가 있었다. 당시 케빈은 시리어스머티리얼Serious Materials의 CEO였으며《Inc.》매거진에서 '2009년 올해의 기업가'로 선정한 인물이었다. 케빈이 '파괴적 혁신disruptive innovation'(미국 경영학자 크리스텐슨 교수가 창시한 용어로, 단순하고 저렴한 제품이나 서비스로 시장의 밑바닥을 공략한 후 빠르게 시장 전체를 장악하는 방식의 혁신을 말한다 – 옮긴이)에 관해 강연할 예정이라는 사실을 알고 있었던 나는 그와 처음 만났을 때 다음과 같은 질문을 던졌다.

"창의성과 혁신을 가로막는 가장 큰 장애물이 뭘까요?"

우리 둘 다 아직 강연을 하지 않았을 때여서 케빈은 나의 연구에 관해 모르고 있었다. 케빈은 잠시 생각에 잠겼다가 대답했다.

"뭐라고 딱 집어 말하기는 어렵지만, 아이디어를 내놓았다가 비웃음, 조롱, 멸시를 당할지 모른다는 두려움이 가장 큰 장애물입니다. 만약 누군가가 비웃음을 당해도 좋다는 생각으로 아이디어를 냈다가 실제로 비웃음을 당했다고 칩시다. 그 경험은 이제 실패에 대한 두려움, 틀리는 것에 대한 두려움으로 바뀝니다. 사람들은 자신의 가치를 자기 아이디어의 가치와 동일시합니다. 어떤 아이디어도 '지나친' 것일 수 없고, 누구도 모든 걸 알 수 없다는 사실을 잊어버립니다. 문제는 혁신적인 아이디어는 괴상하게 들릴 때가 많고, 실패와 배움은 혁명의 과정이라는 겁니다. 진화와 점진적 변화도 좋고, 우리에게 꼭 필요하죠. 하지만 우리는 진정한 혁명을 갈구하고 있잖아요. 진정한 혁명이 일어나려면 새로운 종류의 용기와 창의성이 필요합니다."

그 대화를 나누기 전까지는 내가 인터뷰한 리더들에게 혁신에 관해 구체적으로 물어본 적이 없었다. 하지만 케빈의 대답은 일과 교육에 관한 나의 통계와 정확히 일치했다. 나는 미소를 지으며 이렇게 대답했다.

"정말 그렇죠? 대부분의 사람들과 조직들은 불확실성과 진짜 혁신에 따르는 위험을 견디지 못해요. 원래 학습과 창조는 취약한 것이잖아요. 충분한 확실성이란 존재하지 않아요. 그런데도 사람들은 성공이 보장되길 원하죠."

그러자 케빈은 이렇게 답했다.

"맞습니다. 아까도 말했지만 이걸 딱 집어 말하긴 어려워요. 하지만 사람들이 과감하게 혁신하지 못하는 이유는 두려움과 연관된 무엇에 있습니다. 사람들은 자신이 이미 잘하는 일에 집중하고, 밖으로 나가서 모험을 하려고 하지 않습니다."

짧은 침묵이 흐른 뒤 케빈이 나를 바라보며 말했다.

"연구를 하시는 분이란 건 아는데, 정확히 어떤 연구를 하시죠?"

나는 깔깔 웃으며 말했다.

"선생님께서 말씀하신 '두려움과 연관된 무엇'을 공부한답니다. 수치심과 취약성을 주로 연구하고 있어요."

호텔 방에 돌아온 나는 연구일지를 펼쳐들고 케빈과 나눈 대화를 기록했다. '두려움과 연관된 무엇'에 관해 곰곰이 생각하다가 바로 그 연구일지에 내가 적어둔 것들이 떠올라서 일지를 앞으로 넘겨봤다. 중학생들을 만나 교실에서 경험한 일에 관해 이야기를 나눈 뒤에 작성한 인터뷰 기록이 나왔다. 나는 그 아이들에게 배움의 열쇠가 뭐라고 생각하느냐고 물었다. 그러자 한 여학생이 대답했고, 다른 학생들도 모두 고개를 주억거리며 소리쳤다. "그래! 그거야!" "맞아요." 여학생의 답변은 다음과 같았다.

"누군가가 질문을 하거나 아이디어를 내놓을 때가 있잖아요. 그럴 때 선생님의 반응이 좋지 않거나 교실에 있는 다른 아이들이 그 아이를 놀린다면 그건 나쁜 환경이에요. 제가 보기에 우리는 가만히 고개를 숙이고, 입을 다물고, 점수를 높이는 게 최선이라고 배우고 있는 것 같아요."

이 단락을 다시 읽고 케빈과 나눈 대화를 생각하니 눈이 확 트이는 것 같았다. 나 역시 가르치는 일을 하는 사람으로서 심장마비와 같은 충격을 받았다. 그렇다. 고개를 숙이고 입을 다문 채로 뭔가를 배운다는 것은 불가능하다. 중학생과 유치원생 아이를 키우는 엄마 입장에서는 화가 날 일이었다. 학자의 입장에서는 교육제도의 문제점과 우리가 직장에서 발견하는 문제점이 거울에 비친 상처럼 똑같다는 사실을 깨닫는 순간이었다.

처음에는 나도 두 문제를 별개의 영역으로 바라봤기 때문에 교육자들을 위한 담론과 리더들을 위한 담론이 따로 있다고 생각했다. 그런데 통계를 다시 들여다보는 동안 교사와 학교 운영자들 역시 '리더'라는 사실을 깨달았다. 기업의 고위직 임원, 관리자, 책임자 역시 교사 역할을 한다. 어떤 학교도, 어떤 기업도 창의성과 혁신과 배움 없이는 번창할 수 없다. 창의성과 혁신과 배움을 가로막는 가장 큰 적은 '놓아버리기'다.

내가 연구에서 배운 것, 그리고 지난 몇 년간 학교 운영자들과 다양한 기업의 리더들을 인터뷰하면서 관찰한 바에 따르면, 우리는 '참여'라는 개념을 근본적으로 재검토해야 한다. 그래서 나는 '파괴적 참여disruptive engagement'라는 용어를 쓴다. 창의성, 혁신, 학습에 다시 불을 붙이기 위해서는 리더들이 교육과 일에서 인간다움을 되찾아야 한다. 그러자면 '결코 충분하지 않다'는 메시지가 우리의 일처리 방식과 리더십에 지대한 영향을 미치고 있다는 점을 이해해야 한다. 취약성을 끌어안는 법을 배워야 한다. 수치심을 인식하고 그것과 전투를 벌여야 한다.

켄 로빈슨 경이 리더들을 향해 이야기하는 것도 바로 이런 전환의 힘이다. 사람들이 모인 조직은 기계처럼 굴러가야 한다는 오래된 관념을 버리고 지금 인류의 현실에 들어맞는 개념을 찾자고 그는 호소한다. 『내 안의 창의력을 깨우는 일곱 가지 법칙Out of Our Minds』에서 그는 이렇게 말했다.

"기계라는 비유가 산업적 생산이라는 측면에서는 유혹적일 수 있다. 하지만 사람이 모인 조직은 절대로 기계가 아니며 사람들 역시 기계의 부속품이 아니다. 사람에게는 각자의 가치관과 감정, 생각과 견해, 동기와 개인사가 있지만 장부와 톱니들은 그렇지 않다. 조직은 어떤 물리적인 시설이 먼저 있고 그 안에서 움직이는 것이 아니다. 조직은 그 안에 포함된 사람들의 네트워크다."

일터와 학교에서 인간다움을 되찾는 과정에는 용감한 리더십이 필요하다. 취약성과 수치심에 관해 솔직하게 대화하는 것은 마음 갑옷을 부수는 파괴적 행동이다. 현재 우리가 속한 조직에서 그런 대화가 오가지 않는 이유는 그런 대화가 감추고 싶은 부분을 만천하에 드러내기 때문이다. 일단 대화가 시작되면 등을 돌릴 수 없다. 만약 등을 돌릴 경우 매우 심각한 부작용이 따라올 것이다. 우리는 모두 대담하게 뛰어들기를 원한다. 만약 당신이 우리에게 대담해질 수 있는 작은 가능성이라도 보여준다면 그것을 우리의 비전으로 여기고 간직할 것이다. 누구도 우리에게서 그것을 앗아가지 못할 것이다.

수치심을 불러일으키는 조직문화

수치심은 두려움을 낳는다. 수치심은 취약성을 견뎌내는 능력을 떨어뜨려 결과적으로 참여와 혁신, 창의성과 생산성, 신뢰를 파괴한다. 더 나쁜 것도 있다. 무엇을 찾고 있는지 자기 자신도 모를 경우에는 문제의 징후가 발견되기도 전에 수치심이 조직을 망가뜨릴지도 모른다. 수치심은 집 안의 흰개미 떼처럼 활동한다. 벽 뒤의 어두운 곳에 숨어 살면서 집의 토대를 조금씩 갉아먹는다. 그러다 보면 어느 날 갑자기 계단이 부서진다. 그제야 우리는 벽들이 와르르 무너지는 것도 시간문제라는 사실을 알아차린다.

집 안 이곳저곳을 별생각 없이 걸어 다니기만 해서는 흰개미가 눈에 띄지 않는 것처럼, 우리가 사무실이나 학교를 한 바퀴 돌아본다고 해서 수치심 문제가 발견된다는 보장은 없다. 사실 우리는 문제가 그 정도로 명백하지 않기를 바랄 것이다. 관리자가 직원을 호되게 꾸짖는 모습이나 교사가 학생에게 창피를 주는 장면이 금방 눈에 띈다면 그 조직에는 이미 문제가 심각하며 오래전부터 문제가 있었을 확률이 높다. 그런 경우가 아니라면 우리는 조직을 점검하면서 혹시 있을지도 모르는 수치심 문제의 징후를 찾아봐야 한다. 우리가 찾아야 할 것이 무엇인지부터 살펴보자.

비난, 뒷담화, 편애, 욕설, 괴롭힘 같은 행동은 모두 수치심이 조직문화에 침투해 있다는 징후다. 공공연하게 수치심을 관리의 도구로 쓰는 경우는 말할 것도 없다. 리더의 위치에 있는 사람들이 다른 사람을 괴롭히거나, 동료들 앞에서 아랫사람을 비판하고 꾸짖는가? 의도적으로 사람들을 기죽이거나, 모욕하거나, 수치스럽게 만드는 보상체계가 만들어져 있는가?

나는 수치심이 존재하지 않는 학교 또는 기업을 본 적이 없다. 그런 학교나 기업이 세상에 없다고 단언할 수는 없지만, 내 생각엔 없을 것 같다. 수치심에 관한 강연을 마칠 때면 으레 교사 한두 명이 다가와서 자신이 날마다 수치심을 도구로 활용한다고 고백한다. 대다수는 그런 습관을 어떻게 바꿀 수 있는지를 묻지만, 더러는 자랑스럽게 "그게 효과가 좋거든요"라고 말하기도 한다. 현실에서 최상의 시나리오는 수치심이 조직문화의 규범이 아니라 일부에 국한된 현상이거나 억제될 때인 경우다. 대부분의 학교에 수치심이 존재한다고 내가 확신하는 이유는 단순하다. 수치심 연구를 위해 인터뷰한 남녀의 85퍼센트가 어린 시절 학교에서 겪었던 매우 수치스러웠던 일을 기억해냈다. 그들은 그 경험이 배우는 사람으로서 자신에 대한 평가를 바꿔놓았다고 말했다. 더욱 걱정스러운 것은 그들이 들려준 경험담의 절반 정도는 이른바 '창의성의 상처'였다는 것이다. 연구 참가자들은 자신이 좋은 작가, 화가, 음악가, 무용가가 아니라는(즉 자신이 창의적인 일을 잘하는 사람이 아니라는) 말을 듣거나 평가를 받은 경험을 구체적으로 집어냈다. 나는 지금도 학교에서 그런 일이 일상적으로 벌어지는 모습을 본다. 미술 점수는 협소한 기준에 따라 매겨지고, 유치원에 다니는 어린아이들은 "너는 창조적 재능이 없어"라는 소리를 듣는다. 이만하면 창의력과 혁신의 문제에서 그렘린들이 왜 그렇게 힘이 센지를 알 수 있지 않은가?

기업은 기업대로 문제를 안고 있다. 직장 내 괴롭힘을 연구하는 기관인 WBI Workplace Bullying Institute에서는 괴롭힘을 다음과 같이 규정한다. '업무를 방해하는 행동, 언어폭력, 위협, 협박, 모욕과 같은 학대가 되풀이되는 것.' 2010년 조그비 인터내셔널Zogby International이 WBI의 의뢰로 수행한 여론조사에 따르면 미국인 근로자 약 5,400만 명(전체의 37퍼센트)이 직장에서 괴롭힘을 당한 적이 있다. 그리고 WBI가 발간한 다른 보고서에 따르면, 괴롭힘을 당한 직원이 상사에게 보고했는데도 상사가 괴롭힘을 근절하기 위한 실질적인 조치를 하지 않은 경우가 무려 52.5퍼센트였다.

수치심이 관리의 도구로 사용되는 모습을 목격할 경우(앞서 설명한 대로, 수치심이 관리의 도구로 사용된다는 것은 직장 내 괴롭힘, 동료들 앞에서 비난하기, 공개적으로 꾸짖기, 의도적으로 사람을 모욕하는 보상체계를 의미한다) 우리는 직접적인 조치를 취해야 한다. 우리 손이 세균에 오염된 것이나 다를 바 없기 때문이다. 우리는 그런 상황이 하루 만에 만들어지지 않았다는 사실을 기억해야 한다. 수치심이라는 뜻의 영어 단어 shame이 'sh'로 시작하는 shit과 비슷하다는 점도 기억하자. shit은 '똥'이라는 뜻이다. 수치심과 똥은 항상 위에서 아래로 움직인다. 만약 어느 기업의 직원들이 일상적으로 수치심을 느낀다면, 그 직원들은 십중팔구 자신이 느낀 수치심을 고객, 학생, 가족들에게 전가하고 있을 것이다.

만약 조직 안에서 그런 일이 벌어지고 있는데 그것이 특정한 부서나 팀이나 개인에 국한된 문제라면 어떻게 해야 할까? 곧바로 수치심을 유발하지 않는 방법으로 사람들의 행동을 바꿔야 한다. 우리는 가족과 친척들 사이에서 수치심을 처음 배운다. 수치심을 유발하는 것이 사람을 관리하고, 교실을 통제하고, 아이를 양육하는 데 효과적인 방법이라고 믿으며 자랐을지도 모른다. 그러니 수치심을 이용하는 사람에게 창피를 주는 방법은 효과가 없다. 그렇다고 아무런 조치를 취하지 않는 것도 위험하다. 수치심의 표적이 되는 사람들뿐 아니라 조직 전체가 위험해진다.

몇 해 전, 강연을 마친 나에게 한 남자가 다가와서 말했다.

"저를 인터뷰하시죠! 꼭이요! 저는 재정관리 상담사로 일하는데 우리 사무실에서 어떤 일이 벌어지는지 이야기하면 경악하실 걸요."

나는 그를 만나 인터뷰를 했다. 돈이라는 이름의 그 남자는 자기 회사에서는 분기마다 성과를 기준으로 사무실 자리를 고른다고 말해줬다. 최고의 성과를 올린 직원이 맨 먼저 자리를 고르고, 원래 그 자리에 있던 사람을 쫓아낸다. 돈은 고개를 절레절레 흔들었다. 다시 입을 열었을 때 그의 목소리는 조금 갈라져 나왔다.

"저는 지난 6분기 동안 최고의 성과를 냈습니다. 그러면 다른 사람은 몰라도 저는 기분이 좋았을 것 같죠? 천만에요. 저는 정말 싫었습니다. 우리 회사의 환경은 처참합니다."

그는 다음에 벌어진 일을 털어놓았다. 최근 분기의 성적이 공개된 후 상사가 그의 사무실에 들어와서 문을 닫더니 당장 자리를 옮기라고 말했다.

"처음에는 제 성과가 떨어진 줄 알았습니다. 그런데 상사는 대뜸 이렇게 말하더군요. '자네의 성과가 제일 높든 말든, 자네가 이 사무실을 좋아하든 말든 상관없어. 무조건 나가게.' 다른 직원들에게 겁을 주려는 의도였죠. 상사는 '공개적으로 망신을 당하면 사람이 강해지지. 그러면 의욕도 생길 거야'라고도 말했어요."

인터뷰가 끝나갈 즈음 돈은 다른 일자리를 알아보고 있다고 말했다.

"저는 업무 능력이 우수한 편이고 일을 즐기기도 합니다. 하지만 사람들에게 겁주는 일까지 하겠다고 약속한 적은 없어요. 그때 제 기분이 왜 그렇게 더러웠는지 모르고 있었는데 선생님의 강연을 듣고 나서 알았습니다. 그게 바로 수치심이죠. 고등학교 때보다 더 심해요. 저는 더 나은 직장을 찾을 생각이고, 하늘에 맹세코 고객들도 제가 다 데리고 떠날 겁니다."

『나는 불완전한 나를 사랑한다』에서 나는 30대의 이벤트 플래너인 실비아 이야기를 소개한 바 있다. 실비아는 인터뷰를 시작하자마자 이렇게 말했다.

"6개월쯤 전에 저랑 인터뷰를 하셨더라면 딱 좋았을 거예요. 그때 저는 지금과 다른 사람이었어요. 수치심에서 헤어 나오지 못하고 있었거든요."

그게 무슨 말이냐고 묻자 그녀는 자신이 친구에게서 내 이야기를 듣고 스스로 인터뷰에 지원했다고 대답했다.

"수치심 때문에 제 인생이 바뀌었다고 생각했거든요."

실비아는 얼마 전에 직장에서 자신이 '루저 명단'에 오른 사실을 알고 커다란 혼란에 빠졌다. 2년 동안 사장으로부터 '베테랑처럼 훌륭하게 일한다'는 평가를 받으며 회사에 다녔던 실비아가 처음으로 실수를 했다. 큰 실수였고, 그 실수 때문에 그녀의 에이전시는 중요한 고객 하나를 잃었다. 그러자 사장은 그녀를 '루저 명단'에 올려놓았다.

"저는 눈 깜짝할 사이에 '승리자 명단'에서 '루저 명단'의 맨 위로 이동했어요."

실비아가 '루저 명단'이라는 말을 처음 꺼냈을 때 내가 눈살을 찌푸렸던 모양이다. 내가 뭐라고 말하기도 전에 실비아가 이렇게 말했기 때문이다.

"맞아요. 유치한 방법이죠. 사장님은 자기 사무실 입구에 커다란 화이트보드 두 개를 걸어뒀어요. 하나는 승리자 명단이고 다른 하나는 루저 명단이죠."

실비아는 몇 주 동안 아무것도 손에 잡히지 않았다고 한다. 자신감을 상실했고 전에 없던 결근도 했다. 수치심과 불안과 두려움에 지배당하는 나날이었다. 3주 동안 힘든 시간을 보낸 후에 그녀는 사표를 내고 다른 에이전시로 옮겼다.

어떤 조직에서나 수치심이 커지면 사람들은 자신을 보호하기 위해 참여를 중단하고 '놓아버리기'를 한다. 놓아버리기란 출석하지 않고, 열심히 하지 않고, 더 이상 애정을 기울이지 않는 것을 의미한다. 스펙트럼의 한쪽 끝으로 가보면 놓아버리기는 거짓말, 절도, 부정행위 등 온갖 비윤리적 행동을 합리화한다. 돈과 실비아의 경우는 놓아버리기에서 멈추지 않았다. 그들은 직장을 그만두고 자신의 능력을 경쟁사에 넘겨줬다.

수치심의 징후를 찾기 위해 조직을 점검할 때는 외부의 영향력에 대해서도 인지해야 한다. 조직 외부에서 주입되는 수치심도 리더와 직원들이 자신의 일을 어떻게 느끼는가에 영향을 미치기 때문이다. 나 자신이 가르치는 일을 하고 있고, 자매 둘이 공립학교 교사로 일하고 있으며, 형부가 공립고등학교 교감인 만큼 예를 찾기 위해 멀리 갈 필요가 없었다.

몇 년 전 언니인 애슐리가 울면서 나에게 전화를 했다. 무슨 일이냐고 묻자 언니는 《휴스턴 크로니클》이 휴스턴 독립 교육자치구 교사 전원의 실명과 학생들의 일제고사 점수에 따라 그들이 받은 상여금 액수를 공개했다고 말했다. 그날 신문을 못 본 나는 그 이야기를 듣고 충격을 받았다.

"언니는 유치원 교사잖아. 언니가 가르치는 아이들은 아직 시험도 안 치를 거 아냐. 언니 이름도 공개됐어?"

애슐리 언니는 자신의 이름도 신문에 실렸다고 대답했다. 언니는 가장 낮은 상여금을 받은 것으로 보도됐다. 그것이 유치원 교사들이 받을 수 있는 상여금의 최고 한도였다는 사실은 보도되지 않았다. 언론이 전문가 집단에 그런 행위를 한다고 어디 상상이나 할 수 있겠는가? 모든 사람의 월급이나 상여금 액수를 공개하고, 그것도 모자라 부정확한 사실을 보도하다니.

"수치스러워서 못 견디겠어."

애슐리 언니는 여전히 울고 있었다.

"지금까지 내가 원했던 건 딱 하나였어. 교사가 되는 것. 엉덩이가 닳도록 일했다고. 가정형편이 어려운 아이들의 학용품을 사주기 위해 우리 집안의 모든 사람에게 손을 벌렸어. 근무시간이 끝나고도 난 도움이 필요한 아이들의 부모를 만나러 다녔지. 난 이해가 안 돼. 나 같은 선생님이 얼마나 많은데. 그런 게 신문에 실린 적 있냐고? 없어. 이건 나만의 일이 아냐. 내가 아는 훌륭한 선생님들은 도움이 필요한 학생들에게 기꺼이 봉사하면서도 자기 실적이나 상여금 따위는 고려하지 않아. 그들이 그렇게 하는 이유는 자신의 일을 사랑하기 때문이고 아이들의 잠재력을 믿기 때문이야."

'주홍글씨'를 새기는 방식으로 교사들을 평가하는 것은 텍사스 주에서만 일어나는 일이 아니다. 전국 곳곳에서 그런 일들이 관행처럼 용인된다. 그나마 좋은 소식은 사람들이 대담하게 나서서 발언하기 시작했다는 것이다. 뉴욕주 항소심 법원이 교사들의 개별 수행평가는 공개될 수 있다고 판결했을 때, 빌 게이츠Bill Gates는《뉴욕타임스》기명칼럼을 통해 다음과 같은 의견을 피력했다.

"오늘날 교육의 이상은 교사들이 더 잘 교육할 수 있도록 시스템을 개발하는 것이다. 공개적으로 망신을 주면서 교사들이 하는 일을 예측 불가능한 행위로 왜곡하는 것이야말로 교사들의 성과를 떨어뜨리는 가장 확실한 방법이다. 교사들 개개인의 진정한 발전을 도와주는 시스템을 만드는 일에 집중하자."

게이츠의 칼럼을 나의 페이스북 페이지에 올렸더니 수많은 교사가 댓글을 달았다. 경력이 오래된 어느 현직 교사는 다음과 같은 댓글로 내 마음을 울렸다. "나에게 교육은 사랑이다. 교육은 정보를 전달하는 것이 아니라 신비와 상상과 발견이 가능한 환경을 만드는 일이다. 수치심이 너무 커져서, 혹은 두려움이 해결되지 않아서 내가 나 자신을 잃기 시작하면 더 이상 교육자로 있을 수가 없다. (…) 나는 정보를 전달하는 사람이 돼버리고, 그럴 때 나는 아이들에게 꼭 필요한 존재가 아니게 된다."

조직 바깥에서(대개는 대중매체로부터) 주입되는 수치심과 싸우는 사람들은 교사들만이 아니다. 변호사, 치과 의사, 금융업계 종사자처럼 대중이 싫어하거나 악마화하거나 오해를 받는 전문가들을 만날 때면 이 문제를 해결해달라는 요청을 자주 받는다. 이런 이야기를 들을 때 우리는 눈을 한 번 치켜뜨면서 이렇게 생각해버릴 수도 있다. '뭐 어때. 그 사람들을 미워하는 건 자유잖아!' 하지만 내 경험에 따르면 상대가 개인적으로 싫어하는 일을 한다는 이유로 미움 받는 것은 어처구니없는 일이다. 그런 식의 혐오는 심각한 부작용을 초래하고 개인과 문화에 영향을 미칠 가능성이 크다.

대중매체가 수치심을 조장할 때 리더로서 할 수 있는 일은 목소리를 내고, 정확하고 책임 있는 보도를 촉구하고, 그런 보도로 피해를 입은 사람들과 함께 정면으로 맞서는 것이다. 대중매체의 학대가 나의 직원들과는 무관한 일인 것처럼 행동하지 말자. 개인적인 차원에서도 우리는 자기 자신이 싫어하는 영역에서 활동하는 사람들을 어떤 고정관념에 끼워맞추는 행동에 동조하거나 그런 행동을 강화하지 말아야 한다.

수치심과 비난의 관계를 설명하는 최고의 방법은 운전에 비유하는 것이다. 비난이 운전대를 잡는다면 수치심은 조수석을 차지한다. 조직, 학교, 가정에서 사람을 지목해서 지적하고 창피 주는 일은 수치심의 징후다. 수치심을 연구하는 학자인 준 탱니June Tangney와 론다 디어링Ronda Dearing은 "수치심으로 묶인 관계 속에서 사람들은 신중하게 계산하고 무게를 달아본 후에 비난을 할당한다"고 말한다. "크든 작든 간에 부정적인 결과가 하나라도 나오면 반드시 어떤 사람 또는 사물에 책임을 돌려야(그리고 책임을 떠넘겨야) 한다. '다 지나간 일'이라는 개념은 전혀 없다"고 덧붙인다. 그들은 계속해서 다음과 같이 설명한다.

"누군가가 반드시 비난을 받아야 하는데 내가 나서기 싫다면, 당신이 비난을 받아야 한다! 비난은 수치심을 낳는다. 그다음에는 상처와 부정, 분노와 보복이 생겨난다."

비난은 고통과 불편을 밖으로 내보내는 행위에 불과하다. 마음이 불편하고 고통스러울 때 우리는 뭔가를 비난한다. 약하고, 화가 나 있고, 상처를 받았고, 수치스럽고, 고통스러울 때 우리는 뭔가를 비난한다. 비난에는 생산적인 요소가 하나도 없다. 비난을 하려면 누군가에게 수치심을 주거나 못되게 굴어야 한다. 당신이 속한 조직에서 비난이 하나의 패턴으로 굳어져 있다면 수치심 문제를 지금 당장 해결해야 한다.

비난과 연관된 또 하나의 문제가 바로 '은폐하기'다. 비난이 수치심을 토대로 하는 조직 운영의 징후인 것처럼, 은폐하기 문화는 수치심을 이용해서 사람들을 침묵시킨다. 만약 어떤 조직문화가 자기 조직의 평판을 보호하는 일과 직급이 높은 사람들을 보호하는 일이 개인 또는 공동체의 기본적인 존엄성을 보호하는 것보다 중요하다고 한다면, 그 조직에는 분명히 수치심의 시스템이 만들어져 있을 것이다. 돈이 윤리를 좌우하며 책임은 사라지고 없을 것이다. 이것은 기업, 비영리재단, 대학, 정부, 교회, 학교, 가정, 스포츠팀을 포함하는 모든 형태의 조직에 적용되는 이야기다. 은폐로 인해 생겨난 큰 사건과 사고들을 다시 분석해보면 이런 패턴이 보일 것이다.

수치심에 맞서는 전략

서로에 대한 존중과 개인의 존엄성을 최고의 가치로 여기는 조직문화에서는 수치와 비난이 관리의 도구로서 힘을 발휘하지 못한다. 그런 곳에는 두려움에 의존하는 리더십이 없다. 그런 곳에서는 공감이 귀중한 자산으로 여겨지고, 책임은 예외가 아닌 기본으로 여겨지며, 소속을 향한 사람의 원초적인 욕구가 통제의 도구로 활용되지 않는다. 사실은 개개인의 행동을 통제한다는 것 자체가 불가능하다. 하지만 모든 구성원이 가장 귀중한 존재인 '사람'을 보호할 책임을 지고 모욕적인 행동을 용납하지 않는 조직문화를 만드는 것은 가능하다.

오늘날 우리 앞에 놓인 복잡한 문제를 해결하기 위해서는 창의성, 혁신, 적극적인 배움이 반드시 필요하다. 수치심이라는 주제로 대화를 나누기가 불편하다고 해서 학교와 직장에서 수치심을 인식하고 싸우는 일을 소홀히 할 수는 없다. 다음은 수치심 회복탄력성이 높은 조직을 만드는 4단계 전략이다.

1. 대담하게 뛰어들려는 리더들, 수치심에 관해 솔직한 대화를 확산하고 수치심 회복탄력성이 높은 문화를 만들려는 리더를 지지한다.
2. 조직 내에서 수치심이 활용되는 곳이 어디인지 파악한다. 우리가 직원 또는 학생들과 상호작용하는 방식에도 혹시 수치심이 숨어 있지 않은지 의식적으로 살핀다.
3. 수치심 회복 전략에서 중요한 것이 표준화다. 리더와 관리자들은 사람들에게 예측 가능한 기대치를 알려주면서 참여를 촉구해야 한다. 모두가 공통적으로 어려워하는 부분은 무엇인가? 다른 사람들은 그 문제를 어떻게 풀었는가? 당신의 경험은 무엇인가?
4. 조직 구성원 전체에게 수치심과 죄책감의 차이에 관해 교육한다. 발전과 참여를 이끌어내는 방식으로 피드백을 주고받는 방법도 알려준다.

대담한 문화란 솔직하고 건설적이며 적극적인 피드백이 오가는 문화를 뜻한다. 조직이든 학교든 가정이든 이것은 모두 똑같다. 내가 아는 어떤 가족들은 피드백이 원활하지 못해서 힘들어한다. 하지만 나에게 충격적이었던 것은 직장 경험에 관한 인터뷰에서 참가자들의 제일 큰 걱정은 '피드백의 부재'였다는 사실이다. 현대사회의 조직들은 성과를 숫자로 환산해서 평가하는 일에 큰 비중을 두지만, 오히려 가치 있는 피드백을 주고받고 이끌어내는 일은 드물어졌다. 심지어 피드백을 통해 배움이 이뤄져야 하는 공간인 학교에서도 이는 드물다. 피드백의 효과는 보고서 맨 위에 휘갈겨 쓴 점수나 컴퓨터로 채점하고 표준화한 점수의 효과에 비할 바가 아니다.

문제는 단순하다. 피드백이 없으면 획기적인 변화도 없다는 것이다. 리더인 우리가 사람들에게 그들의 강점과 성장 기회에 관해 이야기해주지 않으면 사람들은 자신의 기여도와 우리의 헌신성을 의심하기 시작한다. 그 결과는 놓아버리기로 나타난다.

나는 연구 참가자들에게 당신의 조직 또는 학교에서 피드백이 없는 이유가 뭐라고 생각하는지를 물었다. 참가자들은 각기 다른 언어로 대답했지만 크게 보면 그들이 제시한 원인은 두 가지였다.

'껄끄러운 대화를 나누는 데 익숙하지 않아서.'

'피드백을 통해 사람들을 움직이고 앞으로 나아가게 하는 방법을 몰라서.'

좋은 소식은 이런 것들이 해결할 수 있는 문제라는 것이다. 만약 어떤 조직이 피드백 문화 만들기를 중요한 과제로 삼고 소망가치만이 아닌 실천가치로 만들려고 노력한다면 변화는 얼마든지 가능하다. 사람들은 피드백에 목말라한다. 누구나 성장하기를 원하기 때문이다. 우리의 임무는 성장과 참여를 촉구하는 방향으로 피드백을 주는 방법을 배우는 것이다.

내친김에 몇 가지 덧붙이면, 피드백이 꽃피는 조직문화란 껄끄러운 대화를 편하게 나누는 것을 넘어 그 불편함을 당연한 것으로 여기고 감내할 수 있는 문화다. 리더들이 진짜 배움과 비판적 사고와 변화를 바란다면 불편함이 하나의 표준으로 자리 잡아야 한다.

"성장과 배움은 원래 불편한 거라고 생각합니다. 이곳에서는 성장과 학습이 이뤄질 테고 여러분은 당연히 불편을 느끼겠죠. 이곳에서는 불편한 게 정상이고 표준이라는 점을 아셨으면 합니다. 나 혼자만 불편한 게 아니라고 생각하세요. 귀를 열어놓고 불편에 적응하세요."

이것은 학교, 종교단체, 가정 등의 모든 조직과 모든 직급에 적용되는 이야기다. 나는 그동안 '온 마음을 다해 운영되는' 조직들을 연구하면서 '불편의 표준화'라는 패턴을 발견했으며, 나의 교실과 가정에서도 불편함을 표준으로 삼고 있다.

나는 벨 훅스Bell Hooks와 파울로 프레이리Paulo Freire 같은 작가들이 집필한 참여와 비판적 교육학에 관한 책들을 통해 교수법을 배웠다. 그 책들에 따르면 교육에는 뭔가를 전환하는 힘이 있으며 교육은 원래 불편하고 예측 불가능한 것이다. 이런 주장을 처음 접했을 때는 나도 겁이 났다. 휴스턴 대학에서 15년째 가르치고 있는 지금은 학생들에게 이렇게 말하곤 한다.

"지금 여러분의 마음이 편안하다면 나는 아무것도 가르치고 있지 않은 겁니다. 여러분은 아무것도 배우고 있지 않은 겁니다. 여기는 불편한 자리입니다. 그래도 괜찮아요. 그게 정상적인 배움의 과정입니다."

사람들에게 불편이 표준이고, 앞으로 불편해질 것이고, 그게 왜 중요한 일인지를 단순하고 솔직하게 알려주자. 그런 과정만 거쳐도 불안과 두려움과 수치심은 줄어든다. 사람들은 불편한 시간을 기대하고 그것을 표준으로 받아들이게 된다. 사실 매 학기 강의가 끝나면 나를 찾아와 이렇게 말하는 학생들이 꼭 있다.

"저는 아직 불편해지지 않았는데요. 이러면 안 되는 거죠?"

대부분 이런 질문은 유의미한 대화로 이어진다. 그들의 강의 참여와 나의 교수법에 관한 피드백도 주고받게 된다. 리더들의 과제는 머리와 마음을 움직이는 것이다. 리더들이 그렇게 행동하면 우리도 불편해질 수 있는 용기를 기를 수 있다. 나아가 우리 주위 사람들에게도 불편함을 성장의 과정으로 받아들이는 법을 가르쳐주게 된다.

사람들을 앞으로 나아가게 하고 일을 원활히 진행시키는 피드백의 방식은 어떤 것일까? 이번에는 내가 사회복지학을 공부하던 시절에 배운 것에서 최고의 조언을 끌어낼 수 있을 듯하다. 내 경험에 따르면 귀중한 피드백의 핵심은 '강점 시각strength perspective'을 취하는 것이다. 사회교육가 데니스 샐리비Dennis Saleebey의 견해에 따르면 우리는 강점 시각에서 성과를 바라봐야 한다. 그래야 자신의 능력, 재능, 유능함, 가능성, 비전, 가치, 희망이라는 측면에서 우리의 고통을 바라볼 수 있다. 강점 시각을 취한다고 해서 우리가 겪는 어려움의 심각성을 간과하라는 말이 아니다. 그러나 강점 시각을 가지려면 긍정적인 자질을 잠재적 자원으로 간주해야 한다. 샐리비 박사는 "가능성을 부정하는 것은 문제를 부정하는 것만큼이

나 나쁘다"라고 말한다.

우리의 강점을 이해하는 효과적인 방법의 하나는 강점과 한계의 상관관계를 살펴보는 것이다. 우리가 가장 바꾸고 싶은 점과 가장 잘하는 일을 함께 바라보면, 두 가지 정도만 다를 뿐 핵심은 똑같은 행동core behavior이라는 사실을 발견하게 된다. 대개의 경우 우리는 자신의 '단점' 또는 '한계'를 분석하는 동안 그 속에서 반짝이는 강점을 함께 발견한다.

예를 들어 나는 지나치게 모든 걸 통제하려 하고 세세한 것까지 관리하려 한다고 자책하곤 한다. 하지만 이를 뒤집어보면 나는 매우 책임감이 강하고 의지가 되는 사람이며 일을 확실하게 해내는 편이라고도 말할 수 있다. 강점 시각을 취한다고 해서 세세한 것에 집착하는 문제가 사라지는 것은 아니다. 하지만 강점 시각에서 나의 단점을 바라보면 자신감을 가지고 나 자신을 응시하면서 내가 바꾸고 싶은 행동을 객관적으로 평가할 수 있게 된다.

강점 시각은 문제 상황을 긍정적인 것으로 왜곡하거나 문제가 다 해결된 것처럼 착각하게 하는 도구가 아니다. 하지만 강점 시각은 우리에게 자신의 강점을 검토할 수 있게 해주며, 강점을 활용해 그와 연관된 문제점을 해결할 방법도 제시해준다. 내가 학생들에게 강점 시각을 가르치는 방법 중 하나는 다른 학생의 발표에 관한 피드백을 주고받으라고 요구하는 것이다. 먼저 한 학생이 발표를 한다. 그 학생은 교실 안의 다른 모든 학생으로부터 피드백을 받는다. 발표를 들은 학생들은 자신이 발견한 세 가지 강점을 말해야 한다. 단, 학생들은 강점에 대한 평가를 토대로 발표자인 학생이 성장할 수 있는 방법(성장 기회)도 함께 제시해야 한다. 예를 들면 다음과 같다.

——• 강점

1. 당신의 감정이 담긴 개인적인 이야기가 순식간에 나의 흥미를 끌었어요.
2. 당신은 내 삶과도 관련 있는 사례를 활용했어요.
3. 우리가 수업에서 배운 내용과 관련해서 행동에 옮길 수 있는 전략들로 마무리한 점이 좋았어요.

——• 성장 기회

당신이 들려준 이야기와 제시한 사례들을 접하면서 나는 당신과 연결을 느꼈고 당신의 이야기에도 공감했어요. 하지만 때로는 파워포인트를 읽는 동시에 당신의 이야기를 듣기가 벅찼답니다. 당신이 하는 이야기를 한마디도 놓치고 싶지 않았지만 슬라이드를 따라가지 못할까 봐 걱정되기도 했어요. 다음에는 슬라이드의 글자 수를 좀 줄여보면 어떨까요? 아니면 슬라이드 없이 해도 될 것 같아요. 슬라이드가 없었어도 당신은 나를 사로잡았을 거예요.

샐리비의 연구는 피드백 과정의 중심에 취약성이 있음을 분명히 밝히고 있다. 이것은 우리가 피드백을 줄 때, 받을 때, 이끌어낼 때 전부 해당한다. 우리가 피드백을 주고받는 경험을 쌓고 훈련을 하더라도 취약성은 사라지지 않는다. 하지만 경험이 쌓이면 감정을 노출하거나 불확실한 상황에 처하더라도 무너지지 않을 것이며 그런 모험은 해볼 가치가 있다는 사실을 인식하게 된다.

사람들이 피드백을 주고받는 과정에서 흔히 저지르는 실수는 무장을 하는 것이다. 피드백을 주거나 받을 때의 취약성으로부터 자신을 보호하기 위해 우리는 으르렁거릴 준비를 한다. 얼핏 생각하면 피드백을 주고받는 과정에서 취약해지는 사람은 피드백을 받는 쪽일 것 같지만, 사실은 그렇지 않다. 기대치와 행동에 관한 솔직한 대화는 언제나 그에 관여하는 모든 사람에게 불확실성과 위험을 떠안기고 감정 노출을 요구한다. 예를 하나 들어보자. 고등학교 교장인 수전은 교사 한 명에게 학부모들의 불만을 전달해야 하는 입장이다. 학부모들은 그 교사가 수업 중에 욕을 하고, 휴대전화로 사적인 통화를 하며, 학생들이 교실 밖으로 나가서 빈둥거리거나 전화를 걸어도 내버려 둔다는 점에 우려를 표했다. 이런 상황에서 '무장하기'는 여러 형태로 나타날 수 있다.

첫 번째 형태. 수전이 징계 서류를 작성해서 책상 위에 올려놓고 그 교사를 교장실로 불러들인다. 수전은 이렇게만 말하고 면담을 3분 만에 끝낸다.

"항의가 들어왔어요. 내가 작성한 서류가 있으니 여기 서명하시고, 다시는 그런 일이 없도록 하세요."

피드백도, 성장도, 배움도 없이 상황은 종료된다. 교사가 자신의 행동을 수정할 가능성은 매우 낮다.

무장하기의 다른 방법은 상대방은 상처를 입어도 되고 무시당해도 되는 사람이라고 자기합리화하는 것이다. 우리 모두 그렇겠지만 수전도 취약해지는 것보다는 화를 내는 것에 더 익숙하다. 그래서 수전은 약간의 독선을 동원해 자신감을 충전한다.

"이제 지겹다, 지겨워. 선생님들이 나를 존중한다면 이런 식으로 행동하지 않겠지. 더는 못 참아. 그 선생은 처음 학교에 들어온 날부터 골칫거리였어. 수업 중에 땡땡이를 쳐도 좋다고? 그렇게 하라고 해. 어떻게 되는지는 내가 똑똑히 알려줄 테니까."

건설적인 피드백을 주고받으며 관계를 맺을 기회는 호된 질책으로 바뀐다. 이 경우에도 면담은 끝이 나지만 피드백은 없고, 성장과 배움도 없다. 아마 변화도 없을 것이다.

솔직히 말하자면 나도 "어디, 해볼 테면 해봐"라는 기질을 간직하고 있다. 나도 공격적인 논쟁을 곧잘 벌이고, 때로는 생각하기도 전에 말을 내뱉는다. 나의 감정들은 제멋대로 증폭되곤 한다. 나는 쉽게 화를 내지만 취약성을 끌어안는 능력은 그저 그렇다. 그래서 취약성의 경험이 내게 매력적으로 느껴지기 전에 얼른 갑옷을 입곤 했다. 다행히 이 연구를 하면서 나는 내가 독선적으로 행동한다 싶을 때 사실은 뭔가를 두려워하고 있다는 사실을 깨달았다. 독선적인 행동은 나 자신을 보호하는 하나의 수단이었다. 내가 틀리거나, 누군가를 화나게 하거나, 비난받을 일이 두려워서 거만하게 굴었던 것이다.

내가 사회복지학을 공부하고 실습하던 시절, 우리는 사람들에게 이야기하는 방식에 신경을 많이 썼다. 심지어는 어디에, 어떻게 앉을 것인지에 대해서도 신경을 썼다. 예를 들면 우리는 내담자와 이야기할 때 그 사이에 책상을 두지 않았다. 책상 뒤에서 걸어 나와 내담자 맞은편의 의자로 걸어가서 앉으라고 배웠다. 나와 내담자 사이에 크고 부담스러운 물건이 없도록 하는 것이다. 내가 성적에 관해 의논하기 위해 처음으로 사회복지학 교수 한 분을 만나러 갔던 일이 생각난다. 그 교수는 책상 뒤에서 일어나더니 나에게 작은 원탁 앞에 앉으라고 권했다. 그녀도 의자를 당겨 내 옆에 앉았다.

원래 나는 그 대화를 위해 갑옷을 입고 갔다. 교수가 커다란 금속제 책상 뒤에 앉아 있고 나는 도전적인 몸짓으로 내 논문을 책상 위로 밀면서 왜 이런 성적을 주었느냐고 따지는 장면을 상상했다. 교수가 내 옆에 앉고 나서 나는 논문을 작은 원탁 위에 올려놓았다.

"학생이 이렇게 이야기하러 와줘서 기뻐요. 잘 쓴 논문이에요. 학생의 결론이 마음에 들었어요."

그녀는 이렇게 말하며 내 어깨를 두드렸다. 조금 어리둥절했다. 우리가 테이블의 같은 면에 앉아 있다는 사실을 어렴풋이 깨달았다. 혼란스러워진 나는 짧게 대답했다.

"고맙습니다. 정말 열심히 썼어요."

그녀는 고개를 끄덕이며 말했다.

"알아요. 고마워요. 내가 점수를 깎은 건 학생의 APA 논문작성법 때문이에요. 논문작성법을 공부해서 좀 더 깔끔하게 다듬으면 좋겠어요. 학술지에 투고할 수도 있는 글인데, 논문작성법이 서툴러서 실패하는 일은 없어야 하잖아요."

그 말에 여전히 어리둥절했다. 투고도 가능한 논문이라고? 마음에 들었다고?

"APA 논문작성법을 내가 좀 가르쳐줄까요? 논문작성법이란 게 원래 까다로워서, 나도 그걸 완전히 익히는 데 몇 년이 걸렸거든요."(여기서 그녀는 불편을 표준화했다.)

나는 나 스스로 참고문헌 목록을 수정하겠다고 대답했다. 그리고 내가 수정을 마친 후에 다시 봐줄 수 있는지 물었다. 교수는 흔쾌히 고개를 끄덕여 승낙한 후, 내게 논문을 수정하는 방법에 도움이 되는 말을 몇 마디 해줬다. 나는 시간을 내줘서 고맙다고 인사하고 자리를 떴다. 나는 내가 받은 성적에 만족했고, 학생에게 이토록 관심을 기울여주는 교수님을 만났다는 것이 고마운 일이라고 생각했다.

지금도 나는 피드백을 설명하기 위해 '같은 방향으로 앉기'라는 비유적 표현을 사용하곤 한다. 다음은 내가 그날의 경험을 바탕으로 만든 '참여형 피드백 체크리스트'다.

누군가에게 피드백할 준비가 됐음을 판단하는 체크리스트

☐ 나는 당신 맞은편에 앉기보다는 당신 옆에 앉기를 원한다.

☐ 나는 문제를 우리 사이에 놓기(혹은 당신 쪽으로 밀어내기)보다는 우리 앞에 놓고 싶다.

☐ 나는 당신의 실수를 지적하려는 게 아니라 당신이 잘하는 것을

인정하고 싶다.

- □ 나는 당신의 강점들을 알고 있으며 당신이 그 강점을 활용해서 약점을 보완할 수 있다고 생각한다.
- □ 나는 당신에게 책임을 지우고 싶지만 창피를 주거나 비난하려는 의도는 없다.
- □ 나도 내 몫을 다하려 한다.
- □ 나는 당신의 실패를 비판하지 않고 당신의 노력에 진심으로 감사하려 한다.
- □ 나는 이 문제를 해결하는 것이 당신의 성장과 기회로 이어질 거라는 이야기를 하려 한다. 그리고 내가 당신에게서 보고 싶은 약점과 개방성을 내가 직접 보여주고 싶다.

학생과 교사와 학부모들이 모두 테이블에 같은 방향으로 앉을 수 있다면 우리의 교육은 얼마나 달라질까? 리더들이 부하직원 옆자리에 앉아서 이렇게 말한다면 참여도가 얼마나 높아질까?

"언제나 애써주시는 여러분에게 감사합니다. 변화도 여러분이 일으킬 수 있습니다. 여러분의 성장을 가로막는 문제가 있는데, 우리가 힘을 합쳐 이 문제를 해결할 수 있다고 생각합니다. 여러분은 우리가 앞으로 나아가기 위해 어떻게 해야 한다고 보십니까? 내가 그 문제에서 어떤 역할을 하고 있다고 생각하십니까? 여러분을 지원하기 위해 내가 어떻게 달라지면 될까요?"

수전의 예로 돌아가서 이야기를 해보자. 교장 수전은 교사를 질책하기 위해 갑옷을 입고 있다. 이 체크리스트를 꼼꼼히 읽고 나면 수전은 자신이 피드백을 주고 리더 역할을 할 준비가 되지 않았음을 깨달을 것이다. 그러나 학부모들의 불만이 쌓이고 있어서 그녀는 되도록 빨리 문제를 해결해야 한다. 압박을 받고 있다면 자신의 머리와 가슴을 누군가에게 피드백을 주기에 적합한 상태로 신속하게 전환하기란 무척 힘들다.

그렇다면 마음이 닫혀 있을 때 취약성과 성장을 위한 안전한 공간을 만들려면 어떻게 해야 할까? 무장한 상태에서 던지는 피드백은 유의미하고 지속 가능한 변화를 끌어내지 못한다. 자신이 망치로 두들겨 맞는 상태인데 피드백을 받아들일 수 있거나 책임을 시인하는 사람은 내가 알기로 없다. 그럴 때 우리는 본능에 굴복해 자기보호 태세에 돌입한다.

수전이 선택할 수 있는 최선의 해법은 그녀가 동료 교사에게서 보고 싶은 열린 자세를 그녀 자신이 먼저 보여주는 것이다. 동료 교사에게 피드백을 구하면 더욱 좋다. 나의 연구 참가자들 가운데 피드백을 중요시하고 피드백을 얻기 위해 노력하는 사람들은 하나같이 이렇게 말했다. 동료들에게서 피드백을 끌어내고, 적극적으로 조언을 구하고, 어려운 상황을 역할극으로 풀어보기도 해야 한다고. 스스로 피드백을 요청하지도 않고 피드백을 받지도 않는다면 우리 역시 남에게 좋은 피드백을 주지 못할 것이다. 만약 수전이 자신의 감정을 잘 이겨내고 문제의 교사와 같은 방향으로 앉을 수 있다면, 그녀가 원하는 변화가 현실로 나타날 가능성은 한층 커진다. 이렇게 반문하는 사람이 있을지도 모른다.

"수전의 학교 교직원이 일으킨 문제는 사소하고 단순한 거잖아요. 수전이 그렇게 작은 문제를 가지고 직원에게서 피드백을 끌어내는 데 시간을 쏟아야 하는 이유가 뭐죠?"

좋은 질문이고, 그에 대한 대답도 중요하다. 문제의 크기와 심각성과 복잡성이 그 문제에 대한 우리의 감정적 반응과 항상 일치하는 것은 아니다. 문제가 아무리 단순하더라도, 옳고 그름이 아무리 명백하더라도 수전이 그 교사와 테이블에 같은 방향으로 앉을 수 없다면 해결은 어렵다. 두 사람이 같은 방향으로 앉는다면 수전이 직원에게서 뭔가를 배울 수도 있다. 수전 자신이 그 교사에게 굉장히 화가 나 있다는 사실과 교사의 본분에 어긋나는 행동이 자기 학교의 교사들 속에서 표준처럼 확산되고 있어서 위험하다는 사실 같은 것 말이다. 피드백을 주고, 피드백을 끌어내는 일은 곧 배움과 성장이다. 자신이 어떤 사람이며 주변 사람에게 어떻게 반응하는가를 이해하는 것은 문제 해결의 토대가 된다.

앞에서도 말했지만, 피드백은 우리 삶의 여러 영역 가운데 타협하기 가장 힘든 영역이다. 그러나 승리란 훌륭한 피드백을 얻는 것도 아니고, 껄끄러운 피드백을 주지 않는 것도 아니며, 피드백이 필요한데 그냥 넘어가는 것도 아니다. 진짜 승리는 갑옷을 벗어던지고 우리의 진짜 모습을 보여주면서 적극적으로 함께하는 것이다.

취약해질 수 있는 용기

최근 휴스턴 대학의 울프경영학센터에서 강연한 적이 있다. 울프경영학센터는 우수한 대학생 35~40명을 멘토와 짝지어주고 포괄적인 비즈니스 훈련을 시켜주는 프로그램을 운영한다. 미국 전역의 대학생 대상 경영 프로그램 중에서도 최고로 손꼽히는 프로그램이다. 나는 학생들에게 취약성에 관해, 그리고 이야기의 힘에 관해 강연해달라는 부탁을 받았다. 강연이 끝나고 질의응답 시간이 되자 한 학생이 질문했다. 그것은 내가 취약성에 관해 설명할 때마다 사람들이 으레 하는 질문이기도 했다.

"취약성이 중요하다는 건 알겠습니다. 하지만 저는 영업을 공부하는 학생이라서 취약해지는 것이 남에게 어떻게 보일지 걱정됩니다. 취약해진다는 게 어떤 뜻일까요? 고객이 상품에 관해 무엇을 물어봤는데 제가 답을 모른다면 '저는 아직 신입이라서 잘 모릅니다'라고 솔직하게 대답하는 건가요?"

남학생의 질문을 듣기 위해 고개를 돌린 학생들이 일제히 내 쪽으로 다시 돌렸다. 그들은 이렇게 묻는 듯했다. '그러게요. 그건 멍청한 짓이잖아요. 우리가 정말 그렇게까지 해야 하나요?'

나의 대답은 '아니요'였다. 그리고 한편으로는 '예'였다. 남학생이 제시한 그 상황에서 취약해진다는 것은 자신이 뭔가를 모른다는 사실을 깨닫고 솔직히 인정하는 것이다. 고객의 눈을 똑바로 보면서 이렇게 말하는 것이다.

"그건 잘 모르겠습니다. 제가 곧 알아보고 고객님께 정확한 정보를 드리겠습니다."

'뭔가를 알지 못한다'는 것은 취약성이다. 그런 취약성을 끌어안지 못할 때 우리는 어떻게 될까? 변명을 늘어놓게 되고, 질문을 회피하게 되고, 최악의 경우 거짓말을 늘어놓게 된다. 어떤 관계에서든 거짓말은 치명적이다. 내가 영업에 종사하는 사람들과 대화를 나누면서 배운 점이 있다면, 영업이란 곧 관계 맺기라는 것이다. 따라서 나라면 고객과의 관계를 그런 식으로 끌고 가지 않을 것이다. 그리고 한편으로는 당신이 아직 일에 익숙하지 않아서 힘들어하는 감정을 누군가와 공유할 필요가 있다고 생각한다. 지원과 조언을 제공할 수 있는 선배도 좋고, 정보를 제공하거나 당신의 경험은 당연한 것이라고 말해줄 동료도 좋다. 아직 업무가 익숙하지 않은 상황에서 고객에게 당신의 유능함을 보여줘야 하는데 도움을 요청할 곳도 없고 고충을 털어놓을 사람도 없다면 스트레스와 불안이 얼마나 크겠는가. 그렇게 되면 사람들이 떨어져 나간다. 그런 환경에서 지속적인 적극성을 발휘하라는 것은 지나친 요구다. 나의 강연이 다 끝났을 때 프로그램의 멘토였던 사람이 이렇게 말했다.

"평생 영업에 종사한 사람으로서 내가 확실히 말할 수 있는 게 있습니다. '잘 모르겠습니다'와 '제가 실수했습니다'라고 말할 수 있는 용기보다 중요한 건 없습니다. 솔직함과 개방성은 우리 삶의 어떤 분야에서나 성공의 열쇠가 됩니다."

작년에 나는 오스틴 텍사스에 위치한 마케팅 기업 T3 The Think Tank의 사장이자 창립자인 게이 개디스Gay Gaddis와 인터뷰할 기회가 있었다. T3는 모든 종류의 대중매체를 넘나드는 혁신적인 마케팅 캠페인에 주력하는 유수의 기업이다. 게이는 광고대행사 설립의 꿈을 실현하기 위해 1989년에 1만 6천 달러를 받고 퇴직했다. 동네의 단골고객 몇 명만 믿고 사무실을 마련한 지 23년 만에 게이는 T3를 미국에서 여성이 소유한 광고대행사 가운데 가장 규모가 큰 회사로 키워냈다. 현재 T3는 오스틴, 뉴욕, 샌프란시스코에 지사를 두고 있으며 마이크로소프트, UPS, JP모건 체이스, 파이저, 올스테이트, 코카콜라, 스프라이트 등의 광고를 대행한다. 게이는 역동적인 경영 능력과 특유의 기업문화 덕분에 전국적인 명성을 얻었다. 그녀는 미국 경제지 《패스트 컴퍼니Fast Company》에서 여성 창업 경영자 25인으로 선정된 바 있으며 《Inc.》 매거진의 '올해의 기업가 10인'과 《워킹마더Working Mother》의 '광고업계의 워킹맘 25인'에도 이름을 올렸다. 게이가 T3에서 시행하는 가족친화적 직장 프로그램인 'T3 앤드 언더T3 and Under'는 백악관에까지 알려졌다.

게이와의 인터뷰 첫머리에 나는 어느 경제지 기자에게 들은 이야기를 꺼냈다. 기업의 리더들은 시스템으로 겹겹이 둘러싸여 보호받지만, 이제 막 창업한 사람들은 취약해지고 싶어도 그럴 형편이 안 된다는 이야기였다. 그런 주장을 어떻게 생각하느냐고 묻자 게이는 미소를 지으며 대답했다.

"취약성을 닫아버리는 건 기회를 닫아버리는 일이에요."

게이는 다음과 같은 설명을 덧붙였다.

"창업이란 원래 취약한 겁니다. 창업의 성패를 좌우하는 것은 불확실성을 관리하고 처리하는 능력이죠. 사람들은 끊임없이 변하고, 예산도 변하고, 이사회도 변하고, 늘 경쟁이 있기 때문에 기업가는 항상 민첩하고 혁신적이어야 합니다. 비전을 만들고 그에 부합하는 삶을 살아야 해요. 모든 비전에는 취약성이 있지요."

나는 게이가 교육과 멘토링에 상당한 시간을 쏟는다는 사실을 알고 있었다. 그래서 새로 사업을 시작하는 사람들에게 '불확실성을 받아들이는 일'에 관해 어떤 충고를 하고 싶은지 물었다. 게이는 이렇게 대답했다.

"창업에 성공하기 위해서는 튼튼한 지원 네트워크를 만들고 훌륭한 멘토들을 확보해야 합니다. 또 불필요한 소음을 차단하고 자신의 감정과 생각을 분명히 파악하는 법을 배워야 합니다. 그래야 어려운 일을 해낼 수 있어요. 단언컨대 취약성이 모든 걸 좌우합니다."

취약성의 힘을 보여주는 또 하나의 훌륭한 사례를 소개하겠다. 이번에는 캐나다의 의류업체 룰루레몬Lululemon의 CEO 크리스틴 데이Christine Day가 조직 내부를 변화시키기 위해 선택한 리더십 이야기다. 인터넷 언론《CNN 머니》와의 인터뷰에서 데이는 자신이 한때는 아주 영리하고 똑똑한 관리자였다고 말했다.

"바른말 하기가 주특기였어요."

그러던 그녀가 변신했다. 사람들의 참여도와 주인의식을 높이기 위해서는 '말'이 중요한 게 아니라는 사실을 깨달았기 때문이다. 목표를 중심에 놓고 사람들을 아이디어 속으로 끌어들여야 했다. 그녀가 할 일은 다른 직원들이 실행할 공간을 마련하는 것이었다. 그녀는 자신의 대전환을 '최고의 아이디어를 내거나 문제를 해결하는 것'에서 '사람들 속에서 최고의 리더가 되는 것'으로 옮겨갔다고 표현했다. 데이가 말한 전환이란 '통제하기'에서 '취약해지기'로의 전환이다. 위험을 감수하고 신뢰를 쌓아가는 과정으로의 전환이다. 사람이 취약해지면 때때로 무력감에 젖을 수도 있지만, 데이의 전환은 그야말로 위력적이었다. 그녀는 매장을 71개에서 174개로 늘렸으며, 그러는 동안 회사의 총수입은 2억 9,700만 달러에서 10억 달러에 육박하는 액수로 뛰었다. 룰루레몬의 주가는 2007년 기업공개IPO 시점을 기준으로 300퍼센트가량 상승했다.

영상이 곁들여진 데이의 인터뷰는 그녀가 취약성을 창의성, 혁신, 신뢰의 원천으로 여긴다는 사실을 뚜렷이 보여준다. 실패와 좌절에 관한 이야기를 할 때도 그녀의 자세는 한결같다. 데이의 리더십 원칙 중 하나는 '마법사를 찾아라'다.

"우리 회사는 직원들에게 책임을 지고, 위험을 감수하고, 기업가 정신을 지니라고 요구합니다. 당신만의 마법을 펼쳐보라고 요구합니다. 우리 회사에서는 특히 운동선수 출신 직원들이 두각을 나타냅니다. 운동선수로 뛰었던 사람들은 승리만이 아니라 패배에도 익숙하거든요. 그들은 패배를 받아들이면서 문제를 해결할 줄 압니다."

또한 데이는 사람들에게 실수를 허용하는 일이 무척 중요하다고 강조했다.

"우리의 황금법칙이요? 자기가 저지른 실수는 자기가 수습해야 한다는 겁니다."

어떤 조직에서 사람들이 다음과 같은 말을 얼마나 자주, 얼마나 솔직하게 하는지를 관찰해보자. 그러면 사람들이 취약성을 얼마나 적극적으로 끌어안는지 파악할 수 있다. 이는 비즈니스, 학교, 신앙공동체, 가정을 포함한 모든 집단에 적용된다.

- 잘 모르겠습니다
- 저를 좀 도와주세요
- 제가 한번 해보고 싶어요
- 그건 저한테 중요한 일이에요
- 제 생각은 다른데, 얘기를 좀 할 수 있나요?
- 성공하진 못했지만 많은 걸 배웠습니다
- 예, 제가 한 일입니다
- 부탁드릴 게 있습니다
- 제 기분을 말씀드릴게요
- 피드백을 좀 주시면 좋겠습니다
- 이 문제에 관해 의견을 좀 주실래요?
- 다음번에 더 잘하려면 어떻게 해야 할까요?
- 이 일을 처리하는 방법을 알려주세요
- 그건 내 탓이기도 합니다
- 제 책임을 인정합니다
- 나는 당신을 도와주러 왔습니다
- 내가 도와주고 싶어요
- 지난 일은 잊어버립시다
- 미안합니다
- 저에게 큰 의미가 있는 말이네요
- 고맙습니다

리더의 입장에서 취약성은 불편해 보이거나 불편하게 느껴진다. 세스 고딘Seth Godin은 『트라이브즈Tribes』라는 책에서 다음과 같이 말했다.

"진정한 리더십이 드문 이유는 사람들이 리더십에 따르는 불편을 감내하려 하지 않기 때문이다. 진정한 리더십은 드물기 때문에 그만큼 가치가 높다. (…) 낯선 사람들 앞에 선다는 것은 불편한 일이다. 실패할 확률이 있는데 아이디어를 낸다는 것도 불편하다. 현재 상태에 도전하는 것은 불편한 일이다. 현재에 안주하려는 욕구를 거스르는 것도 불편한 일이다. 그 불편을 인식할 때 당신은 리더가 있어야 할 자리에 있는 것이다. 만약 리더로 있으면서도 불편하지 않다면 당신은 리더로서 잠재력을 다 발휘하지 않고 있는 것이다."

리더들과의 인터뷰 기록을 읽어보고 통계를 분석하던 중 나는 문득 궁금해졌다. 학생들과 교사들에게 자신이 바라는 리더십에 관해 발언할 기회를 준다면 무슨 이야기가 나올까? 학생들은 교사에게, 교사들은 교장에게 뭐라고 말할까? 고객서비스 담당 직원은 상사에게 뭐라고 말할까? 그 상사는 자신의 상사에게 무엇을 요청할까? 우리는 사람들이 무엇을 알아주기를 원하며, 우리는 사람들에게서 무엇을 필요로 하는가?

나는 이 질문들에 대한 답을 글로 써 내려가기 시작했다. 명령서 같기도 하고 편지글 같기도 한 나의 글에 「대담한 리더십을 위한 선언」이라는 제목을 붙였다.

대담한 리더십을 위한 선언

CEO와 교사들에게

학교 운영자와 관리자들에게

정치가, 지역사회 지도자, 정책 결정권자들에게

우리는 자신을 드러내고 싶고, 배우고 싶고, 다른 사람에게 영감을 주고 싶습니다. 우리는 관계, 호기심, 참여를 간절히 원합니다. 우리는 목표를 갈망합니다. 뭔가를 창조하고 뭔가에 기여하고 싶습니다. 우리는 위험을 감수하고, 우리의 취약성을 끌어안고, 용감해지고 싶습니다.

배움과 일에서 인간다움이 사라질 때, 당신이 우리와 얼굴을 마주하지 않고 우리의 용기를 응원하지도 않을 때, 당신의 눈에 우리가 만들어내는 결과물이나 성과만 보일 때, 우리는 세상이 우리에게서 요구하는 재능과 아이디어와 열정에서 멀어지고 등을 돌려버립니다.

당신에게 요구합니다. 우리와 함께 참여하고, 우리를 가까이하고, 우리에게서 배우십시오. 피드백은 존중의 실천입니다. 당신이 우리와 함께 강점과 성장 기회에 관해 솔직한 대화를 나누지 않는다면 우리는 우리가 쏟아부었던 기여와 헌신을 의심하게 됩니다.

무엇보다 당신이 참여하고, 당신의 진짜 모습을 보여주고, 용감해지기를 원합니다. 우리와 함께 대담하게 뛰어듭시다.

Chapter 7

내 아이가 어떤 어른이
되길 바라는가

우리 아이들이 나중에 커서 어떤 사람이 될지를 예측하기 위해서는 어떤 육아 지식을 알고 있느냐보다 우리가 어떤 사람이며 세상에 어떻게 참여하느냐를 봐야 한다. '결코 충분하지 않다'는 메시지 속에서 살아가는 우리가 아이들에게 대담하게 세상에 뛰어들라고 가르치고 싶다면, 자기 자신에게 던져야 할 질문은 "나는 부모 역할을 잘하고 있는가?"가 아니다. "내 아이가 나중에 자라서 지금의 나와 같은 어른이 되기를 바라는가?"라고 물어야 한다.

✦

완벽을 강요하는 사회에서 부모 노릇 하기

부모들은 갖가지 육아 지침서를 좋아한다. 그런 책들이 수수께끼 같은 질문에 모두 답해주고, 안심을 시켜주고, 우리의 취약성을 최소화해줄 것만 같아서다. 우리는 알고 싶은 것이 많다. 어느 육아 전문가가 제시하는 방법을 따라야 아이들이 밤새 잘 자고, 안전하고, 행복하게 자라고, 친구를 잘 사귀고, 사회적으로 성공할까? 부모가 된다는 것은 본래 불확실한 일이어서 좌절에서 공포에 이르는 온갖 감정을 불러일으킨다.

우리는 아이를 양육하는 불확실한 일에서도 확실성을 원한다. 그래서 명쾌한 '육아 지침'들은 유혹적인 동시에 위험하다. 내가 '위험하다'고 말하는 이유는 확실성이 종종 독단과 편협함과 비판으로 이어지기 때문이다. 그래서 부모들은 서로를 비판할 때가 많다. 우리는 어떤 육아법이나 이론을 선택하고 나서 금세 그 방법만이 옳다고 믿어버린다. 부모로서 어떤 선택을 해놓고 그것에 집착

할 때(부모들은 대부분 그렇다), 그리고 누군가가 다른 선택을 하는 모습을 볼 때, 그 다름을 자신의 육아법에 대한 직접적인 비판으로 받아들이곤 한다.

역설적인 이야기지만 육아란 본래 수치심과 비판의 지뢰밭이다. 부모는 아이들을 키우는 과정에서 불확실성과 자기 의심을 헤치며 나아가기 때문이다. 스스로 내린 결정에 자신이 있을 때 우리는 독선적인 비판을 쉽게 하지 않는다. 예컨대 내가 아이들을 잘 먹이고 있다고 자신한다면, 다른 부모가 유기농이 아닌 우유를 아이들에게 먹인다고 해서 수치심에 빠져 눈을 부라리다 제풀에 쓰러지는 일은 없을 것이다. 그러나 나의 선택에 약간의 회의를 품고 있다면 부모 노릇을 하는 동안 남을 향한 독선적 비판이 순간순간 고개를 쳐들 것이다. 그런 일이 벌어지는 이유는 무엇일까? 내가 완벽한 부모가 되지 못하고 있다는 내면의 두려움 때문에 적어도 내가 당신보다는 낫다는 사실을 확인하고 싶기 때문이다.

아이들을 향한 희망과 두려움 속 어딘가에는 무서운 진실이 숨어 있다. 완벽한 육아 따위는 없으며 확실한 보장도 없다는 것! 애착육아에 대한 찬반, 유럽식 육아가 더 좋다는 의견, 타이거맘(엄격하게 훈육하고 간섭하면서 자녀를 교육하는 엄마 - 옮긴이)과 헬리콥터 부모에 대한 험담을 비롯한 열띤 논쟁들은 미국 부모들의 육아 담론에서 상당한 비중을 차지한다. 이런 논쟁들은 편리하게도 우리의 시선을 붙잡아둠으로써 더 중요하고 불편한 진실을 외면하게 한다. 더 중요하고 불편한 진실이란 무엇인가? 그것은 나중에 내 아이가 어떤 사람이 될지는 육아에 관해 얼마나 아는가에 달려 있지 않다는 것이다. 더 중요한 것은 우리가 어떤 사람이며 세상에 어떻게 참여하는가이다.

나는 육아 전문가가 아니다. 사실 '육아 전문가'가 과연 존재할 수 있을까 의심스럽다. 나는 적극적이지만 불완전한 부모며 열성적인 학자다. 이 책의 프롤로그에서 밝힌 대로 나는 '지도'를 제작한 경험이 많지만 여행에는 서툴다. 독자 여러분과 마찬가지로 나에게 육아는 가장 두렵고도 대담한 모험이다.

수치심에 관한 연구를 처음 시작했을 때부터 나는 줄곧 육아에 관한 자료를 수집했고, 연구 참가자들과 인터뷰할 때마다 어린 시절 부모와의 관계 또는 부모로서의 경험에 관해 그들이 하는 이야기를 관심 있게 들었다. 그 이유는 간단하다. 자존감, 즉 지금의 자신으로도 '충분하다'는 느낌은 가정에서 처음 싹을 틔우기 때문이다. 우리의 이야기가 끝나는 곳은 가정이 아니겠지만 출발점은 가정이다. 어릴 때 우리 자신에 관해 무엇을 배웠으며 세상에 참여하는 법을 어떻게 배웠는가가 우리 인생의 경로를 결정한다. 우리는 자존감을 되찾으려고 분투하느라 삶의 상당 부분을 흘려보낼 수도 있고, 어린 시절의 경험에서 희망과 용기와 회복탄력성을 얻어 더욱 힘차게 앞으로 나아갈 수도 있다.

당연한 이야기지만 우리의 사고와 감정과 행동은 타고나기도 하고 환경의 영향을 받기도 한다. 몇 퍼센트가 유전적 요인이고 몇 퍼센트가 환경적 요인인지를 마음대로 추측할 수는 없고, 두 가지 요인의 정확한 비율을 계산한다는 것도 불가능하다. 하지만 사랑과 소속감과 자존감에 가장 큰 영향을 미치는 요인은 우리가 어린 시절 가정에서 했던 경험이라고 나는 확신한다. 어릴 때 가정에서 어떤 이야기를 들었는지, 부모가 세상에 참여하는 모습을 보며 무엇을 느꼈는지가 우리의 사랑과 소속감과 자존감을 결정한다.

부모로서 우리는 생각만큼 기질과 성격을 잘 통제하지 못한다. '결코 충분하지 않다'는 메시지에 대해서도 우리가 원하는 만큼 잘 대응하지 못하고 있을지 모른다. 하지만 다른 측면에서 좋은 부모가 될 기회가 있다. 아이들이 자신의 타고난 성격을 잘 이해하고 활용하며 감사한 마음을 느끼게 해주면 된다. 끊임없이 쏟아지는 '결코 충분하지 않다'는 메시지 속에서 아이들의 회복탄력성을 길러주면 된다. '결코 충분하지 않다'는 메시지 속에서 살아가는 우리가 아이들에게 대담하게 세상에 뛰어들라고 가르치고 싶다면, 자신에게 던져야 할 질문은 "나는 부모 역할을 잘하고 있는가?"가 아니다. "내 아이가 나중에 자라서 지금의 나와 같은 어른이 되기를 바라는가?"라고 물어야 한다. 미국 작가 조셉 칠턴 피어스Joseph Chilton Pearce는 이렇게 말했다.

"아이들에게는 우리가 하는 말보다 우리의 인격이 더 큰 영향을 미친다. 그러므로 아이들이 되었으면 하는 사람의 모습을 우리가 먼저 보여줘야 한다."

부모로서 지니는 취약성은 두렵지만, 우리는 육아를 하면서 갑옷을 입을 수도 없고 취약성을 피해갈 수도 없다. 부모에게 취약성은 이어진 느낌과 사랑과 의미를 가르치고 키워가기 위한 그 무엇보다 풍요로운 토양이다. 취약성은 가족 이야기의 중심에 놓인다. 우리가 기쁨·두려움·슬픔·수치·실망·사랑·소속감·감사함과 같은 감정들을 가장 벅차게 느끼는 순간, 창의력을 발휘하는 순간, 일상의 신비를 발견하는 순간은 모두 취약성에 따라 결정된다. 우리가 아이들을 꼭 붙잡아매고 있든, 아이들 곁에 서 있든, 아이들을 쫓아다니면서 잠긴 문 밖에서 소리치고 있든 간에 우리가 어떤 사람이며 장차 아이들이 어떤 사람이 될까를 결정하는 것은 '취약성'에 달려 있다.

하지만 우리는 취약성을 애써 밀어내면서 육아를 경쟁의 장으로 만들어버린다. 육아는 이제 존재의 방식이라기보다는 지식을 쌓고, 탐색하고, 실행하고, 성과를 측정하는 경쟁으로 전락했다. 이제라도 "누가 더 잘하나?"라는 질문을 제쳐두고 학교 입학과 성적, 스포츠, 트로피, 성취라는 잣대를 내려놓는다면, 우리 대다수는 다음과 같은 명제에 동의할 것이다. 우리가 아이들에게 원하는 것은 우리 자신에게 원하는 것과 같다. 아이들이 온 마음을 다해 살고 서로 사랑하는 사람으로 성장하기를 원한다.

온 마음을 다하는 삶이 우리의 목표라면, 우리는 아이들을 다음과 같이 키우려고 힘써야 한다.

- 자존감을 토대로 세상에 참여하는 사람
- 자신의 약점과 불완전성을 받아들이는 사람
- 자기 자신은 물론 다른 사람에게도 깊은 사랑을 느끼고 공감하는 사람
- 노력과 인내와 존중을 귀하게 여기는 사람
- 진실함과 소속감을 자기 안에 지니고 있어서 외부에서 찾지 않

아도 되는 사람

- 불완전하고, 취약하고, 창의적인 존재가 될 용기를 지닌 사람
- 자신이 남과 다르거나 곤경에 처했다는 이유로 수치스러워하 거나 사랑받지 못할 것이라고 여기지 않는 사람
- 빠르게 변화하는 세상을 용기와 회복탄력성으로 헤쳐나가는 사람

아이들을 이렇게 키우려면 다음과 같은 부모가 돼야 한다.

- 우리 자신에게 없는 것을 아이들에게 줄 수는 없다. 그런 사실 을 인정하고, 우리가 성장하고 변화하고 학습하는 여정을 아이 들과 공유하자.
- 우리가 걸치고 있는 갑옷을 의식하자. 갑옷을 벗고, 취약해지 고, 진짜 모습을 드러내면서 아이들에게 본보기를 보여주자.
- 아이들을 존중하는 의미에서 우리 자신도 '온 마음을 다하는 삶'을 향한 여정을 계속하자.
- '부족해'라는 관점보다는 '충분해'라는 관점에서 부모 노릇을 하자.
- 간극을 의식하면서 우리가 아이들에게 가르치려는 가치들을 직접 실천하자.
- 대담하게 세상에 뛰어들자. 가능하다면 과거의 자신보다 더 대 담해지자.

아이들이 자신의 모습을 있는 그대로 받아들이고 사랑하기를 바란다면, 우리가 할 일은 자신을 있는 그대로 받아들이고 사랑하는 것이다. 아이들을 용감한 사람으로 키우고 싶다면 자신부터 삶에서 두려움과 수치심, 비판과 비난을 이용하지 말아야 한다. 삶에 의미와 목표를 부여하는 두 가지, 공감과 유대는 직접 경험해야만 습득할 수 있는 것들이다. 그리고 공감과 유대를 경험할 최초의 기회를 제공하는 곳은 다름 아닌 가정이다.

지금부터 내가 육아에 관해 연구하면서 자존감, 수치심 회복탄력성, 취약성에 관해 배운 것들을 소개하려 한다. 육아에 관한 연구는 우리 부부가 육아에 관해 느끼고 생각하던 것들을 근본적으로 바꿔놓았다. 우선순위, 결혼생활, 그리고 일상적인 행동이 크게 달라졌다. 남편 스티브가 의사인 만큼 우리는 육아에 관한 연구와 다양한 육아법을 토론하는 일에 시간을 많이 쓰는 편이다. 그러나 나의 목표는 육아법을 강의하는 것이 아니다. '온 마음을 다하며 사는' 아이들을 길러낸다는 목표를 가지고 대담하게 뛰어드는 당신에게 새로운 렌즈를 제공하고 싶을 뿐이다.

내 아이를 해치는 수치심과의 전쟁

아이가 태어나면 우리의 여정은 끝이 나고 아이들의 여정이 시작된다는 믿음은 틀린 것이다. 대개의 경우 삶에서 가장 흥미진진하고 생산적인 시기는 아이를 낳은 후에 찾아온다. 그리고 가장 큰 시련과 곤경은 중년기 또는 그 이후에 찾아온다. 온 마음을 다하는 육아란 부모가 낑낑대며 인생의 지혜를 모조리 습득한 후에 그것을 통째로 물려주는 것이 아니다. 온 마음을 다하는 육아란 아이와 함께 탐험하며 배워나가는 것이다. 솔직히 그 여정에서 아이들이 나보다 훨씬 앞서나갈 때도 있다. 아이들은 저 앞에서 나를 기다려주거나 손을 내밀어 나를 끌어준다. 정말이다.

프롤로그에서 설명한 대로, 내가 인터뷰한 사람들을 두 집단으로 나눈다면 하나는 사랑과 소속감을 가슴 깊이 느끼는 사람들이고, 다른 하나는 그렇지 못한 사람들이다. 둘 중 어디에 속하느냐를 결정하는 변수는 단 하나였다. 자신이 사랑받을 가치가 있다고 느끼는 사람들, 실제로 사랑하며 소속감을 경험하는 사람들은 자신이 그럴 가치가 있다고 믿었다. 나는 '온 마음을 다하는 삶'이 북극성과 비슷하다는 말을 자주 한다. 우리는 영원히 북극성에 도달하지 못할 것이다. 하지만 우리가 올바른 방향으로 나아가고 있다면 그 사실만은 분명히 알 수 있다. 자기가 가치 있는 존재라고 믿는 아이들을 길러내기 위해서는 우리가 직접 그 길을 걸으며 시련을 헤쳐나가는 모습을 보여줘야 한다.

자존감에 대해 알아야 할 점은 자존감에는 전제조건이 붙지 않는다는 것이다. 그런데도 우리는 긴 전제조건의 목록을 손에 들고 자존감을 판별하곤 한다. 그중에는 부모에게서 물려받은 것도 있고, 후천적으로 학습했거나 삶 속에서 무의식적으로 습득한 것도 있다. 이런 전제조건들은 대부분 성취, 재산, 외부의 인정이라는 세 가지 범주에 포함된다. 이를 문장으로 표현한다면 '만약 ~한다면'이 된다("만약 ~한다면 나도 가치 있는 사람이 될 거야"). 전제조건을 글로 써놓지 않았을 수도 있고, 어쩌면 스스로 의식하지 못할 수도 있다. 하지만 저마다 '만약 ~하면 나도 가치 있는 사람이 된다'로 이뤄진 목록을 가지고 있다.

- 만약 내가 살을 뺀다면
- 만약 내가 이 학교에 입학한다면
- 만약 아내가 바람을 피우는 게 아니라면
- 만약 우리가 이혼하지 않는다면
- 만약 내가 승진을 한다면
- 만약 내가 임신을 한다면
- 만약 그 사람이 내게 데이트 신청을 한다면
- 만약 우리가 이 동네에 집을 사게 된다면
- 만약 아무도 이 사실을 모른다면

수치심은 전제조건을 좋아한다. 우리의 '만약 ~하면 나도 가치 있는 사람이 된다'의 목록은 순식간에 2배로 불어난다. 어떻게 보면 그렘린들의 '할 일 목록'과도 비슷하다. '저 여자의 엄마는 그녀가 젖살을 빼야 한다고 생각하지. 그 사실을 그녀가 잊지 않게 만들자.' '새로 온 상사는 MBA 학위를 가진 남자들만 인정한다는 사실을 저 남자에게 상기시키자.' '저 여자에게 물어보자. 작년에 그녀의 친구들이 모두 파트너로 진급했다는 사실을 잊어버렸느냐고.'

부모로서 우리는 아이들이 수치심 회복탄력성과 자존감을 키우기를 바란다. 그렇다면 의식적 또는 무의식적으로 아이들에게 물려주는 전제조건에 민감해져야 한다. 우리는 아이들에게 어떻게 하면 더 사랑스러워지고 어떻게 하면 덜 사랑스러워지는지에 관한 명시적 또는 암묵적 메시지를 보내고 있는가? 아니면 변화가 필요한 행동에 초점을 맞추고, 어떤 행동을 하더라도 우리 아이들의 본질적인 가치는 그대로라는 사실을 분명히 하는가? 나는 부모들에게 늘 말한다. 우리가 아이들에게 보내는 메시지들 가운데 노골적이지 않으면서도 무척 해로운 것이 바로 이 책의 3장에서 설명했던 여자다움/남자다움에 관한 규범이라고. 명시적이든 묵시적이든 간에 우리는 딸들에게 날씬하고 상냥하고 겸손한 것이 가치 있는 사람이 되기 위한 전제조건이라고 말하고 있지 않은가? 딸들에게 또래 남자아이들을 섬세하고 사랑스러운 존재로 여기고 존중하라고 가르치고 있는가? 아들들에게 그들이 감정을 절제하고, 돈과 지위를 우선시하고, 공격성을 발휘하길 기대한다는 메시지를 보내고 있는가? 여자를 물건이 아닌 똑똑하고 유능한 인간으로 여기고 존중하라고 가르치고 있는가?

완벽주의는 전제조건을 끊임없이 만들어낸다. 10년이 넘도록 자존감을 연구하는 과정에서 나는 완벽주의에 전염력이 있다는 확신을 얻었다. 만약 우리가 완벽한 사람이 되기 위해, 완벽한 삶을 살기 위해, 그리고 남의 눈에 완벽해 보이기 위해 기를 쓰고 노력하고 있다면 차라리 아이들을 일렬로 세워놓고 '완벽'이라는 이름의 구속복을 입히는 게 나을 것이다. 4장에서 살펴본 대로, 완벽주의는 아이들에게 최고가 되기 위해 노력하는 방법을 알려주는 것과 다르다. 그들 자신의 가장 훌륭한 모습을 보여주라고 가르치는 것도 아니다. 완벽주의는 아이들에게 자신의 생각과 느낌보다 남들의 생각을 더 귀중하게 여기라고 가르친다. 연기를 하고, 남을 기쁘게 하고, 자기의 가치를 입증하라고 가르친다. 그런 일은 나 자신의 삶에도 적지 않았다.

예를 하나 들어보자. 딸 엘런은 처음으로 학교에 지각했을 때 곧바로 울음을 터뜨렸다. 규칙을 어겼다는 것과 선생님(또는 교장 선생님)이 화낼 것이라는 생각에 평정심을 잃은 것이다. 우리가 "별일 아니야", "누구나 가끔은 지각을 해"라고 거듭 말해주자 엘런도 조금 진정이 됐다. 그날 저녁식사 후에 우리는 소박한 '지각 파티'를 열었다. 최초의 지각을 경험하고도 무너지지 않았다는 사실을 축하하는 자리였다. 마침내 엘런도 그게 큰일이 아니었으며, 사람이라면 누구나 할 수 있는 행동을 했다고 해서 남들이 자신을 비판하지 않으리라는 사실을 받아들였다. 나흘 뒤, 일요일 아침 우리는 교회 예배에 가야 하는데 늦어지고 있었다. 내 눈에는 눈물이 고였다.

"대체 왜 제시간에 출발하는 날이 한 번도 없니! 이러다 지각하겠어!"

엘런은 나를 쳐다보며 정말 모르겠다는 얼굴로 물었다.

"아빠와 찰리는 곧 내려올 거예요. 우리가 중요한 순서를 놓치게 되나요?"

나는 주저 없이 대답했다.

"그건 아냐! 그래도 엄마는 늦게 도착해서 좌석으로 살금살금

이동하는 게 싫단다. 9시 예배잖니? 9시 5분 예배가 아니라."

엘런은 잠시 헷갈리는 표정을 짓더니 씩 웃으며 말했다.

"그건 별일 아니에요. 누구나 늦을 때가 있다고 엄마가 그랬잖아요? 이따 집에 돌아오면 내가 지각 파티를 열어줄게요."

때때로 전제조건과 완벽주의는 아주 미묘한 방식으로 아이들에게 전해진다. 내가 지금까지 들은 것 중 육아에 관한 가장 훌륭한 조언은 작가 토니 모리슨Toni Morrison의 말이었다. 엘런이 첫돌을 맞이하기 조금 전이었던 2000년 5월, 모리슨 여사는 〈오프라 윈프리쇼〉에 출연해서 그녀의 책 『가장 푸른 눈The Bluest Eye』을 소개했다. 오프라는 이렇게 말했다.

"토니 선생님이 아름다운 이야기를 들려주신대요. 아이가 방에 걸어 들어오는 순간 부모들이 할 수 있는 일이 있다고 합니다."

모리슨 여사는 부모가 있는 방에 아이가 들어올 때 벌어지는 일을 관찰하면 흥미로운 사실이 발견된다고 말했다.

"그럴 때 여러분의 얼굴은 밝아지나요?" 그녀가 말을 이었다.

"우리 아이들이 어렸을 적에, 아이들이 방 안에 들어오면 나는 아이들을 살피면서 바지 지퍼를 제대로 올렸는지, 머리가 단정한지, 양말을 잘 올려서 신었는지 확인했어요. (…) 나는 아이들에게 관심을 기울이고 돌봐주고 있으니 내 마음속 깊은 곳의 애정이 전해질 거라고 생각했죠. 그건 착각이었어요. 아이들 눈에는 부모의 비판적인 얼굴만 보입니다. '또 뭐가 잘못된 거지?'라는 생각이 들겠죠?"

모리슨 여사의 조언은 단순했지만 내게는 패러다임의 일대 전환이었다.

"여러분 가슴속에 있는 것을 얼굴로 보여주세요. 아이들이 방 안에 들어오면 기쁘다는 표정이 내 얼굴에 나타나야 합니다. 어떻게 보면 사소한 일이죠?"

나는 모리슨 여사의 조언을 매일 되새긴다. 그리고 그것을 실천하려고 노력한다. 엘런이 아침에 등교 준비를 마치고 계단을 내려올 때, 나는 "머리를 뒤로 묶어라"라든가 "그 신발은 옷이랑 안 어울리는데"라는 말부터 하지 않으려고 노력한다. 아이의 얼굴을 보고 아이와 함께 있어서 얼마나 행복한가를 표정으로 전달하려고 한다. 찰리가 도마뱀을 가지고 놀다가 땀과 흙으로 범벅이 돼서 뒷문으로 들어올 때도, 나는 "손을 씻기 전에는 아무것도 만지지 마라"라고 말하기 전에 미소부터 지어주려고 한다. 우리는 아이들의 행동을 비판하고 흥분하고 화를 내면서 부모로서 마땅히 할 일을 했다고 생각하곤 한다. 하지만 내가 아이들에게 맨 처음 보여주는 얼굴은 아이들의 자존감을 키워줄 수도 있고 자존감의 전제조건이 될 수도 있다. 그래서 나는 아이들이 방에 들어올 때 비판부터 하고 싶지 않다. 밝은 표정을 짓고 싶다!

전제조건과 완벽주의를 항상 의식하는 것 외에도 우리가 아이들의 자존감을 지키고 키워주기 위해 할 수 있는 일은 또 있다. 앞에서 설명했던 수치심과 죄책감의 차이에 관한 내용으로 돌아가 보자. 여러 연구에 따르면 부모의 육아 성향을 보고 아이들이 수치심 또는 죄책감에 어떻게 대응할지를 예측할 수 있다. 달리 말하면 부모는 아이들이 자기 자신에 관해 어떻게 생각할지, 자신의 어려움을 어떻게 받아들일지에 상당한 영향을 미치는 존재라는 것이다. 알다시피 수치심은 중독과 우울, 공격성과 폭력성, 섭식장애, 자살 등과 상관관계가 높은 반면 죄책감은 이런 것들과 음의 상관관계를 지닌다. 그렇다면 우리는 당연히 아이들이 자기 자신과 대화할 때 수치심보다는 죄책감을 활용하기를 바랄 것이다.

그러기 위해 우리는 아이들과 그들의 행동을 분리해서 봐야 한다. '넌 나쁜 아이야'와 '네가 나쁜 행동을 했어'의 차이는 크다. 단순히 말의 뜻이 다른 게 아니다. 수치심은 뭔가를 해낼 수 있으며 더 나은 사람이 될 수 있다는 자신의 믿음을 갉아먹는다. 우리가 아이들에게 수치를 심어주고 낙인을 찍는 순간, 아이들이 더 성장할 기회와 새로운 행동을 연습할 기회를 빼앗는 셈이다. 만약 어떤 여자아이가 거짓말을 했다면? 그 아이는 그 행동을 변화시킬 수 있다. 그 여자아이에게 '넌 거짓말쟁이야'라고 말한다면? 변화의 가능성은 현저히 낮아진다.

아이들에게 수치심 대화를 줄이고 죄책감 대화를 늘려주기 위해서는 우리가 어떻게 훈육하며 어떻게 이야기하는가를 돌아봐야 한다. 그리고 수치심과 죄책감의 개념을 아이들에게도 설명해줘야 한다. 부모가 성의 있게 접근하면 아이들도 이런 이야기에 귀를 기울인다. 아이들이 4~5세가 되면 수치심과 죄책감의 차이를 설명해주자. 그리고 설령 그들이 나쁜 선택을 하더라도 그들을 아주 많이 사랑한다고 말해주자.

엘런이 유치원에 다닐 때의 일이다. 어느 날 오후, 유치원 담임 선생님이 우리 집으로 전화를 걸어 "선생님이 무슨 연구를 하시는지 저도 알 것 같아요"라고 말했다. 내가 무슨 말이냐고 묻자, 선생님은 며칠 전에 있었던 일을 이야기했다. 온몸에 반짝이 가루를 잔뜩 묻힌 엘런을 보고 선생님이 이렇게 말했다.

"엘런! 너 엉망이 됐구나."

그러자 엘런은 아주 심각한 얼굴로 이렇게 대답했다고 한다.

"선생님, 제가 옷을 엉망으로 만든 건 맞아요. 하지만 제가 엉망이 된 건 아니에요." (그날 나는 아이 때문에 칭찬받은 부모가 됐다.)

아들 찰리도 수치심과 죄책감의 차이를 이해하고 있다. 언젠가 우리 집 개가 쓰레기통에서 음식물을 꺼내는 모습을 보고 내가 이렇게 야단을 쳤다.

"이 나쁜 놈!"

그러자 한쪽 구석에 있던 찰리가 대뜸 소리쳤다.

"데이지는 좋은 아이인데 나쁜 행동을 한 거야! 우린 데이지를 사랑해! 데이지가 한 행동을 사랑하지 않는 거지!"

나는 그것이 경우가 다르다는 점을 설명하고 싶어서 찰리에게 이렇게 말했다.

"찰리, 데이지는 개잖니."

그러자 찰리의 대답은 이랬다.

"아, 맞아요. 데이지는 좋은 개인데 나쁜 행동을 한 거야."

아이들에게 수치심은 무척 고통스럽게 다가온다. 수치심은 자신이 사랑받을 가치가 없는 존재라는 두려움과 불가분으로 얽혀 있기 때문이다. 아직 생존(음식, 주거, 안전)을 부모에게 의존해야 하는 어린아이의 입장에서 자신이 사랑받을 가치가 없다는 느낌은 곧 생존을 위협받는 것과 같다. 아니, 트라우마라고 표현해도 무방할 것이다. 우리가 수치심에 젖을 때마다 작아지는 느낌을 받거나 다시 아이가 된 것 같은 이유는 우리의 뇌에 어린 시절의 수치심 경험이 트라우마로 저장되어 있기 때문은 아닐까? 수치심의 방아쇠가 당겨지면 우리는 어린 시절의 그 기억으로 돌아간다. 이런 가설은 아직 신경과학의 연구로 증명되지는 않았지만, 나는 수백 건의 인터뷰에서 이 같은 패턴을 발견했다.

"내가 왜 그랬는지 나도 모르겠어요. 상사가 팀 동료들 앞에서 나보고 바보라고 했는데 아무런 대응을 못 했어요. 일순간 내가 포터 선생님의 2학년 교실로 돌아간 느낌이었어요. 난 벙어리가 됐죠. 뭐라고 대답을 했어야 했는데. 적당한 말이 한마디도 생각나지 않더라고요."

"우리 아들이 두 번째로 삼진을 당했을 때 나는 이성을 잃었어요. 우리 아버지가 내게 했던 행동은 절대 하지 않겠다고 늘 말하던 나였는데, 그날은 아들의 팀 동료들 앞에서 아이에게 고래고래 소리쳤지 뭡니까. 어떻게 그런 행동이 나왔는지 도무지 모르겠습니다."

3장에서 설명한 대로, 사람의 뇌는 타인에게 거부당한 경험이나 수치심 경험을 육체적 고통과 똑같은 방식으로 처리한다. 아이들이 수치심을 트라우마로 받아들이고 뇌에 저장한다는 나의 가설을 뒷받침할 통계가 언젠가는 나오겠지만, 지금도 나는 주저 없이 말할 수 있다. 어린 시절에 경험한 수치심은 우리의 성격과 자아상과 자존감을 바꿔놓을 수도 있다고.

부모인 우리에게 수치심에 관한 지식이 생기면 우리는 '아, 내가 아이들에게 수치심을 심어줬구나'라는 사실을 깨달을 가능성이 높다. 하지만 우리가 가정에서 수치심을 육아의 수단으로 사용하지 않으려고 아무리 노력한다 하더라도 아이들은 집 밖에서 수치심을 경험할 것이다. 현대사회의 잔인한 문화 속에는 공개적인 질책과 놀림과 욕설이 만연해 있으니까. 여기서 좋은 소식이 하나 있다. 그런 경험들은 아이들의 삶에 지대한 영향을 미칠 수도 있고 그렇지 않을 수도 있다는 것이다. 결국 우리가 어떻게 하느냐가 중요하다. 아이들이 수치심과 죄책감의 차이를 이해한다면, 그리고 부모가 아이들의 감정과 경험에 관해 솔직한 대화를 나누려고 한다면 아이들은 교사, 코치, 성직자, 육아도우미, 조부모와 그들의 삶에 영향을 미치는 다른 어른들과의 관계에서 수치심을 느꼈던 일에 관해 부모에게 털어놓을 확률이 높다. 이것은 매우 중요하다. 마치 우리가 가위로 사진을 오려내는 것처럼, 아이들은 이런 과정을 통해 수치심을 '잘라낼' 기회를 얻기 때문이다.

우리는 다들 어린 시절 자신의 정체성에 결정적 영향을 미친 수치심 경험을 기억하고 있다. 그런데 우리가 그 경험을 기억하는 이유는 부모님과 함께 그 경험들을 정리하지 못했기 때문일 가능성이 크다. 우리는 수치심 회복탄력성을 길러주는 부모와 수치심에 관해 솔직하게 대화를 나누었어야 한다. 그렇다고 내 부모를 탓하는 것은 아니다. 우리 부모님과 조부모님 세대는 오늘날 우리처럼 지식과 정보를 접할 기회가 많지 않았다. 이제 심리학자가 된 나는 수치심과 자존감에 관해 이런 식으로 설명한다.

"그것은 사진이 아니라 사진첩이다."

사진첩 한 권을 펼친다고 상상해보자. 대부분의 페이지가 수치스러운 장면들을 인화한 사진들로 채워져 있다면 당신은 사진첩을 덮어버리고 자리를 뜨면서 이렇게 중얼거릴 것이다.

"수치심이 나의 인생을 규정했군."

만약 당신이 사진첩을 펼쳤는데 수치스러운 장면을 담은 사진 몇 장이 눈에 들어오지만 그 사진들 한 장 한 장이 자존감·희망·시련·회복탄력성·용기·성공·실패·취약성의 사진들로 둘러싸여 있다면, 수치심 경험은 더 큰 이야기의 일부에 불과하게 된다. 수치심은 사진첩을 규정하지 못한다.

앞에서도 설명했지만 우리가 아이들을 수치심으로부터 완전히 차단해줄 방법은 없다. 우리의 임무는 수치심 회복탄력성을 키워주고 본보기를 제공하는 것이다. 그러기 위해서는 수치심이란 무엇이며 수치심이 우리 삶에서 어떻게 나타나는가에 관한 대화를 나눠야 한다. 내가 인터뷰한 성인들 가운데 수치심을 육아의 도구로 자주 활용했던 부모 밑에서 자란 사람들은, 수치심을 가끔 경험했고 그것을 부모에게 이야기할 수 있었던 사람들보다 자존감이 낮았다.

당신의 자녀가 이미 어린아이가 아니라고? 그래서 수치심 회복탄력성을 기르거나 사진첩을 변화시키기에는 너무 늦었다고? 답은 '아니요'이다. 늦지 않았다. 이야기(힘든 이야기도 포함)의 주인이 되자. 그러면 우리가 이야기의 결말을 직접 쓸 수 있다. 몇 년 전 나는 한 여성 독자에게서 다음과 같은 편지를 받았다.

선생님의 연구는 아주 신비로운 경로로 제 인생을 바꿔놓았답니다. 우리 어머니가 아마릴로의 교회에서 선생님의 강연을 들었거든요. 강연을 듣고 나서 어머니가 저에게 장문의 편지를 보내셨어요. 그 편지에는 이런 글이 쓰여 있었어요. "나는 수치심과 죄책감이 다르다는 걸 몰랐구나. 어쩌면 내가 너에게 평생 잊지 못할 수치심을 심어줬을지도 모르겠다. 나는 네가 죄책감을 느끼기를 바랐어. 네가 좋은 사람이 아니라고 생각한 적은 한 번도 없단다. 네가 했던 선택이 내 마음에 들지 않았을 뿐이지. 그런데도 내가 너에게 창피를 줬구나. 지난 일들을 되돌릴 순 없겠지만, 너한테 꼭 해주고 싶은 말이 있단다. 너를 만난 건 내 인생에서 가장 멋진 일이었고, 나는 네 엄마로 살 수 있다는 게 자랑스럽단다." 저는 제 눈을 의심했습니다. 우리 어머니는 일흔다섯 살이시고 저는 쉰다섯 살이거든요. 그 편지가 제 마음을 치유해줬어요. 그날부터 모든 게 달라졌답니다. 예를 들면 우리 아이들을 대하는 태도도 달라졌어요.

우리는 아이들이 수치심에 관해 이해하고, 수치심이 아닌 죄책감을 활용해서 자신과 대화하도록 이끌어줘야 한다. 그리고 수치심 노출을 조심해야 한다. 우리가 아이들에게 창피를 주지 않는다 할지라도, 수치심은 우리 삶 속에서 다양한 형태로 나타나고 가정에도 지대한 영향을 미친다. 사실 부모가 자기 자신보다 수치심 회복탄력성이 높은 아이들을 키워낸다는 것은 불가능하다. 내가 엘런에게 네 몸을 사랑하라고 말하는 것은 쉬운 일이다. 하지만 정작 중요한 것은 내가 내 몸을 어떻게 대하느냐를 엘런이 관찰한다는 사실이다. 젠장! 아들 찰리가 자기가 엉뚱한 방향으로 달릴까 봐 걱정할 때 내가 나서서 '아직 티볼T-ball 경기를 해본 적이 없잖니. 규칙을 다 알지 못해도 괜찮아'라고 말해주기는 쉽다. 하지만 나와 스티브가 새로운 일을 시도하고, 실수를 저지르고, 실패하면서도 자신을 비난하지 않는 모습을 찰리에게 보여줄 수 있을까? 젠장!

마지막으로 '표준화'는 우리가 아이들에게 제공할 수 있는 강력한 수치심 회복 수단이다. 앞에서 설명한 대로, 표준화란 우리 아이들에게 "너희는 혼자가 아냐. 우리도 똑같은 어려움을 겪었단다"라고 말해주는 것이다. 표준화의 원칙은 인간관계 고민, 신체의 변화, 수치심 경험, 소외감, 그리고 용감해지고 싶지만 두려운 상황에 모두 적용된다. 부모가 "나도 그랬단다!"라고 말해주는 순간, 혹은 아이의 어려움과 연관된 자신의 경험담을 들려주는 순간 부모와 아이 사이에는 신성한 뭔가가 생겨난다.

세상에 좋은 부모, 나쁜 부모는 없다

잠깐 숨을 고르면서, 육아에 관한 '가치 논쟁'이 수치심을 유발한다는 사실을 짚고 넘어가자. 아이를 키우다 보면 분만에 관한 선택, 포경수술, 예방접종, 아이와 함께 자는지 여부, 모유 수유 등 논쟁적이고 의견이 양분되는 사안이 많다. 이런 사안에 관한 대화를 듣거나, 책을 읽거나, 블로그의 글을 볼 때 우리는 수치심을 느끼고 상처를 입는다. 부모들(특히 엄마들)은 서슴없이 다른 부모를 모욕하거나 무시하거나 괴롭히는데, 앞에서 살펴본 대로 이런 것들은 수치심을 유발하는 행동이다.

이런 행동들에 관해 나는 다음과 같은 결론에 도달했다. 다른 부모의 선택이 마음에 들지 않는다고 해서 우리가 다른 부모를 수치스럽게 만든다면, 우리는 아이들의 행복을 진정으로 원하는 것이 아니다. 전자와 후자는 양립할 수 없는 행동이며 소망가치와 실천가치 사이에 간극이 크다. 물론 부모들은 대부분(나 자신도 포함해서) 육아의 모든 측면에 대해 상당히 강한 의견을 가지고 있다. 하지만 우리가 넓은 의미에서 아이들의 행복을 진심으로 바란다면, 우리가 할 일은 우리의 가치에 부합하는 선택을 하고 똑같은 선택을 하는 다른 부모들을 지지하는 것이다. 자존감을 잘 유지하는 것도 우리의 임무다. 스스로의 선택에 자신이 있으며 '부족한 느낌'이 아닌 '자존감'을 토대로 세상에 참여할 때 우리는 굳이 남을 비난하고 공격할 필요를 느끼지 못한다. 여기서 다음과 같은 질문이 나올 수도 있다.

"그럼 아이들을 학대하는 부모를 보고도 모른 체하란 말인가요?"

누군가가 우리와 다른 선택을 한다고 해서 그것을 학대라고 단정할 수는 없다. 진짜 학대가 일어나는 것이 확실하다면 경찰을 불러라. 그게 아니라면 학대라는 말을 쓰지 말아야 한다. 사회복지학을 공부하고 아동보호국에서 1년간 인턴 생활을 해본 사람으로서 나는 자기가 보기에 틀렸거나, 자기와 다르거나, 자기가 나쁘다고 판단하는 행동을 한다는 이유만으로 다른 부모에게 '학대'나 '방치'라는 용어를 쉽게 갖다 붙이는 것을 싫어한다.

내가 '좋은 부모' 또는 '나쁜 부모'라는 이분법을 폐기한 이유는 간단하다. 언젠가 당신이 나를 '좋은 부모' 또는 '나쁜 부모'로 분류할 수도 있기 때문이다. 당신의 관점에 따라 혹은 내가 처한 상황에 따라 나는 좋은 부모가 되기도 하고 나쁜 부모가 되기도 한다. 그리고 나는 그런 섣부른 비판이 우리의 삶과 육아 담론에 어떤 가치를 더해주는지 도무지 모르겠다. 사실 그것은 언제 불어닥칠지 모르는 수치심의 폭풍이다. 내가 부모들에게 던지고 싶은 질문은 참여에 관한 것이다. 우리는 관심을 기울이고 있는가? 자신의 선택에 대해 깊이 생각하고 있는가? 열린 자세로 지식을 받아들이고, 자신이 틀려도 된다고 생각하는가? 호기심을 가지고 적극적으로 질문을 던지는가?

내가 연구를 통해 알아낸 바에 따르면 세상에는 훌륭하고 적극적인 부모가 되는 방법이 셀 수 없이 많다. 그런데 그런 훌륭한 부모들 중에는 나의 개인적인 육아관과 충돌하는 견해를 가진 사람들도 있다. 예컨대 우리 부부는 아이들에게 TV를 보여주는 일에 대해 매우 엄격한 편이다. 특히 폭력물은 절대 보여주지 않는다. 우리는 그 점에 관해 깊이 생각하고, 대화를 나누고, 가능한 선에서 최선의 방책을 택한다. 그러나 어떤 친구들은 우리가 아이들에게 허락하지 않는 영화나 프로그램을 자기 아이들에게 보여준다. 그들 역시 그 점에 관해 깊이 생각하고, 대화를 나누고, 가능한 선에서 최선의 방책을 택했다. 단지 그들은 우리와 다른 결론에 이르렸을 뿐이고, 나는 그 결론을 존중한다.

얼마 전에 우리는 정반대의 경험도 해봤다. 엘런이 『헝거 게임 The Hunger Games』(각 구역에서 소년 1명과 소녀 1명씩을 뽑아 잔인한 죽음의 토너먼트를 치른다는 내용의 SF 모험소설 – 옮긴이)을 읽는 모습을 보고 우리 부부의 친구들 몇몇이 놀랍다는 반응을 보였다. 그 경우에도 마찬가지였다. 그 부모들 역시 그 문제에 적극적으로 참여하고 있었다. 우리는 서로를 존중하고 서로에게 공감하며 대화를 나눴다. '차이를 존중한다'가 우리의 소망가치로만 남아 있다면 간극을 의식하기란 더욱 어려워진다. 다른 부모들이 우리와 다른 선택을 할 수 있다는 점을 기억하자. 그들이 우리와 다른 선택을 한다고 해서 그것을 우리에 대한 비판으로 받아들일 필요는 없다. '대담하게 뛰어들기'란 각자의 길을 찾아가면서 다른 사람들의 길도 존중하는 것이다.

자존감은 곧 사랑과 소속감이다. 아이들에게 부모의 사랑이 무조건적이라는 것을 전하는 최고의 방법은 아이들에게 가족의 일원이라는 사실을 확실히 알려주는 것이다. 이렇게 말하면 의아해하는 사람도 있겠지만, 소속의 문제가 아이들에게는 실로 큰 힘을 발휘한다. 때때로 아이들은 소속감 때문에 심장이 찢어지는 아픔을 느낀다. 앞에서 우리는 소속감을 '나보다 큰 어떤 것의 일부가 되고 싶은 인간의 고유한 욕구'라고 규정했다. 이 연구를 하면서 나는 소속과 적응이 같은 의미가 아니라는 사실을 알고 적잖이 놀랐다. 사실 적응은 소속감을 못 느끼게 하는 가장 큰 장벽이다. 적응이란 상황을 분석해보고 자신을 그 집단에서 승인받을 수 있는 사람으로 바꾸는 것이다. 반면 소속은 우리의 정체성을 바꾸라고 요구하지 않는다. 소속은 우리에게 자신의 모습을 있는 그대로 보여달라고 요구한다.

언젠가 중학교 2학년 학생들에게 몇 명씩 조를 짜서 적응과 소속의 차이를 정리해보라고 한 적이 있다. 학생들이 내놓은 답을 보면서 나는 감탄하고 또 감탄했다.

- 소속은 내가 원하는 곳에 있고 그곳에서도 나를 원하는 것이다. 적응은 내가 진짜로 원하는 곳에 있긴 하지만, 그곳에서는 내가 있든 없든 신경을 쓰지 않는 것이다.
- 소속이란 나 자신의 모습 그대로 인정받는 것이다. 적응이란 남들과 똑같아졌기 때문에 인정받는 것이다.
- 어딘가에 소속될 때 나는 나 자신의 모습을 잃지 않는다. 어딘가에 적응할 때 나는 다른 사람들과 비슷해져야 한다.

학생들의 대답은 정확했다. 어느 나라, 어떤 학교를 찾아가서 이 질문을 던져도 중학생과 고등학생들은 소속과 적응의 차이를 이해하고 있었다. 학생들은 가정에서 소속감을 느끼지 못해서 얼마나 괴로운지에 대해서도 솔직히 털어놓았다. 내가 중학교 2학년 학생들에게 소속과 적응의 정의에 관해 처음 질문했을 때, 한 학생은 이렇게 써냈다. '학교에서 소속감을 못 느끼는 건 정말 힘든 일이다. 하지만 집에서 소속감을 못 느끼는 것과 비교하면 그쯤은 아무것도 아니다.' 내가 집에서 소속감을 못 느낀다는 게 무슨 뜻이냐고 묻자, 학생들은 다음과 같은 예를 들었다.

- 내가 부모의 기대에 부응하지 못할 때
- 내가 부모가 원하는 것만큼 매력적이고 인기 많은 아이가 되지 못할 때
- 내가 부모만큼 똑똑하지 못할 때
- 부모가 잘하는 일을 나는 잘하지 못할 때
- 내가 운동선수가 아니어서, 치어리더가 아니어서, 또는 친구가 많지 않아서 부모가 창피해할 때
- 나의 성향과 내가 좋아하는 일을 부모가 마땅찮아할 때
- 부모가 내 생활에 무관심할 때

아이들의 자존감을 높여주고 싶다면 아이들이 가족에 속해 있다는 사실을, 그리고 그 소속에는 조건이 없다는 사실을 확실히 알려줘야 한다. 그 일이 어려운 것은 우리 자신도 소속감을 충분히 느끼지 못하고 있기 때문이다. 자신이 갖지 못한 것을 아이들에게 줄 수는 없다. 그래서 우리는 아이들 곁에 머무르면서 함께 소속감을 키워나가야 한다. 우리가 아이들과 함께 성장하는 방법, 아이들의 공감 능력을 키워주는 방법의 예를 한번 들어보자(소속감을 가슴 깊이 경험하기 위해서는 서로에게 공감하는 것이 제일이다!).

엘런이 4학년이었을 때의 일이다. 어느 날 학교에서 돌아온 엘런은 현관문을 닫자마자 눈물을 흘리며 자기 방으로 달려갔다. 나는 즉시 엘런을 따라갔다. 엘런 앞에 무릎을 꿇고 앉아서 왜 그러

느냐고 물었다. 엘런은 훌쩍훌쩍 울면서 힘겹게 대답했다.

"나는 '나머지'가 되는 게 너무 싫어요! 지긋지긋해!"

영문을 몰랐던 나는 엘런에게 '나머지'가 뭐냐고 물었다.

"우리는 점심시간에 축구를 하거든요. 인기 있는 아이가 둘 있는데, 걔들이 주장이 돼서 선수들을 선발해요. 첫 번째 주장이 '난 수지, 존, 피트, 로빈, 제이크를 데려갈래'라고 말하면 두 번째 주장은 이렇게 말해요. '난 앤드루, 스티브, 케이티, 수를 데려가겠어. 나머지는 적당히 나누자.' 나는 날마다 '나머지'였어요. 하루도 이름을 불린 적이 없다고요."

나는 심장이 쿵 내려앉는 것만 같았다. 침대 모서리에 앉은 엘런은 두 손에 얼굴을 묻고 있었다. 나는 걱정이 된 나머지 엘런의 방에 따라 들어오면서 불을 켜는 것도 잊어버렸다. 어두컴컴한 방 안에 앉아 울고 있는 딸아이를 보고 있자니 내가 취약해지는 기분이 들어 견딜 수가 없었다. 그래서 나는 전등을 켜기 위해 스위치 쪽으로 걸어갔다. 그것은 탁월한 선택이었다. 불을 켜기 위해 움직였다는 것만으로도 불편한 마음이 어느 정도 가시면서 내가 자주 인용하는 문구가 생각났다. 어둠과 공감에 관한 페마 초드론Pema Chodron(미국에서 대중적으로 널리 알려진 티베트 불교 승려 - 옮긴이)의 말이었다.

"공감은 치료자와 부상자 사이에서 생겨나는 것이 아니다. 공감은 대등한 관계에서 생겨난다. 자신의 불행을 잘 알아야 타인의 불행에 함께할 수 있다. 인간으로서 지니는 공통성을 인식할 때 공감은 진짜가 된다."

306

나는 스위치를 그대로 두고 다시 침대로 걸어가 엘런의 옆에 앉았다. 방은 캄캄하고 우리의 마음도 어두웠다. 내가 엘런의 어깨를 팔로 감싸며 말했다.

"나머지가 된다는 게 어떤 건지 엄마도 알지."

엘런은 손등으로 코를 쓱 문지르며 대답했다.

"엄마는 몰라요. 엄마는 친구가 정말 많잖아요."

나는 나머지가 되는 기분을 진짜로 안다고 설명했다.

"나머지가 됐다고 느낄 때는 화가 나고 속이 상하지. 외롭기도 하고, 나 자신이 작아진 기분도 들어. 꼭 인기 있는 사람이 되고 싶은 건 아니지만, 엄마도 사람들이 엄마를 알아보고 중요한 존재로 대해주길 바라거든. 그래야 어딘가에 소속된 느낌이 들거든."

엘런은 믿을 수 없다는 표정이었다.

"정말! 엄마도 알고 있네! 지금 내 기분이 그래요!"

우리는 엘런의 침대에 푹 파묻혔다. 엘런은 점심시간에 있었던 일에 관해 더 이야기했다. 나는 학창시절에 '나머지' 취급을 받으면서 힘들고 괴로워했던 이야기를 들려줬다. 그로부터 2주일 후, 우편물로 강연 포스터가 도착했다. 유명 배우들이 많이 출연하는 행사에서 강연하기로 약속했기 때문에 행사 포스터가 오기를 기대하고 있던 터였다. 지금 생각하면 이상한 일이지만, 나는 영화배우 사진들 옆에 내 사진이 인쇄된 모습을 상상하며 즐거워하고 있었다. 드디어 소파에 앉아 둘둘 말린 포스터를 펼치고 정신 나간 사람처럼 들여다보는데 엘런이 들어와서 소리쳤다.

"와! 엄마 포스터예요? 나도 볼래!"

소파 쪽으로 걸어오는 사이에 엘런은 이미 나의 기대가 실망으로 바뀌었다는 사실을 알아차렸다.

"왜 그래요, 엄마?"

내가 소파를 톡톡 두드리자 엘런은 내 옆에 앉았다. 나는 포스터를 다시 쫙 펼쳤고, 엘런은 손가락으로 포스터의 사진들을 훑어내려갔다.

"엄마를 못 찾겠네. 엄마는 어디 있어요?"

나는 유명인들의 사진 밑에 인쇄된 한 줄의 글을 가리켰다. "기타 등등."

엘런은 소파 쿠션에 등을 기대고, 내 어깨에 손을 올리며 이렇게 말했다.

"오, 엄마. 엄마가 '나머지' 취급을 받았군요. 어쩌나."

내 입에서는 대답이 금방 나오지 않았다. 나 자신이 왜소하게 느껴졌다. 사진이 없다는 사실도 별로였지만 사진이 없다는 것에 신경을 쓰는 나 자신이 마음에 들지 않았다. 엘런은 몸을 앞으로 내밀어 나를 쳐다보며 말했다.

"그게 어떤 기분인지 나도 알아요. '나머지'가 되면 속상하고 작아진 느낌이 들고 외로워요. 사람은 누구나 중요한 존재가 되고 어딘가에 소속되려고 하니까요."

그것은 내 생애 최고의 순간이었다. 우리는 쉬는 시간에 운동장에서 소속감을 느끼지 못할 수도 있고, 대규모 콘퍼런스에서 소속감을 느끼지 못할 수도 있다. 하지만 그 순간 우리는 우리에게 가장 중요한 집단에 소속돼 있음을 느꼈다. 가장 중요한 곳이란 바로 가정이다. 우리의 목표는 완벽한 육아가 아니다. 최고의 선물, 최고의 배움은 우리가 아이들의 도움을 받아 간극을 의식하게 되는 그 불완전한 순간들에 존재한다.

수치심 회복탄력성을 기르고 간극을 의식하는 일에 관한 좋은 사례가 하나 더 있다. 몇 년 전에 인터뷰한 수전이라는 여성에게서 들은 이야기다. 아이들이 다니는 유치원을 찾아간 수전은 다른 엄마들과 이야기를 나누느라 바빴다. 아이들은 수전의 옆에 서서 엄마의 이야기가 끝나기를 기다리고 있었다. 엄마들은 유치원 신입생들을 위한 환영파티를 누가 주최할지를 의논하는 중이었다. 엄마들은 모두 자기가 파티 열기는 싫다는 입장이었고, 자진해서 파티를 열겠다고 말한 어떤 엄마에 대해서는 집을 지저분하게 해놓는다고 평가했다. 엄마들은 그 여자와 그녀의 집에 관해 몇 분간 이야기를 나누며 그녀에게 파티를 맡기면 학부모와 교사들의 평판이 나빠질 거라고 결론지었다.

의논을 끝낸 후에 수전은 아이들(유치원에 다니는 딸과 각각 초등학교 1학년, 3학년인 아들 둘)을 차에 태워 집으로 데려갔다. 뒷좌석에 앉은 1학년인 아들이 불쑥 말했다.

"나는 엄마가 좋은 사람이라고 생각해."

수전은 웃으며 대답했다.

"응? 고맙구나."

잠시 후 그들이 집으로 들어서는데, 1학년 아들이 눈물을 글썽이며 수전에게 다가왔다. 아이는 수전을 빤히 쳐다보며 이렇게 말했다.

"엄마는 엄마가 마음에 안 들어?"

수전은 그야말로 깜짝 놀랐다. 수전은 아들 앞에 앉아 눈높이를 맞추고 물었다.

"엄마는 괜찮은데. 왜 그러니? 뭐가 문제일까?"

아들이 대답했다.

"엄마가 항상 말했잖아. 어떤 사람이 자기와 다르다는 이유로 그 사람에 대해 나쁘게 말하는 건 자기 자신에 대한 불만 때문이라고. 우리가 자신을 좋게 생각하면 남에 대해서도 나쁜 말을 안 하게 된다고 했잖아."

수전은 그 말을 듣자마자 수치심에 얼굴이 화끈거렸다. 아까 학교에서 엄마들과 나눈 대화를 아들이 들은 것이다. 이런 것이 결정적인 순간이다. 온 마음을 다해 아이를 키우는 순간, 우리는 취약해지는 것을 감내할 수 있는가? 잠시 취약성과 함께 머무를 수 있는가? 아니면 수치와 불편을 쫓아버리기 위해 아이에게 엉뚱한 소리를 하거나 '버릇이 없다'고 나무랄 것인가? 이런 기회에 우리는 아이가 공감을 훌륭하게 실천하고 있다는 사실을 알아차릴 수 있는가? 우리는 실수를 저지르고 나서 그것을 만회할 수 있는가? 아이들이 자신의 경험에 솔직해지기를 바라는 것처럼 우리 역시 자신의 경험에 솔직해질 수 있는가?

수전은 아이의 얼굴을 마주 보며 말했다.

"엄마를 걱정해주고, 기분이 어떤지 물어봐줘서 정말 고마워. 엄마는 불만이 있는 게 아니란다. 그런데 엄마가 실수를 한 것 같네. 오늘 있었던 일에 대해 생각을 해봐야겠어. 네 말이 한 가지는 맞다. 엄마가 남에게 상처가 되는 말을 했어."

잠시 생각을 정리한 후, 수전은 아들과 정식으로 마주 앉아 대화를 나눴다. 여럿이 모여 특정한 사람에 관해 이야기할 때는 분위기에 휩쓸리기가 정말 쉽다는 이야기를 했다. 수전은 "엄마도 가끔은 사람들이 엄마를 어떻게 생각할까 하는 걱정을 한단다"라고 솔직하게 인정했다. 그러자 아들은 수전을 향해 몸을 기울이며 "나도"라고 속삭였다. 수전과 아들은 앞으로 그런 일이 생기면 서로에게 이야기하기로 약속했다.

참여란 시간과 에너지를 투자하는 것이다. 참여란 아이들과 마주 앉아 아이들의 세계, 아이들의 관심사, 아이들의 이야기를 듣고 이해하는 것이다. 참여하는 부모는 육아 논쟁의 양편에 다 있다. 참여하는 부모들의 가치관과 배경과 문화도 다양할 수 있다. 하지만 그들의 공통점은 가치를 실천에 옮긴다는 것이다. 또한 '나는 완벽하지 않고 항상 옳지도 않지만 나는 너희 곁에 있고, 열린 마음으로 귀를 기울이고, 너희를 사랑하고, 적극적으로 참여한다'는 철학이 있다는 것이다.

참여에는 당연히 희생이 따른다. 하지만 그것은 우리가 부모가 되기로 했을 때 이미 약속한 바가 아닌가. 어른들은 시간을 써야 할 곳이 워낙 많기 때문에 이렇게 생각해버리기 쉽다. '나는 멍하니 앉아서 아들의 페이스북 페이지를 보는 일에 세 시간이나 투입할 수 없어.' '내 딸이 4학년 과학박람회에서 있었던 일을 시시콜콜 이야기하는 걸 듣고 있을 시간이 어딨어?' 나도 늘 그렇게 하지는 못한다. 하지만 우리가 다니는 교회의 지미 그레이스Jimmy Grace

목사가 최근에 한 설교가 나의 육아관을 180도 바꿔놓았다. 그레이스 목사는 '희생sacrifice'이란 본래 라틴어에서 유래한 단어로 '신성하게 하다make sacred'는 뜻이라고 말했다. 지금의 나는 우리가 아무리 불완전해도, 아무리 취약해도, 아무리 엉망이어도 육아에 적극적으로 참여할 때 우리는 신성한 뭔가를 창조하는 것이라고 굳게 믿는다.

취약한 부모가 아름다운 이유

이 장을 집필하기 전에 나는 부엌 탁자 위에 온갖 자료를 펼쳐놓고 나 자신에게 물었다. 부모들이 '온 마음을 다하며 살아가는' 아이들을 키우려고 노력하는 과정에서 가장 취약해지는 순간과 가장 용감한 순간은 언제일까? 나는 그 질문의 답을 찾는 데 며칠은 걸릴 거라고 생각했다. 그런데 막상 인터뷰 기록을 훑어보니 답은 금방 나왔다. 바로 아이들이 시련을 겪도록 놔둘 때였다.

강연으로 전국을 돌아다닐 때 부모와 교사들의 점점 커지는 우려를 목격했다. 부모나 교사가 늘 구해주고 보호해주기 때문에 아이들이 시련이나 실망에 대처하는 법을 배우지 못한다는 것이다. 흥미로운 점은 나에게 이런 걱정을 토로하는 대부분 부모가 아이들의 일에 매번 개입하고, 구해주고, 보호하는 유형이었다는 것이다. 자기 문제를 처리하지 못하고 취약성을 못 견디는 것은 아이들이 아니라 우리다. 불확실성과 위험과 감정의 노출을 견뎌야 한다는 사실을 알면서도 잘 안 된다.

나도 예전에는 아이들이 스스로 길을 찾도록 자유롭게 풀어주지 못했다. 하지만 연구를 하면서 얻은 지식들이 나의 관점을 극적으로 바꾸었다. 지금은 부모의 개입과 구조를 무익한 것을 넘어 위험한 것으로 본다. 물론 나 역시 여전히 초연해지지 못했고, 개입하지 말아야 할 때 개입하곤 한다. 다만 이제는 순전히 나의 불편함으로 어떤 행동에 돌입하려고 하다가도 한 번 더 생각해본다. 그 이유는 다음과 같다. 희망은 시련의 결과물이다. 아이들이 아주 크고 높은 희망을 키우기를 바란다면 아이들에게 힘들어할 기회를 줘야 한다. 동시에 사랑과 소속감도 줘야 한다. 아이들이 희망찬 마음을 가져준다면 무엇을 더 바라겠는가?

나의 연구에 따르면 시련과 끈기와 근성에 관한 경험은 '온 마음을 다하는 삶'의 중요한 특징이다. 이 모든 요소를 통합한 개념을 찾기 위해 문헌을 뒤지던 나는 스나이더C. R. Snyder 박사의 희망에 관한 연구를 발견했다. 그 연구는 내게 충격으로 다가왔다. 첫째, 나는 희망이란 따스하고 보드라운 감정이라고 생각했다. 희망이란 가능성을 느끼는 것이라고 여겼다. 둘째, 나는 희망을 '포기하지 않는다'라는 개념과 연결해서 생각했다. 이것을 다른 말로 하면 '플랜B'였다. 희망을 간직한 사람들은 플랜A가 실패하면 플랜B로 전환할 수 있는 사람이라고 예상한 것이다.

알고 보니 희망에 관해서는 내가 틀렸고 플랜B에 관해서는 내가 옳았다. 평생 희망이라는 주제를 연구한 스나이더는 희망이란 하나의 감정이 아니라고 말한다. 희망은 사고방식 또는 인지의 과정이다. 감정이 우리를 지지하는 역할을 한다면 희망은 목표, 경로 사고, 주도적 사고로 이뤄지는 사고의 과정이다. 스나이더는 이 세 가지를 '희망의 3요소'라 부른다.

- **목표**: 현실적인 목표를 세울 능력이 있다. (나는 내가 가고 싶은 곳이 어디인지 알아.)

- **경로 사고**: 그 목표를 달성하는 방법을 찾을 수 있다. 유연성을 견지하면서 대안적인 경로를 개척할 수 있는 능력도 여기에 포함된다. (나는 어떻게 하면 그곳에 도달하는지 알아. 나는 끈기 있는 사람이어서 실망해도 좌절하지 않고 다시 도전할 수 있어.)

- **주도적 사고**: 자신을 신뢰한다. (난 해낼 수 있어!)

결론적으로 희망이란 목표를 세우고, 인내와 끈기를 발휘해 그 목표를 계속 추구하고, 자신의 능력을 믿는 것이다. 플랜B가 따로 있는 것이 아니다. 희망이 곧 플랜B다.

하지만 나에게 감동을 준 대목은 따로 있다. '희망은 학습하는 것이다'라는 구절! 이 구절 덕택에 나는 나 자신의 취약성을 끌어안고 한 걸음 뒤로 물러나 아이들이 자기 일을 스스로 해결하도록 지켜볼 수 있었다. 스나이더의 연구에 따르면 아이들은 대부분 부모에게서 희망을 배운다. 아이들이 희망적 사고방식을 배우려면 적절한 경계선과 일관성이 있으면서도 자신을 지지해주는 관계가 필요하다. 희망찬 아이들은 시련을 경험한 적이 있는 아이들이었다. 그 아이들은 고생할 기회를 가져봤고, 그 과정에서 자기 자신을 믿는 방법을 터득했다.

우리 아이들을 희망에 찬 사람, 그리고 취약해질 용기가 있는 사람으로 키우고 싶다면 한 발 뒤로 물러나자. 아이들이 스스로 실망을 경험하고, 갈등을 해소하고, 주장을 펼치는 방법을 배우고, 실패할 기회를 갖도록 해주자. 우리가 매번 아이들을 따라 경기장에 들어가서 비평가들을 잠재우고 승리하게 해준다면, 아이들은 자기가 혼자 힘으로 대담하게 도전할 수 있다는 사실을 배우지 못할 것이다.

나는 엘런의 수영대회를 계기로 이런 교훈을 얻었다. 사건의 발단은 내가 차를 몰고 엘런을 데리러 왔을 때였다. 수영부 아이들을 데리러 온 차들로 붐비는 줄에서 열 번째쯤에 서 있었다. 날이 어둑어둑해서 엘런의 모습은 희미하게만 보였지만 그것으로도 충분했다. 엘런이 서 있는 모습만 보고도 문제가 있다는 사실을 알 수 있었으니까. 엘런은 조수석에 털썩 앉았다. 내가 수영 연습은 어땠는지 물어보기도 전에 엘런의 눈에서 눈물이 주르륵 흘렀다.

"왜? 무슨 일 있구나? 엘런, 괜찮니?"

엘런은 차창 밖을 응시하며 숨을 한 번 깊이 들이마셨다. 후드티셔츠 소매로 눈물을 쓱 닦은 엘런이 말했다.

"토요일에 수영대회가 열리는데, 나더러 100미터 평영에 나가래요."

나는 그게 엘런의 세계에서는 정말로 나쁜 일이라는 걸 알았기 때문에 안심한 표정을 짓지 않으려고 애썼다. 사실 나는 크게 안도했다. 조금 전까지만 해도 뭔가 끔찍한 일이 생겼다고 짐작했기 때문이다. 남들이 보면 미쳤다고 하겠지만 내게는 그런 것이 일상이다.

"엄마는 몰라. 난 평영을 못 한단 말이에요. 실력이 형편없어요. 엄마는 모를 거야. 코치님한테 제발 나를 출전시키지 말라고 사정사정했는데."

나는 딸에게 공감해준 뒤 용기를 주는 어떤 말을 해주려고 했다. 그런데 차가 집 앞길로 들어서는 순간, 엘런이 내 손 위에 자기 손을 포개더니 내 눈을 똑바로 쳐다보면서 말했다.

"엄마, 부탁이에요. 날 좀 도와줘요. 다른 아이들이 수영장에서 나가고 다음 예선전 준비가 시작된 후에도 나만 수영을 하고 있을 거예요. 내가 그 정도로 느리다고요."

나는 숨이 턱 막혔다. 명료한 사고가 불가능했다. 순식간에 나는 열 살짜리 여자아이로 돌아갔다. '북서부 청새치 수영대회'에 출전하려고 출발대 위에 올라간 아이. 출발대 근처에서는 아버지가 우승하지 못하면 죽는다는 얼굴로 나를 쳐다본다. 나는 벽에 가장 가까운 레인에 있다. 느린 선수들에게 배정되는 레인이다. 보나마나 망할 것이다. 조금 전에 대기용 벤치에 앉아서 다이빙대 옆에 세워둔 내 자전거를 가지러 가야겠다고 생각하던 중, 코치가 하는 말이 내 귀에 들어온다.

"저 아이를 나이 많은 선수들과 함께 시합에 내보내자. 완주하지 못할 수도 있지만, 재미있을 거야."

"엄마? 엄마? 엄마!! 내 말 듣고 있어요? 날 도와줄 거죠? 나를 다른 경기에 넣어달라고 코치님에게 부탁할 거죠?"

나는 취약해졌다. 참을 수 없을 정도로. 마음 같아서는 이렇게 소리치고 싶었다. "그럼, 그럼! 네가 원하지 않는 경기에 출전해서 수영할 필요는 없지. 없고말고!"

하지만 나는 가만히 있었다. 그 무렵 온 마음을 다하는 삶을 위해 '침착해지기'를 연습하고 있던 나는 일단 심호흡을 했다. 다섯까지 세고 나서 엘런에게 말했다.

"아빠와 상의해볼게."

그날 밤, 아이들이 잠자리에 들고 나서 스티브와 나는 한 시간 동안 그 문제를 놓고 토론했다. 우리는 엘런이 직접 코치를 찾아가서 그 이야기를 하도록 하자는 결론을 내렸다. 그래도 코치가 그 경기에 나가라고 한다면 엘런은 나가야 한다. 올바른 결정을 내렸다고 생각하면서도 나는 그 순간순간이 다 싫었다. 스티브에게 싸움을 걸기도 하고 코치를 비난하기도 했다. 다 나의 두려움을 배출하고 취약성으로부터 달아나기 위한 행동이었다.

우리의 결정을 알려주자 엘런은 화를 냈다. 수영 연습을 마치고 집에 돌아온 엘런은 더욱 화가 난 모습이었다. 코치가 엘런에게 그래도 경기에 출전해서 공식 기록을 확보하라고 말했다는 것이다. 엘런은 탁자 위에 두 팔을 올려놓고 고개를 묻은 채 엉엉 울었다. 그러다 고개를 번쩍 들고 이렇게 말했다.

"시합 당일에 안 나가면 그만이지. 예선에 안 오는 사람이 얼마나 많다고."

내 마음 한구석에서는 '좋았어!' 하는 생각도 들었다. 그러나 엘런은 곧 이렇게 덧붙였다.

"내가 우승하진 못하겠죠. 2등이나 3등을 할 실력도 못 되고. 모두가 지켜볼 텐데."

지렛대를 움직일 기회가 왔다. 엘런에게 무엇이 중요한가를 재정의할 기회. 나는 수영대회, 친구들, 우리 사회에 만연한 스포츠의 과도한 경쟁 문화보다 우리 가족의 문화가 엘런에게 더 중요한 것이 되기를 원했다. 그래서 엘런을 바라보며 이렇게 말했다.

"물론 네가 출전을 포기할 수도 있단다. 엄마라도 그런 생각이 들었을 거야. 그러나 너의 목표가 우승하는 것이 아니라면? 다른 아이들과 똑같이 물에서 나오기 위해서가 아니라면? 너의 목표가 그저 경기장에 나가서 물에 흠뻑 젖는 거라면?"

엘런은 '엄마가 미쳤나?' 하는 얼굴로 나를 쳐다봤다.

"그냥 경기장에 나가서 물에 흠뻑 젖는다고요?"

나는 엘런에게 이렇게 설명했다. 나는 오랫동안 내가 잘하지 않는 일에 도전하지 않고 살았는데, 그런 선택을 계속하다 보니 용감해진다는 게 어떤 느낌인지도 잊어버릴 지경이라고.

"네가 할 수 있는 가장 용감하고 가장 중요한 일이 그냥 경기장에 나가는 것일 때도 있단다."

스티브와 나는 엘런이 예선에 출전할 때 가까이 가지 않기로 엘런과 약속했다. 드디어 여자선수들이 출발대에 설 차례가 왔다. 나는 엘런이 과연 출발대에 올라갔을지 확신하지 못했다. 그런데 엘런은 거기 있었다. 우리는 엘런이 지나갈 레인의 끝에 서서 숨죽인 채 지켜봤다. 엘런은 재빨리 우리를 쳐다보고 고개를 끄덕인 뒤 물안경을 고쳐 썼다.

엘런은 선수들 가운데 맨 마지막으로 물에서 나왔다. 다른 선수들은 벌써 데크를 떠났고, 출발대에는 이미 다음 예선 경기를 준비하는 선수들이 서 있었다. 스티브와 나는 처음부터 끝까지 소리를 지르고 환호하며 엘런을 응원했다. 마침내 풀장에서 나온 엘런은 코치에게 다가갔다. 코치는 엘런을 껴안아주고 그녀의 기록으로 짐작되는 뭔가를 보여줬다. 마침내 엘런이 우리 쪽으로 걸어왔다. 미소 띤 얼굴에, 눈에는 눈물이 맺혀 있었다. 엘런은 스티브와 나를 번갈아 보더니 이렇게 말했다.

"기분이 좋진 않았지만 난 해냈어요. 경기장에 나와 흠뻑 젖었으니까 난 용감한 사람이었죠?"

내가 '부모들의 선언'을 만든 이유는 나에게 그것이 필요했기 때문이다. 스티브와 나에게는 그런 선언문이 필요했다. 성과와 점수로 가치를 산정하는 문화에서 잣대를 내려놓는다는 것은 쉬운 일이 아니다. 내가 취약성과 씨름할 때마다, 혹은 내가 '충분하지 않다'는 두려움에 사로잡힐 때마다 나는 이 선언문을 기준으로 삼았다. 이 선언문을 이용해서 기도도 하고 명상도 했다. 지금도 이 선언문을 보면 내 인생을 변화시킨, 아니 구원한 발견이 떠오른다. '우리 아이들이 나중에 어떤 사람이 될지를 예측하기 위해서는 어떤 육아 지식을 알고 있느냐보다 우리가 어떤 사람이며 세상에 어떻게 참여하느냐를 봐야 한다.'

'온 마음을 다하며 사는' 부모들의 선언

무엇보다 너희는 사랑받고 있으며 사랑받을 자격이 있다는 것을 알 았으면 해. 너희는 나의 말과 행동을 통해 그걸 알게 되겠지. 내가 너 희를 어떻게 대하는지, 내가 나를 어떻게 대하는지를 보고 너희는 사 랑을 배울 거란다.

나는 너희가 튼튼한 자존감을 토대로 세상에 뛰어들기를 바란다. 나 자신에게 공감하고 나 자신의 불완전성을 받아들이는 모습을 보여줄 때마다, 너희는 너희가 사랑을 받고 어딘가에 속할 가치가 있는 사람 이라는 사실을 알게 될 거야.

우리는 가정에서부터 용감해지는 연습을 할 거란다. 용기란 자신의 진짜 모습을 드러내고, 취약성을 소중히 여기는 거란다. 우리가 고생 한 이야기와 용기를 낸 이야기를 너희에게도 들려줄게. 우리 집에는 시련과 용기를 위한 공간이 항상 마련돼 있단다.

우리는 너희에게 공감을 가르치기 전에 우리 자신에 대한 공감을 먼 저 실천할 거란다. 그다음은 서로에게 공감하는 거겠지. 우리는 경계 선을 정하고 그것을 존중하며 노력과 희망과 인내를 귀하게 여길 거 야. 온 가족이 휴식과 놀이를 중요하게 여기고 실천할 거란다.

내가 실수를 저지르고 그것을 만회하는 모습, 내가 나에게 필요한 것 을 요청하고 내 기분을 말로 표현하는 모습을 보면서 너희는 책임과 존중을 배울 거야.

나는 너희가 기쁨을 아는 사람이 되길 바라. 그래서 우리가 함께 감사할 수 있기를 바란다.

나는 너희가 기쁨을 느낄 줄 아는 사람이 되기를 바라. 그래서 우리가 약해지는 법을 함께 배워나갔으면 해.

불확실성과 '부족한 느낌'이 너를 괴롭힐 때면 우리 가족의 일상생활에 깃든 영혼이 너를 도와줄 거야.

우리는 함께 울고 함께 두려워하고 함께 슬퍼할 거란다. 나는 너희의 고통을 내게로 가져오고 싶어지겠지만 그렇게 하진 않을 거야. 대신 너희와 마주 앉아 고통을 느끼는 방법을 알려줄게.

우리는 웃고, 노래하고, 춤추고, 뭔가를 창조할 거란다. 우리는 늘 서로에게 자신의 모습을 있는 그대로 보여줄 권리가 있어. 어떤 일이 있어도 너는 우리 가족의 일원이란다.

너희가 '온 마음을 다하는 삶'을 위한 여정을 시작할 때 내가 너희에게 줄 수 있는 가장 큰 선물은 나 자신이 온 마음을 다하여 살고 사랑하면서 대담하게 도전하는 거겠지.

나는 너희에게 그 무엇도 완벽하게 가르치지 않을 거란다. 나는 완벽하게 사랑하지도 않고 완벽한 모습을 보이지도 않을 거야. 그래도 너희에게 나를 보여줄게. 그리고 너를 본다는 것이 내게는 항상 신성한 선물이 될 거야. 진실하게, 마음 깊은 곳에서부터 너를 보고 싶구나.

진짜 나를 보여줄 용기

비평하는 사람은 중요하지 않습니다. 어떤 선수에게 실수를 했다고 지적하거나, 이렇게 저렇게 했어야 한다고 훈수나 두는 사람은 중요하지 않습니다. 진짜 중요한 사람은 경기장에 서 있는 투사입니다. 얼굴에 흙먼지와 땀과 피를 잔뜩 묻힌 채 용감하게 싸우는 투사 말입니다.

물론 그는 경기 중에 실책을 저지르기도 하고, 거듭 한계에 부딪히기도 합니다. 하지만 경기장의 투사는 자신의 힘으로 끝까지 경기를 치릅니다. 그는 위대한 열정이 무엇인지, 위대한 헌신이 무엇인지 압니다. 그는 가치 있는 목표를 위해 온몸을 던집니다.

경기 결과는 승리일 수도, 패배일 수도 있습니다. 승리한다면 커다란 성취감을 얻게 되겠지요. 그러나 설혹 실패한다 해도, 그는 매우 대담하게 용감한 실패를 해낸 겁니다.

이 책을 쓰기 위해 지난 몇 년간의 연구를 정리하고 분석했던 9개월 동안, 나는 위의 인용문을 적어도 100번은 읽어봤다. 솔직히 말하면 화가 치솟을 때, 좌절해서 눈물이 줄줄 흐를 때, '이것도 다 허풍 아닌가?', '취약성을 받아들여봤자 소용없어'라는 생각이 들 때면 항상 이 인용문으로 돌아왔다. 최근 어느 언론사 홈페이지에서 심보 고약한 사람들이 익명으로 남긴 댓글 몇 개를 읽고 마음고생을 한 뒤 나는 책상 위 게시판에서 이 인용문을 떼어냈다. 나는 그 종잇장에 직설적으로 물었다.

"비평가가 중요하지 않다는데 왜 나는 댓글 때문에 이렇게 상처를 받는 거지?"

연설문을 손에 든 채, 얼마 전에 20대 초반의 어느 남학생과 나눈 대화를 떠올렸다. 그 학생은 부모가 자기에게 나의 TED 강연 영상을 링크로 보내줬다고 말했다. 그걸 보고 '온 마음을 다하는 삶'과 '대담하게 뛰어들기'라는 개념이 마음에 쏙 들었다고 했다. 내 강연에 감명을 받은 그는 몇 달간 데이트를 하던 아가씨에게 사랑을 고백했다. 그 이야기가 행복한 결말로 이어지기를 바라며 귀를 쫑긋 세웠다.

그런 행운은 없었다. 그 아가씨는 남학생에게 "넌 정말 멋져. 하지만 우린 각자 다른 상대를 찾는 게 낫겠어"라고 말했다. 여자친구와 헤어진 남학생은 자기 집으로 돌아가서 함께 사는 두 친구에게 방금 있었던 일을 이야기했다.

"친구들은 둘 다 자기 노트북을 들여다보고 있었어요. 둘 중 하나가 고개도 들지 않고 '그럴 줄 몰랐나, 친구?'라고 하더군요. 그 친구가 말하길, 여자들은 자기한테서 달아나는 남자를 좋아한대요."

남학생은 나를 응시하며 말을 이어갔다.

"처음에는 내가 바보였구나 싶었죠. 잠시 동안이지만 나에게 화가 났고 선생님을 원망하기도 했어요. 그런데 다시 생각해보니 내가 왜 고백을 했는지가 기억나더군요. 나는 룸메이트들에게 말했죠. '나는 대담하게 뛰어들었던 거야, 이 바보들아.'"

그는 웃음을 띠고 있었다.

"녀석들이 타이핑하던 손을 멈추고 나를 쳐다봤어요. 고개를 끄덕이며 이렇게 말하더군요. '오, 계속해봐, 이 바보야.'"

대담하게 뛰어들기에서는 이기고 지는 것이 중요하지 않다. 핵심은 용기를 낸다는 것이다. 부족한 느낌과 수치심이 우리를 지배하고 두려움이 제2의 본성이 돼버린 세상에서 취약해진다는 것은 커다란 도전이다. 당연히 불편하기도 하고, 약간의 위험도 따른다. 그리고 우리의 진짜 모습을 드러내는 순간 상처 입을 확률은 높아진다. 하지만 나 자신의 삶을 돌아보고 '대담하게 뛰어들기'가 내게 어떤 의미였는가를 생각한다면, 적어도 한 가지는 자신 있게 말할 수 있다. 내 삶의 바깥쪽에 서서 삶을 들여다보기만 하면서 '만약 내 모습을 드러내고 진짜 나를 보여줄 용기가 있었다면 어땠을까'를 궁금해하는 것만큼 불편하고, 위험하고, 상처가 되는 일은 없다고.

결론적으로⋯ 나는 루스벨트 전 대통령의 말이 정답이라고 생각한다. 실수와 결함이 없는 노력은 존재하지 않는다. 취약하지 않은 승리도 존재하지 않는다. 요즘 나는 루스벨트의 연설문을 읽을 때마다, 아니면 누군가가 나를 함부로 대한다는 생각이 들 때마다 속으로 이렇게 말해본다.

"계속해봐, 이 바보야."

나는 얼마나 취약한 사람인가

들어가며 | 나를 숨기는 '마음 가면'을 벗고 세상에 대담하게 뛰어들어라

취약성은 나약함과는 다르다. 우리는 날마다 불확실성과 위험, 감정 노출을 경험한다. 그러나 이는 우리가 선택할 수 있는 것이 아니다. 우리가 선택할 수 있는 건 단 하나, 참여하느냐 마느냐다. 취약성을 받아들이고 그 취약성과 함께 기꺼이 참여하겠다는 의지가 강할수록 우리의 용기는 커지고 목표는 선명해진다. 반면 취약성으로부터 자신을 보호하려 하면 할수록 우리의 두려움은 커지고 관계는 단절된다.

취약성에 관한 당신의 생각을 말해보거나 글로 써보기를 권한다.

• 취약성의 정의가 무엇이라고 생각하는가?

- 취약성에 대해 평소 갖고 있던 생각은 무엇인가?
- 당신의 가족들은 취약성을 어떻게 바라보는가? 어릴 때 당신은 취약해지는 것에 관해 뭐라고 배웠는가?
- 어릴 때 취약성의 본보기가 있었는가?
- 현재 취약성을 어느 정도까지 견딜 수 있는가?

프롤로그 | 나를 보여주는 용기는 인생을 어떻게 변화시키는가

원래 사람들은 어떤 개념에 대해 정의를 내릴 때 '…이 아닌 것'으로 사고하는 경향이 있다. 특히 감정적인 경험과 관련해서 이런 경향이 두드러진다.

심리치료사 다이애나와 내가 나눈 대화를 기억하는가? 그녀가 나에게 던진 질문을 당신이 받았다면 뭐라고 대답하겠는가?

- 취약해진다는 건 어떤 느낌인가?
- 취약하다고 느낄 때 당신은 어떻게 행동하는가?
- 가장 취약하다고 느낄 때는 언제인가?

'취약성이 아닌 것'을 기준으로 해서 취약성을 정의해보라. '취약성은 의미 있는 경험의 핵심 중의 핵심이다'라는 명제에 동의하는가? 그 이유는 무엇인가?

취약성의 관점에서 나르시시즘을 바라보면 그 사람의 무의식 속에 내재된 '평범해지는 것에 대한 두려움'이 보인다. 자신은 특별하지 않으므로 사람들의 관심을 받거나, 사랑을 받거나, 어딘가에 소속되거나, 목표 의식을 갖지 못할 거라는 등의 두려움 말이다. 이는 바로 수치심에서 비롯된 감정이다.

일반적으로 '나르시시즘'이라고 부르는 행동을 생각해보라. 너무 평범해서 수치스러운 마음이나 너무 보잘것없는 삶을 살고 있다는 두려움이 그런 행동을 촉발한다는 것이 당신의 눈에 보이는가, 보이지 않는가? 그 이유는 무엇인가?

우리 사회는 평범한 삶은 의미가 없다는 메시지를 끊임없이 주입한다.

매일 접하는 TV 프로그램, 잡지, 라디오에서 듣는 음악, 광고판들을 생각해보라. 평범해지는 것에 대한 두려움을 불러일으키는 사회적 기대와 메시지(암묵적인 것과 노골적인 것 모두 포함)에는 어떤 것이 있는가?

우리의 행동과 생각과 감정은 취약성과 어떤 관계가 있는가? 자존감을 높이려는 욕구와는 어떤 관계가 있는가?

다음의 빈칸을 채워보라.

• 나는 충분히 _____하지 못하다.

모두가 자신이 가지지 못한 것에 극도로 신경 쓰는 사회에서는 '늘 뭔가 부족한 느낌'이 더욱 기승을 부린다. 우리는 안정, 사랑, 돈, 자원 등 모든 것이 부족하거나 없다고 느낀다. 그래서 우리가 가진 것과 가지지 않은 것, 다른 사람이 가진 것, 우리에게 필요한 것, 우리가 원하는 것을 대비하고 따져보는 일에 어마어마한 시간을 들인다. 이러한 끊임없는 계산과 비교는 자신을 초라하게 만든다.

과거에 대한 향수 역시 비교의 한 형태로 위험성을 가지고 있다. 우리가 현재와 과거를 얼마나 자주 비교하는지 생각해보자. 우리는 과거의 자신, 과거의 삶을 얼마나 습관적으로 떠올리는가. 그런 과거는 추억이라는 이름으로 아름답게 편집된 것일 뿐인데도 말이다.

자신의 삶과 자주 비교하는 이상적인 이미지(대중매체, 추억 등)는 무엇인가? 예컨대 당신이 사는 집을 유명 가구업체 카탈로그와 비교하곤 하는가? 당신의 가족여행을 여행사의 화려한 광고와 비교한 적 있는가?

취약성은 진실, 그리고 용기와 더 닮아 있다.

다음 빈칸을 어떻게 채우겠는가?

- 취약성이란 _____다.
- 취약성은 _____한 느낌이다.

취약해지면 자신을 노출하게 된다. 불확실성이라는 이름의 고문실에 갇히게 되는 것도 맞다. 그리고 취약성을 끌어안을 때 마음의 상처를 입을 수도 있다. 하지만 위험을 감수하고 불확실성을 감내하며 감정을 솔직히 드러내는 일을 나약한 행동이라고 말할 수는 없다.

당신의 인생에서 정말로 용감했던 순간을 떠올려보라. 그때 취약성은 어떤 역할을 했는가? 당신은 불확실성을 느꼈는가? 위험하다고 느꼈는가? 감정이 노출된다고 느꼈는가? 취약성은 진실, 그리고 용기와 더 닮아 있다는 말에 수긍하는가? 만약 당신 스스로 취약하지 않다는 믿음으로 행동하는 사람이라면 자신에게 다음 질문들을 던져보라.

- 나의 감정이 노출된다고 느낄 때 어떻게 행동하는가?

- 매우 불편하고 불확실한 상황에서 어떻게 행동하는가?
- 나는 마음의 상처를 입을 수도 있는 일에 기꺼이 뛰어드는 사람인가?

신뢰와 취약성의 관계를 설명하기 위해 '조약돌 항아리'라는 개념을 소개했다. 당신의 조약돌 항아리 친구는 누구인가? 그 친구들은 어떻게 조약돌을 받았는가?

취약성과 용기는 또 다른 취약성과 용기를 낳는다.

이런 경험을 한 적이 있는가? 당신의 취약성이 다른 사람을 위해 문을 열어주었거나, 다른 사람의 취약성이 당신의 취약성으로 이어진 적이 있는가?

한때 내가 잘만 하면 취약하다는 느낌에서 벗어날 수 있다고 믿었다. 그래서 취약해지는 느낌을 받을 때마다 상황을 통제하려 했다. 전화벨이 울리고 상상 밖의 소식이 전해질 때, 뭔가가 두려울 때, 누군가를 너무나 사랑한 나머지 감사와 기쁨보다 그 사람을 잃을까 봐 두려운 마음이 앞설 때, 그때마다 나는 상황을 잘 관리하고 주위 사람들을 세심하게 살폈다. 뭔가를 느낄 에너지가 남지 않을 때까지 분주히 움직였다. 수단과 방법을 가리지 않고 불확실한 것을 확실하게 만들었다. 그렇게 바쁘게 생활하다 보니 내 마음속의 상처와 두려움을 정직하게 돌아볼 겨를이 없었다. 밖에서 보면 나는 용감한 사람이었지만 나의 내면은 온통 겁에 질린 상태였다.

당신은 불확실한 일을 확실하게 만들기 위해 시간과 에너지를 쏟는가? 만약 그렇다면 어떤 방법을 쓰는가? 혹시 미친 듯이 바쁘게 사는 전략을 쓰는 것은 아닌가? 때때로 내면은 온통 겁에 질렸는데 남들 눈에는 용감한 사람으로 보일 필요를 느끼곤 하는가? 그런 상황들의 공통점은 무엇인가?

관람석에 앉은 사람들의 반응을 저울질하면서 나의 가치를 평가하는 일이 시간 낭비라는 사실을 깨달은 것은 내 인생의 가장 큰 전환점이었다. 나를 사랑하는 사람들, 결과가 어떻든 간에 내 곁에 있어줄 사람들은 팔만 뻗으면 닿을 곳에 있었다. 이것을 알고 나니 모든 게 바뀌었다.

관람석에 앉은 사람들의 반응을 저울질하면서 당신의 가치를 평가하지 않는다면 삶은 어떻게 달라질 것 같은가? 당신과 함께 경기장 안에 있는 사람들은 누구인가? 관람석에 있는 사람들이라고 하면 당신은 누구를 먼저 떠올리는가? 나에게 가장 혹독한 비판을 가하는 사람은 나 자신일 때가 많다. 내가 관람석에 서서 비판과 비난을 하곤 한다. 당신도 관람석에 있는가?

사람들이 내 작품을 사랑해주면 나는 가치 있는 존재야. 사람들이 내 작품을 좋아하지 않으면 나는 가치 없는 존재야.

당신의 작품이나 창작물이 받는 외부 평가와 당신의 가치를 연결한 적이 있는가? 그런 사고방식은 당신이 작품을 공개하고 사람들의 반응을 탐색하는 행동에 어떤 영향을 미쳤는가?

당신은 그림 한 점, 획기적인 아이디어 하나, 근사한 연설 하나, 훌륭한 설교 하나, 아마존닷컴의 높은 순위 따위보다 훨씬 가치 있는 존재다.

우리가 늘 머릿속에 넣어 다니는 자기회의와 자기비난의 메시지를 이 책에서 나는 어디서나 소동을 일으키는 '그렘린'에 비유했다. 앞으로 나아가지 못하게 당신 안의 그렘린은 뭐라고 하는가?

내가 인터뷰한 여자들 가운데 성공한 사람들은 하나같이 이 '규범'을 무시했다고 말했다. 그들은 자신의 능력을 입증하기 위해, 자신의 견해를 주장하기 위해, 자신의 권한과 능력을 불편하게 여기지 않기 위해 날마다 이 규범을 넘어서야 했다.

'규범'을 넘어서서 앞으로 나아갈 때 당신은 어떤 기분인가? 규범을 넘어서서 앞으로 나아가는 일이 당신의 생활 또는 직업적 성공에 도움이 됐는가? 아니면 손해가 됐는가? 규범을 넘어서 앞으로 나아가는 일이 가장 쉬울 때는 언제인가? 그것은 어떤 상황에서 쉽고 어떤 상황에서 어려운가?

여자들은 남자들에게 약점을 보여달라고 부탁하고, 속마음을 보여달라고 사정하고, 뭐가 두려운지 말하라고 간청한다. 그러나 대부분의 여자들은 그 진실을 받아들이지 못한다. 남자들이 정말로 취약해지는 순간이 오면 여자들은 대부분 두려워서 움츠러든다. 그 두려운 마음은 실망에서 혐오까지 다양하게 나타난다.

- **당신이 남자인 경우:** 가족, 친구 또는 배우자에게 취약성을 내보였을 때 그들의 반응은 어땠는가?
- **당신이 여자인 경우:** 주변의 남자들이 취약한 모습을 보였을 때 당신은 어떻게 반응했는가?

남자와 여자는 수치심을 자극하는 주된 요인이 다르다. 당신의 개인적 경험과 사회적 기준에 의거한 남자다움과 여자다움의 규범은 진실인가? 그 이유는 무엇인가? 당신은 자신의 취약한 점들을 어떻게 보호하는가?

이런저런 사람이 되라고 지시하는 규범의 목록을 내려놓는 것은 용감해지는 일이다. 자기 자신을 사랑하고 진짜 내 모습을 되찾는 과정에서 서로를 지지해주는 일이야말로 도전 중에서도 가장 멋진 도전이다.

자존감을 위한 당신의 전제조건에는 무엇이 있는가? 어쩌다 그것들이 당신의 전제조건 목록에 올라갔는가? '온 마음을 다하는 삶'으로 나아가기 위해 당신이 놓아버려야 할 것은 무엇인가? (나역시 이 질문들의 답을 찾는 중이다. 답이 쉽게 나오진 않겠지만 이것들은 몇 번이고 던져볼 가치가 있는 질문이다.)

Chapter 4 | 마음의 갑옷 벗어 던지기

나의 취약성은 당신에게 절대로 보여주고 싶지 않지만, 내가 당신을 볼 때는 취약성부터 찾아볼 것이다.

당신에게 내면을 보여주지 않거나 취약성을 감추기 위해 갑옷을 입는 사람들 곁에 있을 때 당신의 기분은 어떤가? 마음의 갑옷에 관한 다음 질문들에 답해보자.

- 나는 어떤 방법으로 나 자신을 보호하는가?
- 언제부터, 어떤 계기로 보호장비를 착용하기 시작했는가?
- 갑옷을 벗기 위해서는 무엇이 필요할까?

취약성으로부터 당신 자신을 보호하기 위해 어떤 도구를 활용하는가? 당신의 상황에 맞게 다음 빈칸을 채워보라.

- 나는 본능적으로 _____하며 살았지만 그건 효과가 없었다. 그래서 요즘은 _____하는데, 그게 내 인생을 바꿔놓았다.
- 나는 오랫동안 _____하다가 어느 날 시험 삼아 _____를 해봤다. 그랬더니 인간관계가 더 좋아졌다.

뭔가 부족한 느낌과 두려움은 기쁨을 미리 차단한다. 우리는 기쁨이 오래가지 못할까 봐 걱정한다. 기쁨의 양이 충분하지 않을까 봐 걱정한다. 혹은 기쁨이 다른 감정(예컨대 실망)으로 바뀔까 봐 걱정한다. 우리는 기쁨에 굴복하지 말라고 배웠다. 기뻐하는 일은 운이 좋으면 실망을 예비하는 것이고 최악의 경우 재앙을 불러들이는 것이라고 배웠다.

당신은 주로 어떤 상황에서 기쁨을 차단하는가? 그렇게 기쁨을 미리 차단하는 이유는 무엇인가? 당신도 신발 한 짝이 마저 떨어지기만을 기다릴 때가 있는가?

자신의 경험을 환영하는 사람들은 기쁨에 수반되는 취약성의 전율을 '감사를 실천하라'는 초대장으로 받아들인다. 그들은 자신이 어떤 사람, 아름다움, 연결 또는 눈앞의 순간에 얼마나 감사하는지를 인정한다.

일상적으로 감사하며 사는가? 아니면 감사의 마음을 키울 기회를 놓치며 사는가? 만약 그렇다면 감사와 기쁨이 들어올 자리를 만들기 위해 어떤 변화가 필요한가?

부족함의 반대말이 '충분'이라면 감사를 실천하는 행동은 지금의 우리로도 충분하며 지금의 상황도 괜찮다고 인정하는 것이다.

취약성의 전율을 느낄 때마다 다음과 같은 문장을 활용해 감사를 실천해보라. 감사를 실천하면 어떤 기분이 드는지 느껴보라.

- 나는 _____ 때문에 취약하다고 느낀다. 나는 _____ 때문에 너무나 감사하다.

그간 방대한 자료를 수집했지만 기쁨과 성공과 '온 마음을 다하는 삶'을 완벽해지는 것과 결부시킨 사람은 한 명도 없었다. 나는 수년간 하나의 분명한 메시지를 듣고 또 들었다. (…) 완벽주의는 우리에게 커다란 선물을 주고 목표의식을 갖게 하는 길이 아니다. 완벽주의는 위험한 우회로다.

당신은 완벽주의를 마음의 갑옷으로 사용하는가? 무엇이 두려워서 그렇게 하는가? 그 갑옷을 내려놓는다면 무엇이 가장 두려운가?

취약성을 마비시키는 행위가 위험한 이유는 고통스러운 경험과 감정만 없애는 것이 아니기 때문이다. 취약성을 마비시키면 사랑과 기쁨, 소속, 창의성, 공감에 관한 경험도 함께 무뎌진다. 마음에 들지 않는 감정 한 가지만 골라서 마비시킬 수는 없다. 어둠을 마비시키면 빛도 마비된다.

당신이 마비시키려고 애쓰는 감정에는 무엇이 있는가? 당신이 더 느끼고 싶은 감정은 어떤 것인가?

우리가 접하는 교육과 사회적 통념, 조직의 문화가 '어차피 세상은 약육강식'이라는 신조를 토대로 삼을 때 우리에게 믿음, 혁신, 창의성, 융통성은 사라진다.

삶 속에서 '어차피 세상은 약육강식'이라는 패러다임을 경험한 적이 있는가? 이 패러다임이 당신의 인간관계와 취약해지는 능력에 어떤 영향을 미쳤는가?

지그재그로 피하기란 상황을 통제하려 하거나, 상황에서 빠져나오려 하거나, 현실에서 벌어지는 일을 무시하거나, 아예 무심한 척하는 행동이다.

당신은 어떤 상황에서 취약성을 회피하기 위해 '지그재그로 피하기'를 하는가? 껄끄러운 대화를 준비할 때? 아니면 누군가를 실망시키거나 화나게 할 것이 염려될 때? 아니면 정답을 모를 때?

우리는 누군가가가 삶에 대담하게 뛰어드는 모습을 보면 위협을 느낀다. 그래서 그 사람을 공격하거나 창피를 주고 싶어진다. 타인의 대담함이 불편한 거울처럼 우리 자신의 두려움을 비추기 때문이다.

당신이 삶에 대담하게 뛰어들 때 지지해주는 사람은 누구인가? 반대로 자신의 힘을 발견하고 진짜 내 모습을 드러낼 때 발목을 잡는 사람은 누구인가?

Chapter 5 | 현실과 이상의 간극 의식하기

당신이 속한 집단에서는 어떤 가치를 중요하게 여기는가? 집단의 문화는 당신의 가치관을 반영하고 있는가? 당신의 가정, 직장, 공동체 등을 염두에 두면서 227쪽에 소개한 열 가지 질문들에 답해보라. 당신과 같은 집단에 속한 누군가와 함께 답을 찾아보면 더욱 좋다.

당신의 소망가치 목록을 만들어보라. 당신에게 진짜로 중요한 것은 무엇인가? 당신의 일상적인 의사결정은 어떤 가치에 좌우되는가? 소망가치 목록을 보면서 날마다 그 가치들을 어떻게 실천하고 있는지 생각해보라.

Chapter 6 | 대담하게 뛰어드는 리더가 되려면

내가 제시한 리더의 정의에 동의하는가? 다른 사람의 잠재력을 찾아내는 것을 당신의 책임으로 여긴 적 있는가? 있다면 언제인가? 직장에서 수치심의 적신호를 발견한 때가 언제인가? 가정에서는? 공동체에서는?

비난은 고통과 불편을 밖으로 내보내는 행위에 불과하다. 마음이 불편하고 고통스러울 때 우리는 뭔가를 비난한다. 약하고, 화가 나 있고, 상처를 받았고, 수치스럽고, 고통스러울 때 우리는 뭔가를 비난한다.

나 역시 비난을 쉽게 하는 편이다. 당신은 비난을 곧잘 하는가? ('예'라고 대답했다면) 비난은 당신의 인간관계에 어떤 영향을 미치는가? 당신이 비난에서 인정과 책임으로 옮겨가기 위해서는 무엇이 필요한가?

피드백 과정의 중심에 취약성이 있다.

지금껏 받아본 최고의 피드백은 무엇인가? 그 경험의 어떤 면이 효과적이거나 유의미했는가? 그 과정에서 취약성과 개방성은 어떤 역할을 수행했는가? 부정적인 피드백 경험(피드백을 주는 경험이든 받는 경험이든)을 한 적이 있다면 무엇이 문제였는가?

Chapter 7 | 내 아이가 어떤 어른이 되길 바라는가

우리 아이들이 나중에 어떤 사람이 될지를 예측하기 위해서는 어떤 육아 지식을 알고 있느냐보다 우리가 어떤 사람이며 세상에 어떻게 참여하느냐를 봐야 한다.

당신은 우리가 아이들에게 가르치는 행동과 감정과 가치보다 우리가 아이들에게 보여주는 행동과 감정과 가치가 더 중요하다고 생각하는가? 당신의 어린 시절과 관련된 사례를 찾아보라.

수치심은 전제조건을 좋아한다. 우리의 '만약 ~하면 나도 가치 있는 사람이 된다'의 목록은 순식간에 2배로 불어난다.

우리는 모두 극복하고 싶거나 버리고 싶은 자존감의 전제조건들을 가지고 있다. 부모로서 아이들에게 어떤 전제조건을 물려주고 있는지 인식해야 한다. 자신이 하는 행동의 의미를 인식하지 못하면 행동을 변화시킬 수 없다. 당신이 의식적 또는 무의식적으로 아이들에게 물려주고 있는 전제조건은 어떤 것인가? 그것을 어떤 방법으로 물려주고 있는가? 그 전제조건들은 당신의 목록에 어떻게 올라갔는가? 당신이 그 전제조건 없이 아이들과 이야기를 나누려면 어떻게 해야 할까? 당신의 가족 모두가 '만약 ~하면'의 목록을 내려놓고 서로의 자존감을 높여주기 위해서는 어떤 노력이 필요한가?

다른 부모의 선택이 마음에 들지 않는다고 해서 우리가 다른 부모를 수치스럽게 만든다면, 우리는 아이들의 행복을 진정으로 원하는 것이 아니다.

육아란 수치심의 지뢰밭이라는 것이 나의 주장이다. 육아란 원래 취약해지는 일인데 부모들은 늘 서로를 비판하기 때문이다. 우리가 다른 부모들에게 더 호의적으로 되려면 무엇이 필요하겠는가? 육아에 관한 쟁점 또는 접근법에 대해 당신의 의견이 확고할 때 섣불리 남을 비판하지 않으려면 어떻게 해야겠는가?

이 연구를 하면서 나는 소속과 적응이 같은 것이 아니라는 사실을 알고 적잖이 놀랐다. 사실 적응은 소속감을 못 느끼게 하는 가장 큰 장벽이다. 적응이란 상황을 분석해보고 우리 자신을 그 집단에서 승인받을 수 있는 사람으로 바꾸는 것이다. 반면 소속은 우리의 정체성을 바꾸라고 요구하지 않는다. 소속은 우리에게 자신의 모습을 있는 그대로 보여달라고 요구한다.

위와 같은 적응과 소속의 정의에 동의하는가? 그 이유는? 당신은 당신의 가정에서 강한 소속감을 만들기 위해 어떤 노력을 하는가? 소속에 항상 뒤따르는 취약성의 본보기를 당신은 어떻게 보여주고 있는가? 당신은 취약성과 용기에 관해 아이들과 어떤 대화를 나누는가?

Caminante, no hay camino, se hace camino al andar.

(여행자여, 길이란 애초에 없었다오, 당신이 밟으면서 길을 만들어야
한다오.)

스페인의 시인 안토니오 마차도Antonio Machado의 시에서 가져온
문장이다. 이 문장은 나의 연구에 담긴 정신과 연구 과정에서 도출
된 이론을 잘 담고 있다. 처음에는 연구의 출발점이 나에게 익숙한
지점이라고 여겼고, 내가 이미 알고 있는 진실의 경험적 증거를 찾
게 될 거라고 생각했다. 나의 믿음은 이내 깨졌다. 근거 이론 연구
에는 따로 나 있는 길이 없었다. 내가 무엇을 발견하게 될지 미리
알 방법도 없었다. 참가자들에게 무엇이 중요한가에 초점을 맞췄
기 때문이다.

일반적으로 근거 이론 연구자들은 다음과 같은 난관에 봉착한다.

1. 근거 이론의 방법론을 실제로 활용해보기 전에 제대로 이해한

다는 것은 사실상 불가능하다는 점을 인정해야 한다.

2. 연구의 주제를 정의하는 일을 연구 참가자들에게 맡기는 용기가 필요하다.

3. 연구자 자신의 관심사와 선입견을 제쳐놓고 새롭게 형성되는 믿음을 존중해야 한다.

역설적이지만(역설적이지 않을 수도 있다) 위의 세 가지 난관은 '대담하게 뛰어들기'를 실천하며 용감하게 살려는 사람의 난관이기도 하다.

이제부터 내가 연구에 사용한 설계 방법, 방법론, 표본 추출법, 분석 방법을 간략하게 소개하겠다. 본격적으로 설명하기에 앞서, 질적 연구에 선구적 업적을 남기고 근거 이론 방법론을 개발한 바니 글레이저Barney Glaser와 안셀름 스트라우스Anselm Strauss에게 감사를 표하고 싶다. 특히 글레이저 박사는 내 박사논문 심사에서 방법론 부문을 맡아 캘리포니아에서 휴스턴 대학까지 기꺼이 와주었다.

"박사님, 당신은 저의 세계관을 총체적으로 변화시킨 분입니다."

연구의 여정

박사 과정에 있을 때 나는 통계의 힘과 양적 연구의 깔끔함에도 매력을 느꼈지만, 질적 연구의 깊이와 풍부함을 알고 나서는 그야말로 사랑에 빠졌다. 스토리텔링은 나의 DNA와 다름없었기 때문에 나는 연구를 하나의 이야기를 발견하는 과정으로 본다는 발상에 만족했다. 이야기는 영혼이 있는 통계였고, 근거 이론은 다른 어떤 연구 방법보다도 이야기를 중요시했다. 근거 이론은 기존의 이론들을 증명하거나 반박하는 것이 아니라 사람들의 실제 경험을 토대로 이론을 만드는 것이다.

행동 연구 전문가인 프레드 케를링어Fred Kerlinger는 이론을 다음과 같이 정의한다. "한 묶음의 상호 연관된 구조물, 개념, 정의, 명제들로 이뤄진 하나의 체계적인 견해다. 현상을 설명하고 예측하기 위해 여러 변수의 관계를 구체적으로 밝히는 것이다." 근거 이론에서는 연구를 어떤 문제나 가설이나 문헌조사에서 시작하지 않고 하나의 화제topic만 잡아서 시작한다. 연구 참가자들이 그 화제와 관련한 문제를 정의하거나 우려를 밝히고, 연구자는 이론을 만드는 역할을 한다. 그러고 나서 그 이론이 기존의 문헌들과 어떤 공통점 또는 차이점이 있는지를 판단한다.

나 역시 수치심을 연구하겠다고 마음먹고 연구에 착수한 것이 아니다. 수치심은 우리가 경험하는 감정 중에서도 특별히('가장'은 아닐지라도) 복잡하고 다면적인 감정이다. 나는 수치심을 이해하는 데만 6년이 걸렸는데, 그것은 너무나 격렬한 감정이라서 사람들은 '수치심'이라는 단어를 듣기만 해도 불편해하고 피하려 했다. 원래 나는 전혀 다른 목표로 연구에 뛰어들었다. '연결'의 원리에 관해 더 많은 것을 알아내고 싶다는 순진한 생각이었다.

15년 동안 사회복지를 공부한 사람으로서 한 가지 확신이 있었다. 연결이야말로 우리가 존재하는 이유라는 것이다. 연결은 우리 삶에 의미와 목표를 부여한다. 삶에서 연결이 얼마나 큰 힘을 발휘하는지는 인간관계의 가장 큰 장애물이 바로 단절에 대한 두려움이라는 데서 알 수 있다. 우리는 해냈거나 해내지 못한 어떤 일, 우리의 정체성, 우리의 배경에 관한 어떤 요소 때문에 사랑받지 못하거나 타인과 이어지지 못할 것을 두려워한다. 그런 두려움을 해소하기 위해 자신의 취약성을 이해하고 공감과 용기와 연민을 키워야 한다는 것이 내 연구의 결론이다. 여기서 공감과 용기와 연민이곧 내가 말하는 수치심 회복탄력성이다.

수치심 회복탄력성에 관한 이론을 도출하고 '결코 충분하지 않다'는 메시지가 우리 삶에 미치는 영향을 알게 되자 더 심층적인 연구를 하고 싶어졌다. 나는 더 많은 것을 알고 싶었다. 그런데 문제가 있었다. 연구 참가자들에게 수치심과 '부족한 느낌'에 관한 질문을 던지는 방법으로 수치심과 부족함을 이해하는 데는 한계가 있었다. 수치심 경험에 관해 속속들이 알아내려면 다른 접근법이 필요했다. 고민 끝에 화학에서 쓰는 원리와 방법을 빌려오기로 했다.

화학, 특히 열역학에서는 휘발성이 있는 원소나 물질의 양을 측정할 때 간접 측량법을 쓰곤 한다. 어떤 물질의 양을 알아내기 위해, 그 물질을 휘발성이 없는 다른 물질과 결합시켜 다른 물질이얼마나 감소하는지를 보는 방법이다. 수치심과 '부족한 느낌'이 없을 때 무엇이 존재하는지를 알아봄으로써 수치심과 부족한 느낌에 관해 더 많은 것을 알아낸다는 것이 나의 생각이었다.

나는 사람들이 수치심을 어떻게 경험하며 어떤 반응을 보이는지 알고 있었다. 그런데 수치심이 상시적으로 사람들의 목구멍에칼을 들이대고 '넌 누군가와 이어질 가치가 없는 존재야'라고 협박하지 않을 때 사람들은 무엇을 느끼고, 무엇을 생각하고, 어떤 행동을 할까? 어떤 사람들은 어떻게 '결코 충분하지 않다'는 메시지 속에 살면서도 자기가 괜찮은 사람이라는 믿음을 간직할까? 그런 사람들이 존재한다는 사실은 나도 알고 있었다. 그런 사람들과 인터뷰를 해봤고, 그들이 들려준 이야기의 일부를 공감과 수치심 회복탄력성에 관한 나의 저작에 인용했기 때문이다.

다시금 통계에 파묻히기 전에 나는 연구의 제목을 '온 마음을 다하는 삶'으로 정했다. 위험과 불확실성이 있을지라도 온 마음을 다하여 살며 사랑하는 사람들을 찾고 싶었다. 그런 사람들의 공통점을 알아내고 싶었다. 그들은 무엇에 관심이 있을까? '온 마음을 다하는 삶'의 특징이 되는 패턴과 소주제들은 무엇일까? 나는 그 연구에서 발견한 것들을 『나는 왜 내 편이 아닌가』라는 책과 학술지 논문으로 정리해서 공개했다.

내 연구에서 취약성은 항상 핵심 개념이었다. 수치심에 관한 연구와 '온 마음을 다하는 삶'에 관한 연구 둘 다에서 취약성은 결정적인 비중을 차지했다. 심지어는 연결에 관한 나의 학위논문에서도 취약성에 관한 내용이 한 단락을 차지했다. 나는 취약성과 내가 연구하는 다른 감정들의 관계를 어느 정도 이해하게 됐다. 하지만 기왕 이런 방면의 연구를 심화시킨 마당에 취약성에 관해, 취약성의 작동 방식에 관해 더 깊이 알아보고 싶은 마음이 들었다. 이 조사 과정에서 만들어진 근거 이론은 이 책의 주제가 됐으며 이미 출판된 다른 논문의 주제가 됐다.

연구의 설계

앞에서 설명한 대로 근거 이론이라는 연구 방법은 원래 글레이저와 스트라우스가 개발하고 글레이저가 세련되게 발전시킨 것이다. 내 연구를 위한 조사계획은 근거 이론 방법론을 토대로 했다. 근거 이론 연구 과정은 이론적 민감성, 이론상의 표본 추출, 부호화coding(수집된 자료에 일정한 규칙에 따라 숫자, 문자, 기호 등의 부호를 부여하는 과정 – 옮긴이), 이론적 기록, 분류라는 다섯 가지 기본 요소로 구성된다. 그리고 이 다섯 가지 요소를 통합하는 것이 '지속적 비교constant comparison'라는 자료 분석법이다. 내 경우 조사의 목표는 특정 경험(예컨대 수치심, 온 마음을 다하는 삶, 취약성 등)과 연관된 연구 참가자들의 '걱정'이 무엇인지를 알아보는 것이었다. 나는 우선 통계에서 그들의 주된 걱정거리를 찾아냈다. 그러고 나서는 연구 참가자들이 일상생활에서 걱정거리를 어떻게 해결해나가는가를 설명해주는 이론을 만들었다.

표본

표본 추출이란 이론 형성의 토대가 되는 자료를 수집하는 과정이다. 내가 이 연구에 활용한 1차 표본 추출법은 이론적 표본 추출법이었다. 이론적 표본 추출법을 활용하려는 연구자는 자료 수집과 부호화와 분석을 동시에 진행하면서 다음번에 어떤 자료를 수집하며 그것을 어디에서 수집할지를 결정한다. 나는 이론적 표본 추출법을 따라 분석에 의거해서 참가자를 선정하고 인터뷰와 2차 자료를 정리했다.

근거 이론의 중요한 원칙 하나가 있다면 연구자가 인종·연령·성별·성적 지향·계층·능력과 같은 변수들의 유의미성을 함부로 추측하지 말아야 한다는 것이다. 이론적 표본 추출법에서는 이 같은 변수들이 영향을 미치지 않는다고 가정하면서도 다양한 집단에 속한 참가자들을 인터뷰하기 위해 유의표집법(의도적으로 여러 집단에 고루 분포하는 표본을 추출하는 방법)으로 표본을 추출한다. 내 연구 과정에서도 인적사항 통계들이 유의미한 것으로 나타난 적이 몇 번 있었는데, 그런 경우에는 계속해서 유의표집법으로 표본을 추출했다. 인적사항이 유의미하지 않다고 나타났던 항목에서는 이론적 표집법만을 썼다.

나는 여성 참가자 730명과 인터뷰를 했다. 그중 43퍼센트가 백인이고 30퍼센트가 아프리카계, 18퍼센트가 라틴계, 9퍼센트가 아시아계 미국인이었다. 여성 참가자들의 연령은 18세에서 88세에 걸쳐 있었으며 평균연령은 41세였다. 내가 인터뷰한 남성 참가자는 총 530명이었는데 그들 중 40퍼센트 정도가 백인의 정체성을 지니고 있었고 25퍼센트가 아프리카계, 20퍼센트가 라틴계, 그리고 15퍼센트가 아시아계였다. 남성 참가자들의 연령은 18세에서 80세까지 다양했으며 평균연령은 46세였다.

내 연구에 참가한 사람은 총 1,280명이었다. 근거 이론 연구에서는 대부분 이보다 훨씬 적은 숫자에서 이론적 포화theoretical saturation(연구자가 자신이 설정한 가상 범주를 뒷받침하는 증거를 반복적으로 제출하지만 더 이상 새로운 개념적 통찰이 생성되지 않는 시점) 상태에 도달한다. 하지만 내 연구에서는 복수의 핵심 범주와 각각의 범주에 영향을 미치는 수많은 특징과 함께 세 개의 상호 연관된 이론들이 나타났다. 수치심 회복탄력성, 온 마음을 다해 살기, 그리고 취약성이 그것이다. 이 이론들의 미묘하고 복잡한 성격 때문에 표본집단의 규모가 커질 수밖에 없었다.

근거 이론 연구는 세상의 모든 것은 통계라는 원칙 위에서 이뤄진다. 글레이저는 이를 다음과 같이 설명한다. "세상에서 가장 긴 인터뷰에 달린 가장 짧은 댓글, 잡지와 책과 신문에 실린 글, 기록과 관찰, 자신과 남에 대한 편견, 비논리적인 변수들, 그리고 연구자의 실질적인 연구 영역 안에서 연구자에게 입수되는 모든 것이 통계가 되고 근거 이론을 형성한다."

내 자료는 1,280명의 참가자와 수행한 인터뷰만이 아니었다. 그 외에도 중요한 참고문헌을 읽으면서 작성한 기록, 관련 분야의 전문가들과 나눈 대화, 참가자 인터뷰를 수행하고 문헌 분석을 도와준 대학원 학생들과의 회의에서 작성한 기록이 있었다. 그리고 나는 사회복지학 석사과정과 박사과정 학생 약 400명을 대상으로 수치심, 취약성, 공감에 관한 강의를 진행한 경험과 약 1만 5천 명의 정신의학과 중독 전문가를 교육한 경험도 기록으로 남겨됐다.

그 밖에도 임상연구와 현장 관찰기록, 서신, 일기 등이 포함된 2차 자료 3,500건을 부호화했다. 지속적 비교법(미세분석법 line-by-line analysis)으로 부호화한 자료들을 다 합치면 약 1만 1천 건에 이른다. 글레이저의 근거 이론에서는 컴퓨터 소프트웨어 사용을 권장하지 않기 때문에 부호화는 모두 수작업으로 진행했다.

사회복지학과 대학원 학생들이 내 지시 아래 수행한 215건의 참가자 인터뷰를 제외하면 모든 자료는 내가 직접 수집한 것이다. 측정 방법의 신뢰도를 유지하기 위해 나는 연구에 참가한 조교들 전원을 교육하고 그들의 현장 관찰기록 전체를 코딩해서 분석했다.

인터뷰의 절반가량은 1대1로 이뤄진 만남이었고 나머지 절반 가량은 2인, 3인, 집단 형태였다. 인터뷰 시간은 45분에서 3시간까지 다양하며, 평균을 내보면 60분이다. 인터뷰 방법으로는 근거 이론에 가장 효과적인 인터뷰 방법으로 알려진 보정 대화형 인터뷰 adjusted conversational interview를 선택했다.

부호화

나는 통계를 미세하게 분석하기 위해 지속적 비교법을 활용했다. 다음으로는 도출되는 개념들과 그 개념들 사이의 관계를 파악하기 위해 기록 양식을 만들었다. 분석의 1차적인 목적은 참가자들의 관심사를 알아내고 핵심 변수를 도출하는 것이었다. 추가 인터뷰를 진행함과 동시에 범주들의 개념을 수정하고 각각의 범주에 영향을 미치는 요소들을 파악했다. 핵심 개념이 나타나고 모든 범주와 모든 요소에서 자료들이 포화 상태에 이르렀을 때는 선택적 코딩selective coding 방법을 활용했다.

근거 이론 연구를 하는 사람은 자료에서 개념을 끌어내야 한다. 이것은 자료와 참가자 인터뷰의 축적에 근거해서 결론을 도출하는 전통적인 양적 연구 방법과 근본적인 차이가 있다. 수치심, 온 마음으로 살기, 취약성을 개념화하기 위해, 그리고 이런 주제에 관한 참가자들의 걱정거리를 알아내기 위해 나는 자료를 미세분석법으로 분석하면서 다음과 같은 질문들을 던졌다. 참가자들이 무엇을 설명하는가? 그들은 무엇에 관심을 기울이는가? 그들은 무엇을 걱정하는가? 참가자들은 무엇을 하려고 하는가? 그들의 행동, 생각, 대응이 각기 다른 이유는 무엇인가? 다시 말하지만 나는 새로 형성되는 범주들과 그 범주들의 특성에 맞춰 자료를 재점검하기 위해 지속적 비교법을 활용했다.

문헌 연구

근거 이론 연구자들이 연구의 주제를 미리 정하지 않고 자료에서 주제를 도출하는 것과 같은 이유로, 근거 이론 연구에서 주요 문헌에 관한 상세한 리뷰는 자료에서 이론을 도출한 후에 수행한다. 문헌 리뷰는 양적인 방식으로 이뤄지며 전통적인 질적 연구는 조사 결과의 양 측면에서 버팀목 역할을 한다. 문헌 리뷰가 진행되면 새로운 조사의 필요성이 뒷받침되고, 새로운 조사가 수행된다. 그 조사의 결과들은 문헌과 독립적으로 생성되며, 다시 한 번 조사가 문헌에 의해 뒷받침되면서 그 연구의 학문적 기여를 입증해준다.

근거 이론에서 자료는 이론의 버팀목 역할을 하며 문헌은 자료의 일부가 된다. 근거 이론 연구자들은 '이론이 만들어졌어. 이제 다 됐다. 이론이 타당한지 한번 볼까?'라는 생각으로 문헌 리뷰에

착수할 수가 없다. 그와는 반대로 근거 이론 연구자들은 문헌 리뷰가 사실상 문헌 분석이며 연구와 분리된 과정이 아니고 연구 과정의 연속이라는 사실을 이해해야 한다.

이 책에 인용된 참고문헌과 관련 연구 및 논문들은 모두 나의 이론에 영향을 미치는 동시에 내 이론을 뒷받침하고 있다.

근거 이론 평가하기

글레이저에 따르면 근거 이론을 평가하는 기준은 적합성, 유의미성, 적용 가능성, 변용 가능성이다. 이론의 범주들이 자료와 일치하면 이론은 '적합성'을 획득한다. 미리 만들어둔 범주에 통계를 억지로 끼워 맞추거나 기존 이론을 보호하기 위해 자료를 폐기할 경우 그 근거 이론은 '적합성'을 상실한다.

또 근거 이론은 해당 분야의 실제 상황에 맞아야 한다. 근거 이론들은 핵심 문제와 과정이 생성되는 것을 허용할 때 유의미하다. 적용 가능성은 근거 이론이 실체적 또는 공식적 의문이 제기되는 영역에서 과거에 실제로 일어난 일을 설명할 수 있고, 앞으로 일어날 일을 예측할 수 있고, 현재 일어나고 있는 일을 해석할 수 있음을 뜻한다. 어떤 이론이 적용 가능한지를 평가하는 기준은 두 가지다. 범주들이 적합해야 하며 이론이 현재 진행되는 일의 핵심을 파헤쳐야 한다. 핵심을 파헤친다는 말은 연구자가 자료를 부호화할 때 참가자들의 주요 관심사가 무엇인가, 그리고 그들이 그 관심사를 어떻게 처리했는가를 정확하게 포착한다는 뜻이다. 마지막으로 변용 가능성이란, 이론은 자료를 분석하는 능력 이상으로 정확해질 수 없다는 것을 전제로 한다. 따라서 연구를 진행하는 과정에서 자료가 어떤 모습으로 나타나느냐에 따라 이론은 수시로 변경될 수 있어야 한다.

　나 역시 이 책에서 제시한 갑옷, 간극 의식하기, 파괴적 혁신 등의 개념을 검토하면서 질문을 던져본다. "이 개념들은 자료와 일치하는가? 유의미성이 있는가? 이 개념들은 자료를 적용 가능한가?" 그러면 '예'라는 답이 나온다. 내가 보기에는 그 개념들이 통계에서 나타난 것들을 정확하게 반영하는 것 같다. 수치심 회복탄력성 이론을 내놓았을 때와 마찬가지로, 양적 연구를 하는 내 동료들이 '온 마음을 다하는 삶'과 취약성에 관한 나의 이론들을 시험할 것이고 우리는 계속해서 지식을 개발할 것이다.

　그간의 여정을 돌아보니, 내가 이 장의 첫머리에 소개한 인용문에 심오한 진실이 담겨 있음을 새삼 깨닫는다. 길이란 애초에 없었다. 연구 참가자들이 자신의 이야기와 경험과 지혜를 용감하게 나눠준 덕분에 내가 길을 하나 만들었고, 그 길이 나의 학문과 나의 삶을 결정했다. 내가 취약성을 받아들이고 온 마음을 다하는 삶의 중요성을 처음 깨달았을 때는 그것이 마음에 들지 않았다. 그때 나는 주변 사람들에게 내 통계가 나를 원치 않는 곳으로 데려갔다고 투덜대곤 했다. 지금의 나는 어떤지 아는가? 그 통계가 나를 구원했다고 믿는다.

감사의 말

기분이 좋아서 감사한 게 아니다. 감사할 줄 알아야 기분이 좋아진다.

— 데이비드 스타인들-라스트 David Steindl-Rast

나의 출판저작권 대리인인 조-린 윌리와 조아니 슈메이커에게. 나와 내 글을 믿어줘서 고마워요.

나의 매니저 머독 매키넌에게. 당신과 함께라면 어떤 비행이든 문제없어요. 앞으로 더 많은 비행기를 같이 띄웁시다.

나의 글쓰기 선생님이자 편집자인 폴리 코흐에게. 당신이 없었다면 이 책을 써내지 못했을 겁니다. 정말 감사합니다.

고담 출판사의 편집자 제시카 신들러에게. 당신의 지혜와 통찰에 감사합니다. 당신과 함께 보낸 밤은 너무나 재미있었답니다. 내가 편집자 로또에 당첨됐나 봐요.

고담 출판사의 빌 싱커 대표와 직원들 전원에게. 모니카 베날카자르, 스프링 호텔링, 페테 가르소, 리사 존슨, 앤 코스모스키, 케이시 맬로니, 로렌 마리노, 소피아 무수라즈, 에리카 페르구손, 크레이그 슈나이더. 여러분의 능력과 인내와 열정에 감사드립니다.

앨버타주 주의회 의장실 사람들에게도 감사를 전하고 싶네요. 홀리 캐치폴, 제니 칸조네리, 크리스텐 파인, 캐시 글래스고, 마샤 호쇽, 미셸 러비노, 킴 스타크. 여러분! 저도 에드먼턴으로 이사할까요?

그래픽 디자이너 엘란 모건의 뛰어난 재능과 예술성, 그리고 화가 니컬러스 윌턴의 놀라운 작품에 감사합니다. 편집자로서 실력을 발휘한 빈센트 하이먼과, 내게 소통과 관계의 지혜를 전해준 워디 마케팅 그룹Worthy Marketing Group의 제이미 존슨에게도.

내게 더 용감해져라, 진짜 모습을 드러내라, 대담하게 세상에 뛰어들라고 격려해준 친구들에게도 감사를 표합니다. 지미 바츠, 네가시 베라누, 시프로 베라누, 페라 브래니프, 웬디 버크스, 캐서린 센터, 트레이시 클락, 론다 디어링, 로라 이스턴, 크리스 에델하이트, 베벌리와 칩 에든스 부부, 마이크 어윈, 프리다 프로멘, 피터 푸다, 알리 에드워즈, 마가리타 플로게스, 젠 그레이, 돈 헤지피스, 로버트 힐리커, 캐런 홈스, 안드레아 코로나 젠킨스, 미리엄 조셉, 찰스 카일리, 제니 로슨, 젠 리, 젠 리멘, 해리엇 레너, 엘리자베스 레서, 수지 로레도, 로라 메이에스, 마티 로즈 맥도너, 패트릭 밀러, 휘트니 오글, 조 레이놀즈, 켈리 레이 로버츠, 버지니아 론데로-헤르난데츠, 그레첸 루빈, 안드레아 셰어, 피터 셰헌, 에일린 싱글턴, 다이애나 스톰스, 알레산드라 드 수자, 리아 운손, 캐런 발론드, 제스 와이너, 메일 윌슨, 에릭 윌리엄스, 로라 윌리엄스.

TEDx휴스턴 행사를 준비한 큐레이터인 제이비어 패덜, 카라 매스니, 팀 드실바에게. 나를 믿고 기회를 줘서 고마워요.

그리고 TED 관계자 전원에게. 내 꿈은 수치심에 관한 전국 단위의 토론을 시작하는 거라고 남편에게 말한 적이 있어요. 그때가 1998년이었는데, 그 꿈을 당신들이 현실로 바꿔줬습니다. 크리스 앤더슨, 켈리 스토에첼, 준 코헨, 톰 리엘리, 니컬러스 와인버그, 마이크 룬드그렌을 비롯해서 아이디어를 전파하고 꿈을 만드는 여러분에게 감사합니다.

나의 연구를 도와준 조교인 사바 콘사리와 욜란다 빌라렐. 책임감과 끈기를 가지고 열심히 일해줘서 고마워요.

양가 부모님인 딘느 로저스와 데이비드 로빈슨, 몰리 메이와 척 브라운, 자코비나 앨리와 빌 앨리, 코키 크리시와 잭 크리시에게. 우리를 믿어주고, 뜨겁게 사랑해주고, 우리 아이들에게 열광하시고, 우리에게 대담함을 가르쳐주셔서 고맙습니다.

나의 형제, 자매들에게. 애슐리 루이즈, 아마야 루이즈, 바렛 퀼른, 프랭키 퀼른, 개비 퀼른, 제이슨 브라운, 젠 앨리, 데이비드 앨리. 사랑과 격려, 웃음과 눈물, 하이파이브를 보내줘서 고마워.

스티브, 엘런, 찰리에게. 우리 가족은 뭐든지 가능하게 만들지. 어쩌다 내게 이렇게 큰 행운이 찾아왔는지 모르겠어요. 사랑해!

참고문헌

프롤로그 | 나를 보여주는 용기는 인생을 어떻게 변화시키는가

1   Brown, C. B. (2002). Acompañar: A grounded theory of developing, maintaining and assessing relevance in professional helping. Dissertation Abstracts International, 63(02). (UMI No. 3041999).

2   Brown, Brené. (2006). Shame resilience theory: A grounded theory study on women and shame. *Families in Society, 87,* 1:43-52.

3   Brown, Brené. (2007). *I Thought It Was Ust Me (But It Isn't): Telling the Truth About Perfectionism, Inadequacy, and Power.* New York: Penguin/Gotham Books.

4   Brown, Brené. (2007). Shame resilience theory. In Susan P. Robbins, Pranab Chatterjee, and Edward R. Canda (Eds.), *Contemporary human behavior theory: A critical Perspective for social work,* rev. ed. Boston: Allyn and Bacon.

5   Brown, Brené. (2009). *Connections: A 12-ssession psychoeducational shame-resilience curriculum.* Center City, MN: Hazelden.

6   Brown, Brené. (2010). *The gifts of imperfection: Letting go of who we think we should be and embracing who we are.* Center City, MN: Hazelden.

Chapter 1 | 헤어날 수 없는 결핍감의 근원

1   DeWall, C. Nathan; Pond Jr., Richard S.,; Campbell, W. Keith; Twenge, J. (2011).

Tuning in to psychological change: Linguistic markers of psychological traits and emotions over time in popular US song lyrics. *Psychology of Aesthetics, Creativity, and the Arts 5*, 3: 200–207.

2 Twenge, J., and Campbell, K. (2009). *The narcissism epidemic: Living in the age of entitlement*. New York: Simon and Schuster.

3 Twist, L. (2003). *The soul of money: Transforming your relationship with money and life* (New York: W. W. Norton and Company), p.44.

4 미리엄-웹스터 영영사전: http://www.merriam-webster.com/dictionary/

Chapter 2 | 취약성에 대하여 우리가 잘못 알고 있는 것들

1 Aiken, L., Gerend, M., and Jackson, K. (2001). Subjective risk and health protective behavior: Cancer screening and cancer prevention. In A. Baum, T. Revenson, and J. Singer (Eds.), *Handbook of health psychology*, pp.727–746. Mahwah, NJ: Erlbaum.

2 Apanovitch, A., Salovey, P., and Merson, M. (1998). The Yale-MTV study of attitudes of American youth. (미발표 논문)

3 Fuda, P., and Badham,R. (2011). Fire, snowball, mask, movie: How leaders spark and sustain change. *Harvard Business Review*. http://hbr.org/2011/11/fire-snowball-mask-movie-how-leaders-spark-and-sustain-change/ar/1

4 Gattman, J. (2011). *The science of trust: Emotional attunement for couples*. New York: W. W. Norton & Company.

5 John Gottman on Trust and Betrayal. October 28, 2011. Retrieved February 2012. http://greatergood.berkeley.edu/article/item/john_gottman_on_trust_and_betrayal/

6 Sagarin, B., Cialdini, R., Rice, W., and Serna, S. (2002). Dispelling the illusion of invulnerability: The motivations and mechanisms of resistance to persuasion. *Journal of Personality and Social Psychology*, 83, 3: 536–541.

Chapter 3 | 수치심을 다루는 법

1 Balcom, D., Lee, R., and Tager, J. (1995). The systematic treatment of shame in couples. *Journal of Marital and Family Therapy, 21*: 55–65.

2 Brown, B (2006). Shame resilience theory: A Grounded theory study on women and shame. *Families in Society, 87*, 1: 43–52.

3 Brown, B. (2007). *I thought it was just me: Women reclaiming power in a culture of shame.* New York: Gotham.

4 Brown, B. (2010). Shame resilience theory. In S. P. Robbins, P. Chatterjee, and E. R. Canda (Eds.), *Contemporary human behavior theory: A critical perspective for social work*, rev. ed. Boston: Allyn and Bacon.

5 Brown, B. (2010). *The gifts of imperfection: Letting go of who we think we should be and embracing who we are.* Center City, MN: Hazelden.

6 Brown, B. (September 30, 2002). Reality TV bites: Bracing for a new season of bullies [op-ed]. *Houston Chronicle*, p. 23A.

7 Brown, C. B. (2002). Acompan ar: A grounded theory of developing, maintaining and assessing relevance in professional helping. *Dissertation Abstracts International*, 63(02). (UMI No. 3041999).

8 Dearing, R., and Tangney, J. (Eds). (2011). *Shame in the therapy hour.* American Psychological Association.

9 Dearing, R., Stuewig, J., and Tangney, J. (2005). On the importance of distinguishing shame from guilt: Relations to problematic alcohol and drug use. *Addictive Behaviors, 30*: 1392–1404.

10 Eagleman, D. (2011). *Incognito: The secret lives of the brain.* New York: Pantheon.

11 Ferguson, T. J., Eyre, H. L., and Ashbaker, M. (2000). Unwanted identities: A key variable in shame– anger links and gender differences in shame. *Sex Roles, 42*: 133–157.

12 Frye, M. (2001). Oppression. In M. Anderson and P. Collins (Eds.), *Race, class and gender: An anthology.* New York: Wadsworth.

13 Hartling, L., Rosen, W., Walker, M., and Jordan, J. (2000). *Shame and humiliation:*

From isolation to relational transformation (Work in Progress No. 88). Wellesley, MA: The Stone Center, Wellesley College.

14 Jordan, J. (1989). *Relational development: Therapeutic implications of empathy and shame* (Work in Progress No. 39). Wellesley, MA: The Stone Center, Wellesley College.

15 Kleini, D. C. (1991). The humiliation dynamic. An overview. *The Journal of Primary Prevention, 12*, 2: 93-122.

16 Kross, E., Berman, M., Mischel. W., Smith. E. E., & Wager, T. (2011). Social rejection shares somatosensory representations with physical pain. *Proceedings of the National Academy of Sciences, 108*, 15: 6270-6275.

17 Lester, D. (1997). The role of shame in suicide. *Suicide and Life- Threatening Behavior, 27*: 352-361.

18 Lewis, H. B. (1971). *Shame and guilt in neurosis.* New York: International Universities Press.

19 Mahalik, J. R., Locke, B., Ludlow, L., Diemer, M., Scott, R. P. J., Gottfried, M., and Freitas, G. (2003). Development of the Conformity to Masculine Norms Inventory. *Psychology of Men and Masculinity, 4*: 3-25.

20 Mahalik, J. R., Morray, E., Coonerty- Femiano, A., Ludlow, L. H., Slattery, S. M., and Smiler, A. (2005). Development of the conformity to feminine norms inventory. *Sex Roles, 52*: 317-335.

21 Mason, M. (1991). Women and shame: Kin and culture. In C. Bepko (ed.), *Feminism and addiction*, pp. 175. 194. Binghamton, NY: Haworth.

22 Nathanson, D. (1997). Affect theory and the compass of shame. In M. Lansky and A. Morrison (Eds.), *The widening scope of shame.* Hillsdale, NJ: Analytic.

23 Pennebaker, J. W. (2004). *Writing to heal: A guided journal for recovering from trauma and emotional upheaval.* Oakland: New Harbinger Publications.

24 Pennebaker, J. W. (2010). Expressive writing in a clinical setting. *The Independent Practitioner, 30*: 23-25.

25 Pennebaker, J. W., Kiecolt-Glaser, J., and Glaser, R. (1988). Disclosure of traumas

and immune function: Health implications for psychotherapy. *Journal of Consulting and Clinical Psychology, 56*: 239-245.

26 Petrie, K. J., Booth, R. J., and Pennebaker, J. W. (1998). The immunological effects of thought suppression. *Journal of Personality and Social Psychology, 75*: 1264-1272.

27 Richards, J. M., Beal, W. E., Seagal, J., and Pennebaker, J. W. (2000). The effects of disclosure of traumatic events on illness behavior among psychiatric prison inmates. *Journal of Abnormal Psychology, 109*: 156-160.

28 Sabatino, C. (1999). Men facing their vulnerabilities: Group processes for men who have sexually offended. *Journal of Men's Studies, 8*: 83-90.

29 Scheff, T. (2000). Shame and the social bond: A sociological theory. *Sociological Theory, 18*: 84-99.

30 Scheff, T. (2003). Shame in self and society. *Symbolic Interaction, 26*: 239-262.

31 Shrauger, S., and Patterson, M. (1974). Self-evaluation and the selection of dimensions for evaluating others. *Journal of Personality, 42*, 569-585.

32 Stuewig, J., Tangney, J. P., Mashek, D., Forkner, P., and Dearing, R. (2009). The moral emotions, alcohol dependence, and HIV risk behavior in an incarcerated sample. *Substance Use and Misuse, 44*: 449-471.

33 Talbot, N. (1995). Unearthing shame is the supervisory experience. *American Journal of Psychotherapy, 49*: 338-349.

34 Tangney, J. P. (1992). Situational determinants of shame and guilt in young adulthood. *Personality and Social Psychology Bulletin, 18*: 199-206.

35 Tangney, J. P., and Dearing, R. (2002). *Shame and guilt*. New York: Guilford.

36 Tangney, J. P., Stuewig, J., and Hafez, L. (in press). Shame, guilt and remorse: Implications for offender populations. *Journal of Forensic Psychiatry & Psychology*.

37 Tangney, J. P., Stuewig, J., Mashek, D., and Hastings, M. (2011). Assessing jail inmates' proneness to shame and guilt: Feeling bad about the behavior or the self? *Criminal Justice and Behavior, 38*: 710-734.

38 Williams, Margery (1922). The velveteen rabbit. New York: Doubleday.

1 *Almost Famous* (2000). DreamWorks Studios.

2 Brown, B. (July 25, 2009). Time to get off the phone [op-ed]. Houston Chronicle, p. B7.

3 Brown, C. B. (2002). Acompan ar: A grounded theory of developing, maintaining and assessing relevance in professional helping. Dissertation Abstracts International, 63(02). (UMI No. 3041999).

4 http://jenniferlouden.com/.

5 http://nicholaswiltonpaintings.com/.

6 http://www.artplaneworkshop.com/.

7 http://www.gretchenrubin.com/.

8 http://www.superherojournal.com/.

9 http://www.superherophoto.com/.

10 http://www.teamrwb.org/.

11 http://www.ted.com/talks/lang/en/sir_ken_robinson_bring_on_the_revolution. html.

12 http://www.unmarketing.com/.

13 Leonard Cohen: "Anthem," *The Future*, 1992, Columbia Records.

14 Louden, J. (2007). *The life organizer: A woman's guide to a mindful year.* Novato, CA: New World Library.

15 Miller, J. B., and Stiver, I. P. (1997). *The healing connection: How women form relationships in both therapy and in life.* Boston: Beacon Press.

16 *Morbidity and Mortality Weekly Report (MMWR)*, November 2011: Vital Signs: Overdoses of Prescription Opioid Pain Relievers. United States, 1999. 2008.

17 Neff, K. (2003). Self-compassion: An alternative conceptualization of a healthy attitude toward oneself. *Self and Identity, 2*: 85-101.

18 Neff, K. (2003). The development and validation of a scale to measure self-compassion, *Self and Identity, 2*: 223-50.

19 Neff, K. (2011). Self-compassion: *Stop beating yourself up and leave insecurity*

behind. New York: William Morrow.

20 Parrish, K. (2011). Battaglia calls reducing suicides a top priority. American Forces Press Service. US Department of Defense. Harrell, M., and Berglass, N. (2011). Losing the battle: The challenge of military suicide. Center for New American Security Policy Brief.

21 Rubin, G. (2009). *The happiness project: Or, why I spent a year trying to sing in the morning, clean my closets, fight right, read Aristotle, and generally have more fun.* New York: Harper.

22 Rubin, G. (2012). *Happier at home: Kiss more, jump more, abandon a project, read Samuel Johnson, and my other experiments in the practice of everyday life.* New York: Crown Archetype.

23 Stratten, S. (2010). *Unmarketing: Stop marketing. Start engaging.* Hoboken: Wiley.

24 Stutman, Robert. (2011). lecture at The UP Experience. http://www.thestutman group.com/media.html#video.

25 *The In-Laws* (1979). Warner Bros. Pictures.

26 Thompson, M. (April 13, 2010). *Is the army losing its war on suicide?* Time magazine.

27 Weiss, D. C. (2009). Perfectionism, "psychic battering" among reasons for lawyer depression. *American Bar Association Journal.*

Chapter 5 | 현실과 이상의 간극 의식하기

1 Deal, T. and Kennedy, A. (2000). *Corporate cultures. The rites and rituals of corporate life.* New York: Perseus.

Chapter 6 | 대담하게 뛰어드는 리더가 되려면

1 Deschenaux, J. (2007). *Experts: Antibullying policies increase productivity.* Retrieved from http://www.shrm.org/LegalIssues/EmploymentLaw.

2 Freire, P. (1970). *Pedagogy of the oppressed.* New York: Continuum.

3 Gates, B. (February 22, 2012). Shame is not the solution [op-ed]. *The New York Times*.

4 Godin, S. (2008). *Tribes: We need you to lead us*. New York: Portfolio.

5 Hooks, B. (1994). *Teaching to transgress: Education as the price of freedom*. New York: Routledge.

6 http://management.fortune.cnn.com/2012/03/16/lululemon-christineday. Retrieved March 2012.

7 http://www.workplacebullying.org/wbiresearch/2010-wbi-national-survey/.

8 Robinson, K. (2011). Second Edition. *Out of our minds: Learning to be creative*. Bloomington, MN: Capstone Publishing.

9 Saleebey, D. (1996). The strengths perspective in social work practice: Extensions and cautions. *Social Work, 41*, 3: 296-306.

10 Tangney, J. P., and Dearing, R. (2002). *Shame and guilt*. New York: Guilford.

Chapter 7 | 내 아이가 어떤 어른이 되길 바라는가

1 Snyder, C R., Lehman, Kenneth A., Kluck, Ben, and Monsson, Yngve. (2006). Hope for rehabilitation and vice versa. *Rehabilitation Psychology, 51*, 2: 89-112.

2 Snyder, C. R. (2002). Hope theory: Rainbows in the mind. *Psychological Inquiry, 13*, 4: 249-75.

3 Snyder, C. R. (2003). *Psychology of hope: You can get there from here*, paperback ed. New York: Free Press.

4 *The Oprah Winfrey Show*. Harpo Studios. May 26, 2000.

근거 이론과 연구 과정

1 Brown, 2004, 2005, 2009, 2010.

2 Glaser, B. (1978). *Theoretical sensitivity: Advances in the methodology of grounded theory*. Mill Valley, CA: Sociological Press.

3   Glaser, B. (1992). *Basics of grounded theory: Emergence versus forming*. Mill Valley, CA: Sociological Press.

4   Glaser, B. (1998). *Doing grounded theory: Issues and discussions*. Mill Valley, CA: Sociological Press.

5   Glaser, B. (2001). *The grounded theory perspective: Conceptualization contrasted with description*. Mill Valley, CA: Sociological Press.

6   Glaser, B., and Strauss, A. (1967). *The discovery of grounded theory*. Chicago: Aldine.

7   Kerlinger, Fred N. (1973). *Foundations of behavioral research*. 2nd edition. New York: Holt, Rinehart and Winston.

옮긴이 안진이

대학원에서 미술이론을 전공했고, 현재 전문 번역가로 활동하고 있다. 『프렌즈』, 『하버드 철학자들의 인생 수업』, 『음식에 대한 거의 모든 생각』, 『이기적 감정』, 『컬러의 힘』, 『지혜롭게 나이 든다는 것』 등 다양한 분야의 책을 우리말로 옮겼다.

마음 가면
수치심, 불안, 강박에 맞서는 용기의 심리학

초판 1쇄 발행 2023년 2월 20일
초판 4쇄 발행 2024년 10월 21일

지은이 브레네 브라운
옮긴이 안진이

발행인 이봉주 단행본사업본부장 신동해
편집장 조한나 책임편집 김동화
마케팅 최혜진 이은미 홍보 반여진 허지호 송임선
디자인 studio forb 제작 정석훈 국제업무 김은정 김지민

브랜드 웅진지식하우스
주소 경기도 파주시 회동길 20
문의전화 031-956-7355(편집) 02-3670-1123(마케팅)
홈페이지 www.wjbooks.co.kr
인스타그램 www.instagram.com/woongjin_readers
페이스북 www.facebook.com/woongjinreaders
블로그 blog.naver.com/wj_booking

발행처 (주)웅진씽크빅
출판신고 1980년 3월 29일 제 406-2007-000046호

한국어판 출판권 ⓒ (주)웅진씽크빅, 2023
ISBN 978-89-01-26835-4 (03180)